국정원 창설 60주년에 되돌아보는

중앙정보부의 탄생

중앙정보부의
탄생

초판 1쇄 발행 2021년 1월 21일

지 은 이	정주진
발 행 인	권선복
편 집	오동희
디 자 인	김소영
전 자 책	권보송
발 행 처	도서출판 행복에너지
출판등록	제315-2011-000035호
주 소	(07679) 서울특별시 강서구 화곡로 232
전 화	0505-666-5555
팩 스	0303-0799-1560
홈페이지	www.happybook.or.kr
이 메 일	ksbdata@daum.net
인 쇄	동방인쇄공사

값 20,000원
ISBN 979-11-5602-866- 6 (03990)

도서출판 행복에너지는 독자 여러분의 아이디어와 원고 투고를 기다립니다. 책으로 만들기를
원하는 콘텐츠가 있으신 분은 이메일이나 홈페이지를 통해 간단한 기획서와 기획의도, 연락
처 등을 보내주십시오. 행복에너지의 문은 언제나 활짝 열려 있습니다.

국정원 창설 60주년에 되돌아보는

중앙정보부의 탄생

The Birth of the Korean Central Intelligence Agency

정주진 지음

우리는 陰地에서 일하고
陽地를 指向한다

도서
출판 행복에너지

머리말

　국가정보원(국정원)의 역사가 어느덧 60년에 이른다. 그럼에도 그 역사는 아직도 파편처럼 여기저기 흩어져 온전한 모습을 찾아보기 어렵다.

　온갖 사람들이 달려들어 자신들의 시각을 주관적 관점에서 서술하고 있다. 그러한 편향성에는 그 역사를 공정하고도 객관적으로 평가할 수 있는 자료가 부족한 점도 큰 원인이다.

　다행히 요즈음 국정원의 전신인 중앙정보부에 참여했던 인물들이 다양한 기록을 남김으로써 그동안 미진했던 공백들을 메워주고 있다.

　회고의 내용이 다양해짐으로써 그 내용을 서로 비교할 수 있는 여력도 생겼다. 회고록이 가지는 고유한 속성인 자기 과시성을 검증할 수 있게 된 것이다.

　국정원에 비판적인 시각을 가진 사람들도 많은 글을 남기고 있다. 그들의 비판은 국정원이 민주사회에서 올바른 길로 나아가는

데 도움을 줄 수 있다.

다만, 그들의 글은 뚜렷한 근거 없이 감정적 대응으로 일관하며 국가정보활동의 중요성을 간과하는 측면이 있다. 기본권 침해와 정치개입문제에 과도하게 집착한 나머지 국가안보와 인권의 조화 등 국가적 법익에 대한 고민이 부족한 측면이 있다.

정보를 수집하는 가장 기초적인 방법은 여러 가지 조각들을 모아서 모자이크처럼 조합해 나가는 것이다. 이리저리 흩어져있는 사실들을 서로 꿰맞추면 거기에 흐르는 일관성을 찾을 수 있다.

이 책자도 분절되고 단절되어 있는 사실들을 중앙정보부의 관점에서 정립하고자 노력했다. 중앙정보부에 대한 내재적 접근이다.

파편화된 중앙정보부의 조각들을 하나하나 주워 모아서 그 형체를 잘 알기 어려웠던 중앙정보부의 본모습을 그리고자 했다. 맨 뒤에 정렬되어 있어서 그 가치가 희석되어있던 사실들을 맨 앞으로 정렬해서 사실대로 보고자 했다.

중앙정보부는 박정희 정부 시대 존립했던 정보기관이다. 1961년 5월 16일부터 기능을 발휘해서 1979년 10월 26일까지 운영됐다는 점에서 박정희의 집권기간과 정확히 일치한다.

1979년 10월 26일 박정희 전 대통령이 중앙정보부장에 의해 시해됐다. 그리고 그다음 날 정승화 계엄사령관은 계엄공고 제5호를 통해 계엄사령부에 합동수사본부를 설치하여 중앙정보부법에 명시된 업무를 수행한다고 발표했다.

5·16 직후 설치되어 18년간 박정희의 눈과 귀, 손과 발이 되어

움직인 기관의 기능이 박정희의 죽음과 함께 중지됐다.

1961년 6월 10일 법제화된 중앙정보부는 두 개의 법령에 근거해서 설치됐다. 하나는 국가재건비상조치법이고, 다른 하나는 중앙정보부법이다.

국가재건비상조치법은 5·16 직후부터 제3공화국이 출범할 때까지 2년 7개월간 발효된 임시헌법의 성격을 지닌 최고규범이었다.

이 법 제1조에 의해 최고통치기관으로서의 지위를 가진 국가재건최고회의가 설치됐다. 행정·입법·사법의 3권을 장악한 기관이었다.

국가재건최고회의 설치 근거법령인 국가재건최고회의법(제18조 1항)은 "공산세력의 간첩침략과 혁명과업 수행의 장애를 제거하기 위하여 국가재건최고회의에 중앙정보부를 둔다."고 규정하고 있다.

중앙정보부 설치의 목적이 '공산세력의 간첩침략' 제거와 '혁명과업 수행의 장애' 제거라는 두 가지 점에 있음을 분명히 밝히고 있는 것이다.

하지만 국가재건최고회의법과 같은 날인 1961년 6월 10일 공포된 중앙정보부법에는 '혁명과업 수행의 장애 제거'라는 조문이 없다.

중앙정보부법(제1조)은 그 기능을 "국가안전보장에 관련되는 국내외 정보사항 및 범죄수사와 군을 포함한 정부 각부 정보수사활동을 조정감독하기 위하여 국가재건최고회의 직속하에 중앙정보부를 둔다."고 했다.

이처럼 '혁명과업 수행의 장애 제거'라는 기능은 군정기간 최고 통치기관이었던 국가재건최고회의법에는 있고, 중앙정보부법에는 근거가 없다.

그럼에도 중앙정보부는 설립 초기 '혁명과업 수행의 장애제거'에 모든 역량을 투입했다. 5·16정변에 반대하는 '반혁명 세력'을 제거하는 주도기관이었다.

국가재건최고회의는 1963년 12월 17일 제3공화국이 출범함에 따라 그 전날 활동을 종료했다.

그에 따라 군정기간 최고통치기관이었던 국가재건최고회의 직속기관으로 설치된 중앙정보부의 존폐여부를 비롯 새로운 노선정립이 필요했다.

그러한 시기 박정희 정부는 제3공화국 출범 후에도 중앙정보부를 존치시키기로 결정하고, 민간정부에 걸맞는 방향으로 중앙정보부법을 개정했다.

5·16군정이라는 '혁명적' 상황에 맞춰 제정된 중앙정보부법을 민정시대에 부응하는 민주적 법률체계로 정비했다. 그 당시 개정된 중앙정보부법은 10·26사건 직후 중앙정보부의 기능이 중지될 때까지 유지됐다.

박정희 정부 시기 중앙정보부법은 5·16군정 시기의 제정 중앙정보부법과 3-4공화국 시기의 개정 중앙정보부법 두 가지만 존재했던 것이다.

이 책은 국가재건최고회의 시기 중앙정보부를 탐구 대상으로 삼고 있다. 법률적으로는 제정 중앙정보부법이고, 정치적으로는 군정 시기이다.

불과 2년 7개월의 짧은 기간이었지만 그 시기 박정희 리더십을 뒷받침하는 정치사회 제도가 만들어졌다. 그리고 그 중심적 역할을 중앙정보부가 주도적으로 수행했다.

그러므로 그 당시 중앙정보부의 실체를 정확히 규명하는 것은 한국 현대사를 올바로 정립하는 과제이다. 이 책을 쓴 목적도 그 점에 있다.

이 연구는 한국연구재단(NRF-2016S1A5B4914731)의 지원으로 수행되었음.

국가정보 발전을 위한 징비록

- 이종찬(전 국가정보원장)

구약성경 잠언 11장 14절 "지략이 없으면 백성이 망하여도, 지략이 많으면 평안을 누리느니라."라 했다. 지략智略이란 광의의 정보라고 해도 크게 틀리지 않을 것이다. 아마 이 때문에 세계 최강의 정보기관, 이스라엘의 모사드는 이 구절을 모토로 삼고 있는 것이라 짐작된다.

지난 국회에서 국가정보원법 개정안이 통과되었다. 이제 국가정보원은 새로운 환경에서 도전을 받게 되었다. 그런데 법 개정안을 입안하는 과정, 국회에서 심의하는 과정을 살펴보면 이런 지략에 대하여 어떻게 더 정확하게, 더 광범하게 얻을 것인가? 방법에 대하여 고민하는 것이 아니라 어떻게 축소시키고 줄여나갈 것인가? 를 놓고 서로 핏대를 올리는 것 같아서 크게 실망하였다.

왜 이런 역현상이 일어나고 있을까? 그 연유를 알려면 우리나라 정보기관의 역사, 일면 흑역사를 정확하게 진단해서 '징비록懲毖錄'이라도 써야 해답을 얻을 것 같다. 임진왜란을 참담하게 겪으면서 서애 유성룡西厓 柳成龍선생은 전쟁에서 얻은 모든 쓰라린 경험을 망라해서 무엇이 우리나라의 문제인가를 진단하였다. 그러나 불행하게도 이 책은 조선왕조에서 금서禁書가 되었고, 일본은 이를 얻어다 번역하여 널리 읽혔다. 그리고 38년 만에 우리는 병자호란을 또 당했다. "역사를 잊은 민족은 미래가 없다."란 말이 이처럼 실감나게 느낄 수가 없다.

그런데 이번에 정주진 박사가 용기를 내서 우리의 뼈아픈 징비록 작업을 착수했다. 나는 이 작업은 우리가 수치스럽다고 피하여 금기시할 필요가 없다고 생각한다. 냉혹하게 우리의 문제를 징비해야 그 결과, 어떤 해답을 찾을 수 있을 것으로 확신한다.

오늘의 국가정보원의 전신인 중앙정보부는 5·16 군사쿠데타로 성립된 국가재건최고회의에서 혁명적인 과업을 달성하기 위해 창설한 기관이다. 당연히 그 과업에 반대하는, 또는 장애가 되는 모든 요소를 제거하기 위한 것이 제1차적인 목표가 되었다. 그러므로 국가정보보다는 정권안보가 더 중시되었다.

그 이후 민정이양이 되는 것을 계기로 중앙정보부는 이제 국가정보기관으로 탈바꿈이 되었어야 할 터인데 이를 이루지 못했다. 여전히 정권안보의 첨병으로 수많은 시행착오를 거듭했다. 그 끝장이 불행한 1979년 10월 26일 국가원수 시해사건이다. 이는 그야말로 정권안보를 좇아온 악의 말로였다.

그후 우리는 "더 이상 SAVAK 노릇하지 말고 MOSSAD가 되자."고 다짐하였다. 수없이 반성문을 쓰고 토의하고 맹세하였다. 제도도 여러 번 바뀌고 사람도 많이 갈리었다. 그런데 우리는 징비하기를 주저했다. 새 술은 새 부대에 담지 못했다.

민주주의를 지향하는 87년 체제가 국민적 합의로 등장했다. 그러고도 10년 만에 야당이 여당되는 첫 번째 정권교체가 이루어졌다. 국가정보원 시대가 온 것이다. "정보는 국력이다."라고 구약성서 잠언에서 한 말과 뜻이 같은 부훈이 세워졌다. 그 이후 몇 번씩이나 정권이 여야로 교체되었다. 그 부훈은 어디로 갔는지 종적 없이 사라지고 아직도 개혁이 필요하다고 국가정보원법 개정안이 등장하였다. '정치개입 척결', '국내정보 수집 방지', '대공수사권 폐지' 이런 식의 논의가 개혁이란 이름으로 거론되었다. 40년 전에 SAVAK식 정보기관을 청산하자고 했는데 아직도? …이게 과연 시대에 맞는 개혁과제인가?

이제 결론은 분명해졌다. 그동안 여러 차례 개혁이 이루어졌지만 도로아미타불이 되었다. 그리 보면 제도가 문제가 아니라 사람이 문제였다. 정보를 사용하는 사람, 정보를 획득하는 사람이 문제였다. 결론은, 나라가 편안해 지려면 ① 정보기관이 최고의 지략을 얻도록 분명하고 광범한 역할을 주어라 ② 그 지략을 정권담당자가 사익을 위해 쓰지 않도록 먼저 다짐하라. ③ 정보기관의 일꾼들은 지략이 사용私用당하면 당당히 맞서 싸우라. 이게 지금 우리에게 가로 놓여있는 진정한 정보기관의 개혁의 길이다.

정주진 박사는 이 길을 가는데 첫발을 이번에 우리에게 제시해 주었다. 우리의 문제를 스스로 알고 있으면서 말하지 못하거나, 알려고 애쓰는 모든 분들에게 과감하게 꼭 짚어 주었다. 우리가 징비하는 마지막 길을 위해서다.

한국정보사 20년 연구의 역작

- 안광복(전 국가정보원 기획조정실장)

"정보를 수집하는 가장 기초적인 방법은 여러 가지 조각들을 모아서 모자이크처럼 조합해 나가는 것이다. 이리저리 흩어져 있는 사실들을 꿰맞추면 거기에 흐르는 일관성을 찾을 수 있다. 이 책은 파편화된 중앙정보부의 조각들을 하나하나 주워 모아서 그 형체를 잘 알기 어려웠던 중앙정보부의 본모습을 그리고자 했다. 맨 뒤에 정렬되어 있어서 그 가치가 희석되어 있던 사실들을 맨 앞으로 정렬해서 사실대로 보고자 했다."

저자인 정주진 교수의 말이다. 국가정보학의 외길을 걸어온 정주진 박사는 그동안 학계에서도 관심을 두기 어려운 한국정보사의 연구에 매진해 왔다.

모든 학문에 있어 그 학문의 흘러온 역사를 연구한다는 것은 일단 그 학문자체에 정통하지 않고서는 어려운 일이다. 정치사가 그렇고 경제사, 과학사 모두 마찬가지이다.

우리나라의 정보역사 연구가 제대로 이루어지지 않은 현실에서 저자가 한국적 상황에 토대를 둔 한국적 정보이론의 구축을 위해 정보사 연구를 필생의 과업으로 삼아 온 지 벌써 20여 년이 되었다.

정주진 박사는 정보의 일선에서 정보현장을 경험한 전문가로서 정보역사를 바탕으로 정보현실과 정보이론을 통합하는 연구를 해 왔다. 그 노력을 인정받아 2019년에는 우당교육문화재단의 올해 의 연구자 상을 수상하였다.

불모지에 씨앗을 뿌리는 심정으로 그동안 한국정보사와 관련된 연구물을 여러 차례 발표했지만 일반 독자를 대상으로 한 현대 정 보의 역사와 관련된 책자발간은 이번이 처음이다. 바로, 명실상부 한 우리나라 최초 국가정보기관인 중앙정보부의 초기역사에 대한 연구 성과를 담은 결과물이 이것이다.

중앙정보부의 모태인 대한관찰부와 육군본부 정보국은 어떻게 설립되어 운영되었는지, 중앙정보부의 창설 아이디어는 어디서 나왔는지, 중앙정보부는 어떻게 운영되어 왔는지 등을 지금까지 나오지 않았던 새로운 이야기를 발굴하여 간결하고 파워풀한 문 체로 정보의 역사를 생생하고 재미있게 펼쳐내고 있다.

자칫하면 무미건조하게 지나칠 수 있는 내용들을 흥미진진하게 서술하고 있어 첫 장을 펼치면 끝까지 손을 놓을 수 없는 책이다. 그렇기 때문에 읽고 나면 정보전문가의 내공이 글자 하나하나에 담겨 있다는 것을 실감하지 않을 수가 없다.

책은 총 9장으로 구성되어 있다. 1장에서 3장까지는 중앙정보부 창설의 배경을 살펴보고, 4장과 5장에서는 중앙정보부 초기의 운영과 황태성 간첩사건을 집중적으로 다룬다.

그리고 6장에서 8장까지는 김종필, 김재춘, 김형욱 등 초창기 중앙정보부장들의 역할과 권력투쟁을 조명하고, 마지막 9장에서는 중앙정보부와 보이지 않는 전쟁을 벌이고 있던 북한대남공작부서가 그 시대에 어떤 노선과 목표를 갖고 있었고, 어떻게 변화되어 왔는지를 분석했다.

국정원이 2021년 6월이면 창설 60년을 맞이하게 된다. 국정원의 공과에 대해 긍정과 부정의 여러 얘기가 나오고 있다.

그런 상황 속에서 1960년대 근대국가로의 발전을 위해 발걸음을 내딛기 시작했던 대한민국에서 중앙정보부가 왜, 어떻게 창설되었고, 어떤 역할을 해 왔는지를 정확하게 인식할 수 있는 책을 출간한 저자의 노고에 감사를 드린다.

마지막으로 우리의 현대사에 관심을 갖고 있는 많은 분들에게 일독을 권한다.

성찰 속에 모사드를 뛰어넘는 조직으로

- 최용환(전 주이스라엘 대사)

우리나라와 이스라엘은 2차대전 후 건설된 신생국가라는 공통점이 있다. 4강에 둘러싸여 북한과 대치하고 있는 우리나라처럼 이스라엘도 아랍 국가들에 포위되어 생존을 위협받는 지정학적 유사성을 지니고 있다. 냉전 시기 국지전을 치른 경험도 공유하고 있다. 척박한 환경과 여러 가지 어려움을 극복하고 오늘날 국제사회의 당당한 독립국가로 자리 잡았다는 점 역시 두 나라가 지닌 공통점이다.

두 나라가 이렇게 단단히 뿌리를 내린 데에는 보이지 않는 힘이 있었다. 바로 물밑에서 움직이는 정보요원들의 역량이다. 그들은 오로지 조국과 민족을 지키겠다는 헌신과 열정으로 현장을 누볐다.
하지만 우리 중앙정보부는 국내정치에 개입한 오점으로 인해 늘 비판을 받아왔다. 냉전시기 그들이 쌓은 적지 않은 공적들이 정치적 시비에 휘말려 훼손됐다. 더욱이 박정희 전 대통령이 중앙정보부장에 의해 시해되는 불행한 사건을 겪으면서 중앙정보부의 역사를 제대로 평가해 보려는 시도조차 없었다. 긍정의 역사이든 부정의 역사이든 과거의 사실은 사실대로 기록되어야 하는데 그러한 노력이 없었다.

이번에 정주진 박사가 이 책을 내기로 한 것은 이러한 현실에 대한 성찰에서 시작된 것으로 보인다. 2021년 6월 국가정보원 창설 60주년을 앞둔 시점에 그 전신인 중앙정보부에 관해 그간 잘 알려지지 않은 사실들이 비교적 일목요연하게 정리가 된 것은 의미가 크다. 역사적으로 중요한 사실들에는 일일이 주석까지 달아 자료의 신뢰성을 더해주고 있다. 이번 발간을 계기로 북한과 극렬하게 대치했던 1960년대, 남북대화와 함께 체제경쟁을 벌였던 1970년대, 북한의 테러로 얼룩졌던 1980년대 등 우리 정보기관의 역사도 정확히 기록하는 작업들이 계속되었으면 좋겠다.

2020년말 관련 법률이 전면 개정되면서 우리 정보기관은 또 한 차례 여러 가지 변화를 맞게 되었다. 그동안 여러 나라의 정보조직들이 이스라엘 정보기관 모사드에 대해 그 역량을 인정하고 있듯이 우리의 국가정보원도 국민들의 지지와 신뢰 속에 모사드를 뛰어넘는 강력한 정보조직으로 한층 발전해 나가길 기대한다.

우리 정보조직의 변화를 앞둔 시기에 중앙정보부 초기 역사들을 사실적으로 정리·기술한 정주진 박사의 노력을 평가하며, 이 책이 많은 사람들에게 우리나라 정보조직의 활동에 대한 이해를 높이는 계기가 되기를 바란다.

신뢰받는 기관으로의 재정립에 좋은 울림

- **최현철**((사) 21세기전략연구원장/전 국가정보대학원장)

2020년. 코로나 19라는 팬데믹이 뒤덮은 2020년은 세계 역사에 어떻게 기록될까? 국제화, 세계화 속에 모든 것이 정지된 지구촌? 아니면 인간의 뛰어난 능력으로 예상을 뒤엎고 발 빠른 백신개발로 코로나를 극복하여 인류의 위대성을 다시 한번 입증한 해가 될까? 이 모든 것은 역사를 어떻게 접근하느냐에 따라 평가가 달라질 것이다.

이러한 상황에서 대한민국에서의 2020년은 코로나 사태와 함께 또 하나 기억해 두어야 할 일이 발생한 해가 되었다. 1961년 국가정보기관으로서 "중앙정보부"(현 국가정보원)가 출범한 이래 견지해 왔던 자유민주주의 이념과 국익확보, 안보수호기관으로서의 존립 가치와 이유를 의문케 하는 일들이 벌어진 것이다.

2021년 국가정보기관 창설 60주년을 목전에 두고, 남북대치 국면이 지속되는 상황에서 정보기관의 핵심이라 할 수 있는 대공수사권 폐지 등을 골자로 한 '국가정보원법'이 개정된 것이다. 나름 대로의 사연과 배경이 있으리라 생각된다.

이러한 시점에서 대한민국에서 차지하는 국가정보기관의 기능과 역할, 특히 창설기관인 중앙정보부의 발자취들을 되돌아보는 작업은 앞으로 국가정보원이 국민들로부터 사랑받고 신뢰받는 기관으로 재정립할지 여부를 제시하는 데 좋은 울림을 줄 것으로 보인다.

그동안 중앙정보부에 대해서는 비밀 보안기관 성격상 대외에 피상적으로만 알려지고 단편적이고 흥미위주의 접근 등으로 실체적 진실이 가려진 면이 없지 않았다.

이러한 측면에서 이번 책자는, 특히 저자 정주진 박사가 국가정보대학원 교수 등으로 재직하면서 지득한 지식을 바탕으로 사방팔방에 흩어져 있고 사장되어 있는 정보 사료 들을 수년간 발굴하여 일목요연하게 정리, 집대성한 결과물이라는 점에서 정치학, 역사학은 물론 국가정보학 등 학술적, 학문적 측면에서도 큰 기여를 하리라 생각된다.

일본 전국시대 때 일본 통일의 기틀을 마련한 '오다 노부나가'는 적장의 목을 베어 온 장수보다 정확한 적군의 정보를 가져온 장수에게 더 큰 상을 주었다 한다. 세계1, 2차대전의 승패를 가른 것도 군사력이 아니라 정보(에니그마, 미드웨이 해전 등 적의 암호 감청)였다.

정보는 국력이다. 21세기 AI 시대에도 정보의 중요성은 변함이 없을 것이다. 1960~70년대 대한민국의 발전 과정에서도, 공과는 있지만 중앙정보부가 기여한 부분을 도외시할 수 없는 게 현실이다.

이 책자를 통해 국가와 정보기관의 역할 등을 되새겨 보면서 정보의 중요성과 필요성을 인식하는 계기가 되었으면 좋겠다. 나아가 중앙정보부에서 출발하여 현재에 이른 국가정보원이 과거의 굴레에서 벗어나 신뢰받는 국가정보기관으로 거듭나도록 애정 어린 관심을 갖게 되기를 기대하며, 이를 위해 애쓰신 정주진 박사님께 다시 한번 감사의 말씀을 올린다.

목차

제5장 **황태성 간첩사건과 중앙정보부**

제6장 **초대 중앙정보부장 김종필의 국정 주도**

제7장 김형욱과 김재춘의 암투

제8장 김형욱 중앙정보부장 시대의 개막

제9장 북한 대남공작노선의 변화

국가정보에 대한
인식과 자아의 발아

대한민국 최초 국가정보기구 – 대한관찰부

정부수립 후 처음 설립된 국가정보기구는 대한관찰부.

불과 5개월여간 존재하다 사라진 기구였기 때문에 잘 알려져 있지 않다.

이승만과 미 24군단 정보참모부와의 합작품.

미군정기 정보활동을 주도했던 미 방첩대의 기능을 계승한 조직이다.

정부가 수립된 후 주한미군이 철수를 서두르자 이승만 대통령과 미 24군단 정보참모부(G-2)는 미 방첩대를 모델로 그 기능을 이어받는 조직을 만들기로 합의했다.

순수 민간인이 운영하는 기구가 되어야 한다는 이승만의 고집에 따라 민간기구로 만들었다. 조직의 명칭은 대한관찰부Korean Research Bureau로 정하고 정원은 총 315명으로 편성했다.

미 방첩대가 요원을 선발해서 훈련에 들어간 것이 1948년 7월 중순.

1기생 60명을 뽑아 6주간 일정으로 교육을 시작했다. 그해 8월말 1기생 교육이 끝나자 2기생 240명을 선발해서 교육했다(US Army Intelligence Center, 1959.3).

1·2기생 300명의 교육이 끝난 1948년 10월 초부터 미 방첩대 사무실에 배치됐다. 대한관찰부장은 잠시 민정식이라는 인물이 맡았다가 미 OSS 출신 장석윤이 부임했다.

하지만 대한관찰부는 곧 해체되는 운명을 맞게 된다.

국회에서 이승만의 정적을 제거하기 위한 사찰기관이라며 예산을 승인해 주지 않았다.

1949년 1월 발생한 대한관찰부 요원들의 수원 청년들 고문사건도 해체를 촉진했다. 대한관찰부에서 수원의 청년들을 대통령 암살음모 혐의로 불법 체포해서 감금하는 사건이 일어나자 국회에서 1949년 1월 21일 대한관찰부 해산을 결의했다.

이때 해산결의를 주도한 국회의원들은 훗날 국회 프락치사건으로 검거된 노일환, 김옥주 등이다. 대한관찰부 해산결의에 이어 주한미군 철수를 촉구하는 국회동의안 발의를 추진하다 정체가 노출됐다. 두 사람은 감옥살이를 하다 6·25전쟁 때 출옥하여 북으로 넘어갔다.

1980년대 전향한 북한 연락부 간부출신 박병엽에 따르면 두 사람은 박헌영 간첩사건 때 공개비판을 받았다. 주한미군 철수 국회동의안을 성급하게 추진해서 비밀공작이 탄로 난 데 대한 책임추궁이었다.

하지만 당시 박헌영 간첩사건이 진행되던 시기(1954~1955년)였기 때문에 노일환을 비롯한 사건관련자들이 박헌영의 지시를 받아 행동에 옮겼을 뿐이므로 책임이 없다고 항변해서 "모든 잘못은 이남의 활동을 총괄했던 박헌영측에게 있다."는 식으로 결론이 내려져 살아났다고 한다(유영구, 1993: 69~71).

육군본부 정보국 - 중앙정보부의 요람

1961년 6월 10일 창설된 중앙정보부는 부장 아래 두 차장과 4개 국을 두었는데 초대 부장은 김종필, 행정차장은 이영근, 기획운영 차장은 서정순, 제1국장(총무)은 강창진, 제2국장(해외)은 석정선, 제3국장(수사)은 고제훈, 제5국장(교육)은 최영택이 맡았다. 모두 육사 8기 출신이었다.

육사 8기, 그들은 입학 당시 10대 1의 높은 경쟁을 뚫고 합격된 데다 정부수립 후 최초로 배출된 장교라는 점, 그 시기 다른 기수에 비해 교육기간이 비교적 길었던 6개월이었으며, 6·25전쟁 때 대부분 야전부대 소대장 및 중대장으로 참전하여 실전 경험이 풍부, 다른 기수와 달리 단합이 잘 된다는 평을 듣고 있었다(강창성, 1991: 349).

1,335명이 졸업하던 1949년 5월 23일 1등으로 졸업한 이헌영은 육사교장의 부관, 2등에서 5등까지는 육군본부의 요직, 6등에서 35등까지 30명은 육군본부 정보국에 배치받았다(이영근, 2003: 107).

1949년 들어 북한의 빈번한 게릴라 침투로 정보업무의 중요성이 증가되자 우수한 요원을 육본 정보국에 배치해서 정보국 기능을 대폭 강화하려는 당시 육본 정보국장 백선엽, 차장 계인주 등의 복안이 깔려 있었다.

선발된 30명 가운데 15명은 전투정보과에, 나머지 15명은 첩보과HID에 배치했다(계인주, 1999: 138~139). 이희성(중앙정보부장 서리 역임),

석정선, 이병희(전 중앙정보부 서울지부장), 최영택, 전재구 등이 첩보과에 발령받은 것으로 확인되고 있다.

정보국에 임용된 30명은 다시 청량리 정보학교에 입교하여 3주간 정보교육을 받고 1949년 6월 20일부터 정식 업무를 시작했는데 이들은 청량리의 '淸'자와 정보학교의 '情'자를 따 '淸情會'란 모임을 만들었다. 2003년 기준으로 청정회의 생존자는 고제훈, 김영민, 전창희 등 10명으로 훗날 중앙정보부 창설을 주도한 인물들은 대부분 육본정보국 산하 전투정보과에 발령받은 사람들이다.

당시 전투정보과에는 박정희 전 대통령이 남로당에 가입한 혐의로 강제예편되어 군복을 벗은 채 문관으로 근무하고 있었고, 5·16 후 경호실장을 오랫동안 역임했던 박종규가 하사관으로 근무하고 있었는데, 청정회 멤버 중 김종필·엄용승·김진구·김진성

1952년 10월 백선엽 육군참모총장(오른쪽에서 두 번째)이 김창룡(맨 오른쪽) 이후락(왼쪽에서 두 번째) 등 정보국 요원들과 찍은 사진이다. 나중에 김창룡이 특무대장이 되고 이후락은 중앙정보부장이 된 것에서 알 수 있듯이 육군 정보국은 한국 정보·보안체계의 인력풀을 제공했다. [백선엽 회고록]

등은 북한반에, 이영근·서정순·전재덕·함덕윤 등은 남한반으로 발령받았다.

1961년 5·16 직후 중앙정보부장으로 임명받은 김종필은 이영근, 서정순, 김병학, 고제훈, 석정선 등 육본 정보국에서 함께 일했던 육사 8기 동기생들을 끌어모았다. 머리가 좋은 친구들이었기 때문이라고 한다. 이렇게 시작된 중앙정보부 창설팀은 서울 시내 여관을 전전하며 일하다 1961년 5월 23일 태평로 서울신문사 옆 국회별관(지금의 파이낸스센터 빌딩)에 정식으로 사무실을 열었다(김종필, 2016a: 135).

육본정보국의 6·25 발발 예측 보고서

중앙정보부 창설을 주도한 김종필 초대 부장과 이영근 차장은 6·25전쟁이 일어나기 직전 육군본부 정보국 전투정보과에서 박정희와 함께 근무한 인연이 있다.

박정희는 전투정보과장으로 근무하다 남로당 가입혐의로 입건되어 무기징역을 선고받았으나 형 집행정지로 풀려나 군복을 벗은 채 민간인 신분으로 근무하고 있었다.

육군본부 정보국장 백선엽과 숙군 수사 실무자 김창룡은 박정희가 체포되자마자 군에 침투한 남로당 조직을 자세히 제보하여, 군내 좌익제거 수사에 협조해준 데 대한 보답으로 박정희의 신원을 보증해 주어 박정희를 살렸다.

　백선엽은 강제 예편되어 생계가 막막해진 박정희를 전투정보과 문관으로 임용하여 기초생활을 보장해 주기도 했다. 당시 박정희가 전투정보과 내에서 가진 직함은 작전정보실장이었다. 공식편제에도 없는 직함을 만들어 박정희를 예우해 줬다.

　5·16 주체에서 빠져있던 이영근이 중앙정보부를 창설하면서 김종필의 지시를 받아 핵심적 역할을 수행한 것은 육사 8기 동기일 뿐 아니라 6·25 직전 전투정보과에서 함께 근무하며 쌓은 인연이 배경에 깔려 있었다.

　특히, 박정희·김종필·이영근 세 사람은 전쟁 직전인 1949년 연말 적정敵情을 판단하는 연례 보고서인 「연말 종합 적정 판단서」를 함께 작성하며 1950년 3월 혹은 6월 북한군이 남침할 것으로 예측한 바 있다.

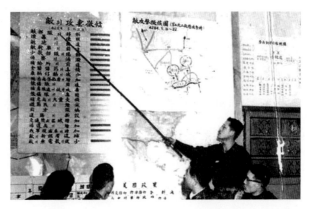

중앙정보부 창설자 김종필은 육사 8기를 졸업하고 소위로 육군본부 정보국에 배치된 후 5·16 때까지 육군본부 정보국에서 근무했다.(출처 네이버)

보고서는 박정희 작전정보실장 주도로 당시 북한반장이던 김종필 중위와 남한반장이던 이영근 중위가 참여해서 만들었다. 북한반은 북한 인민군의 동향을 수집·작성해서 판단하고 남한반은 북한이 사주하고 있던 지리산, 태백산 등지의 빨치산과 남파 공작원들의 동향 등을 수집해서 분석하는 기능을 가지고 있었다.

남북한의 적정을 연결해서 종합·판단하면 적의 움직임을 정확하게 판단할 수 있었다.

북한반에는 김종필 이외 엄용승·김진구·김진성, 남한반에는 이영근 이외 서정순·전재덕·함덕윤 등 청정회 멤버가 근무하고 있었다. 북한반과 남한반에는 각각 장교 3-4명과 사병 몇 명이 배치되어 있었다.

김종필과 이영근은 육사 8기를 졸업하고 1949년 6월 20일 육본 정보국에 배치된 지 6개월 만에 전쟁발발 가능성을 예측·판단해야 하는 중요한 과업을 맡았다.

연말 적정 종합판단서는 당시 박정희 지도 아래 김종필과 이영근 중심으로 작성됐다. 소련과 중공의 전략과 의도, 남침 시 공격 루트와 방법까지 분석한 방대한 분량이었다.

이 보고서를 만들면서 박정희를 지켜본 김종필은 박정희가 대단히 조직적이고 정밀한 두뇌를 가진 사람으로서 전략적 판단에서 그를 따라갈 수 없었다는 인상을 받았다고 한다.

이 보고서의 결론은 북한군이 빠르면 1950년 3월, 늦어도 6월에 남침한다는 판단이었다. 3월과 6월을 특정하기 어려웠던 것은 중국 국공國共 내전에 참전 중인 한인 의용군이 북한군에 합류하는 시기를 가늠하기 어려웠기 때문이었다.

중국 국공내전은 1949년 1월 31일 모택동이 이끄는 공산군이 북경에 입경함으로써 공산당의 승리로 막을 내리고 있었다.

당시 중공군에는 약 3만 명의 조선족이 복무하고 있었다. 국공내전이 끝나자 김일성은 전투경험을 쌓은 이들 조선족을 북한 인민군에 편입시켜 주도록 모택동에게 요청하여 승낙을 받았다.

북한 인민군의 1개 사단은 1만 1,000여 명으로 편성되어 있었는데 3개 사단 규모의 조선군이 중공군에 가담하고 있었던 것이다.

이들은 국공내전이 끝나자 중공군의 환송을 받으면서 비밀리 북한으로 이동하고 있었다. 6·25전쟁 당시 북한 인민군 5·6·7사단은 주로 이때 들어온 조선족들로 편성됐다.

전투정보과에서 1949년 12월 28일자로 작성된 연말 종합 적정 판단서는 채병덕 육군참모총장, 신성모 국방장관, 로버츠 미 군사고문단장 등에게 배포됐다.

하지만 군 수뇌부는 남침을 믿지 않았다고 한다. 채병덕은 오히려 "우리가 북진을 개시하면 일주일 안에 신의주까지 밀고 올라갈 것"이라며 큰소리쳤다고 한다(김종필, 2016a: 120).

그러나 이 보고서는 6·25 직후 후퇴할 때 분실되어 현재 남아 있지 않다. 김종필은 전쟁 중에 불태워진 것으로 추정했다(김종필, 1971: 201).

박정희는 그 보고서가 사료로서의 가치가 높다고 보고 1970년대 초 신범식 문공부 장관에게 보고서의 원본을 찾아보라고 지시했으나 찾을 수 없었다.

이영근도 그 보고서가 기밀문서였기 때문에 6·25 때 후퇴과정에서 다른 비밀문서와 함께 소각된 것으로 보았다(이영근, 2003: 118~119).

김종필이 뒷날 기억하여 기록한 그 보고서의 적정 판단 부분 요약은 아래와 같다.

1. 적은 남침준비를 1949년 말로써 일단 완료했다.

2. 적의 침공은 1950년 3월이 될 것이나, 동북한인의용군의 북괴군 편입이 지연될 경우에는 6월로 연기될 것이다.

3. 소련의 직접 개입은 없을 것이나 중공은 경우에 따라 직접 지원할 것이다.

4. 적은 전면 침공일까지 아군 후방 교란요인을 지속적으로 적극 조성할 것이다.

5. 적은 의정부-서울선에 전차사단을 포함한 3개 사단 이상이 주공(主攻)을 지향하고 개성-서울선과 춘천-원주선에서 각각 1-2개 사단이 조공(助攻)을 할 것이며 옹진과 주문진 정면에서 각각 견제공격을 할 것이다.

6. 적은 2-3개월 이내에 남한 전역을 석권하기 위해서 전 병력을 일제히 투입할 것이다.

7. 침공에 투입할 적의 총병력은 최초 단계에서 약 12만, 서울 이남의 공격단계에서 20만이 될 것이다.

8. 적의 전차군은 아군에 대한 결정적인 위력이 될 것이고, 항공기는 지상군

원호를 주된 임무로 삼을 것이다.

9. 적은 전면 공격에 앞서 기도은닉(企圖隱匿)을 위한 일련의 정치공세를 펼 것
   이다(김종필, 1971: 202~203).

박정희의 전향과 현역 복귀

박정희가 남로당 가입혐의로 체포되었다가 전향하는 과정에 대해서는 세 사람이 증언을 남겼다.

백선엽 당시 육군본부 정보국장, 김정렬 당시 육군 항공사관학교 교장, 육군 총참모장 미군 고문이었던 하우스만James H. Hausman 이다.

먼저, 백선엽은 당시 숙군을 총괄하고 있었던 육본정보국 산하 특별조사과의 김안일 과장으로부터 "박정희가 군내 좌익세력을 수사하는 과정에서 군내 남로당조직을 모두 제보하는 등 적극 협조했다."며 꼭 한번 만나줄 것을 건의받았다.

그에 따라 백선엽은 피의자 신분이었던 박정희를 자신의 사무실에서 만났다.

면담 과정에서 박정희가 죽음을 앞두고도 전혀 비굴하지 않고 시종 의연한 자세로 "나를 한번 도와주실 수 없겠습니까." 하고 말하는 바람에 백선엽은 무심코 "도와드리지요."라고 말하고 말았다(백선엽, 1990: 347).

이 답변을 지키기 위해 백선엽은 하우스만, 주한 미군사 고문단장 등을 찾아다니며 박정희의 구명을 건의하였다고 한다.

그 후 1958년 여름 박정희의 소장 진급을 앞두고 경무대의 곽영주 경무관이 "박 장군의 신원조회 결과 과거 좌익 활동을 했던 기록이 나타났다."며 당시 육군참모총장이었던 백선엽에게 문제를 제기했을 때도 백선엽은 "박 장군에 대해서는 내가 보증한다."고 설득하여 박정희를 진급시켰다.

백선엽의 증언과는 달리 김정렬은 당시 채병덕 육군총참모장에게 자신이 부탁해서 박정희가 살아났다는 증언을 남겼다. 김정렬에 의하면 어느 날 자신의 직속 부하인 교수부장 박원석 대위가 방첩대에 잡혀갔다.

당시 방첩대의 수사실무 책임자는 육군본부 정보국 특별조사과 소속 김창룡 대위였다. 김정렬은 김창룡을 찾아가 박원석이 공산당일 리가 없다며 석방을 요청했다.

그러자 김창룡은 사람 키만 한 남로당 군사조직 차트를 보여주었는데 박원석이 그 조직표의 맨 아래에 있었고 그 위가 박정희였다.

김정렬이 생각해 보니 박정희가 공산주의자가 아니라는 것이 입증되면 박원석도 풀려날 수 있었을 것 같았다. 김창룡에게 물어보니 김창룡도 당연히 그렇게 된다고 했다.

김정렬은 고민 끝에 채병덕 육군총참모장을 찾아갔다. 채병덕은 김정렬의 일본 육사 5년 선배로서 각별한 사이였다. 채병덕을 찾아간 데는 그가 육군 최고 수뇌부였을 뿐 아니라 관동군 헌병 오장 출신인 김창룡이 평소 일본 육사 출신들한테는 깍듯이 예의를 갖추고 존대하는 태도를 보이는 성격을 알고 있었기 때문이었다.

채병덕이 김정렬의 간청에 못 이겨 김창룡을 불러 물어보니 김창룡은 박정희를 살리려면 그를 전향시키는 수밖에 없다고 했다.

"방첩대에서 공산분자를 잡으러 갈 때 열 번만 박정희를 데리고 가 그들에게 얼굴을 대면하게 한다. 그러면 첫째, 박정희가 공산주의자가 아니라면 아무런 거리낌 없이 여기에 협력해 누명을 벗을 것이요, 둘째, 설사 그가 공산주의자라 하더라도 열 번이나 그들에게 반역을 하게 되면 공산주의자들 세계에서 영원히 추방되고, 그 결과 확실하게 전향하게 될 것이다."

이것이 김창룡이 제안한 박정희를 살리는 방법이었다. 그 후 김정렬이 확인한 바에 의하면 박정희는 열 번에 거쳐 공산분자를 체포하는 현장에 따라가 얼굴을 대면하는 데 협조했다고 한다(김정렬, 2010: 101~11).

하우스만은 자신이 이승만 대통령에게 박정희를 살리도록 건의했다고 밝혔다.

하우스만은 그때 매일 이승만에게 군내 좌익척결 수사 동향을 보고하고 있었는데, 이승만에게 박정희를 형 집행정지로 석방시켜줄 것을 정식 건의했다고 한다.

형 집행정지의 이유로 하우스만은 '박정희가 일본 육사 출신으로 모스크바 공산주의자가 아니며, 군내 좌익수사 작업을 도와주기 위해 군 내부의 좌익계보를 모두 제보한 공로'를 제시했다(짐·하우스만/정일화, 1995: 34).

이처럼 육군 고위층과 수사 실무진에서 박정희를 구명하는 데
의견이 모아지자 당시 수사실무자였던 김창룡과 직속상관인 김안
일 특별조사과장, 백선엽 정보국장이 박정희의 신원보증을 서고,
박정희가 체포될 당시 박정희의 직속상관이었던 강문봉 작전교육
국장과 채병덕 육군총참모장도 신원보증에 서명하여 박정희는 형
집행정지로 풀려나게 됐다.

재판을 받고 풀려나 육본 정보국 전투정보과에서 문관으로 일
하던 박정희는 6·25전쟁 때 현역 소령으로 군에 복귀해서 전투정
보과장에 보임됐다.

그를 복직시켜 준 사람은 당시 육본 정보국장 장도영이었다.
6·25전쟁이 일어나 후퇴에 후퇴를 거듭하던 육군본부는 대전까
지 밀렸다.

그 당시 장도영은 전쟁 중의 바쁜 틈에 문관으로 일하던 박정희
를 보고 문득 그를 현역으로 복직시켜야겠다는 생각을 하게 된다.

그 경위를 장도영은 이렇게 설명했다.

(6·25전쟁 직후) 29일도 분주히 보내고 난 나는 30일 오전 중에야 비로소 수원
초등학교에 있는 육본 정보국에 들렀다. 그곳에서 박정희 문관과 용산에 잔류하
였던 장병 전원이 무사히 합류하여 있는 것을 보게 되었다. 그 반가움은 말로 형
언할 수 없었다….

그동안 박정희 문관은 시종 그 장병들을 직접 지휘 통솔하여 정보상황도 등

중요 문서들까지도 깨끗이 보존해 가지고 왔다는 것이다. 나는 얼마 후 다시 육본 작전지휘본부가 있는 수원 농업시험장으로 가면서 지프 안에서 혼자 많은 생각을 했다.

28일 새벽 서울에 진입한 적정으로 봐서 박 문관은 그가 원하였다면 다르게 행동할 수도 있지 않았겠는가. '확실한 근거도 없이 부하를 의심하는 게 아니야. 저렇게 유능하고 믿을 만한 사람이 몇이나 있을까.' 하고 생각했다.

나는 이때부터 그에 대한 사상적 의혹을 깨끗이 버렸다. 오히려 과거 그를 조금이나마 달리 생각하여 왔다는 것이 참으로 미안하다는 마음이었다….

그 후 육본은 또다시 대전으로 이동, 딘 장군의 미 24사단 본부와 함께 충남도청에 합동사령부를 설치했다… (그때) 매일 정보상황실 의자나 책상 위에서 몇 시간씩 잠을 자면서 격무에 지쳐 잠이 들면 누가 몸을 묶어도 모를 정도로 깊은 잠에 빠지곤 했다. 어느 날 새벽 책상 위에서 잠을 자고 일어나 살펴보니 상황실 저쪽 편에 몇몇 당직하는 장교들이 있었는데 그중에는 박 문관도 끼어있는 것이 보였다. 그는 여전히 낡은 작업복을 입고 있었다.

나는 넓은 상황실 한쪽 구석에서 잠이 깨어, 근무에 열중하고 있는 그를 바라보며 문득 '왜 그를 계속 문관으로 둘 것인가, 장교가 심히 부족한데 그를 복적시켜 현역으로 복무시켜야 하지 않을까.' 하는 생각이 들었다.

그날 아침 일찍 나는 2층에 있는 정일권 육군참모총장에게 가서 직접 구두로 "박정희 문관을 현역 소령으로 복적시키자."고 건의했다. 정 장군은 "지금 이런 상황에서 갑자기 복적을 시키면 쓸데없는 말이 나지 않을까." 하는 것이었다. 나는 다시 한번 박 문관의 서울 철수 경위와 그 당시 그의 자세를 상세하게 정 장군에게 이야기했다. 그때서야 정 장군은 "잘 생각해 보자."고 대답했다.

며칠 후 다시 나는 정 장군에게 박 문관의 현역복직을 상신했다. "정보활동을 다시 활발하게 전개해야겠는데 일선에서 전투하는 장교를 빼올 수 없는 일이 아닙니까." 하면서 재차 건의를 한 바 "그럼 장관에게 같이 가서 말씀드려 보자."는 것이었다. 정 장군과 함께 신성모 장관에게 이 문제를 상세히 보고하고 건의하였던 바, 장관은 쾌히 승낙하고 당장 고급부관 황헌친 장군을 불러 인사발령을 하라고 지시하였다(장도영, 2001: 199~201).

장도영과 박정희의 6·25와 5·16

5·16정변 당시 육군참모총장 장도영은 6·25전쟁 발발 당시 육군본부 정보국장이었다.

전쟁 발발 가능성을 예측하고, 전쟁 위기 정보를 신속하고도 정확하게 판단하여 국방장관, 대통령 등에게 전파하는 것이 그의 임무였다.

당시 육본정보국장은 군의 방첩기능과 대북공작을 총지휘하는 권한을 가지고 있었다. 1961년 중앙정보부가 창설되기 전인, 6·25전쟁 발발 당시에는 사실상 국가수준의 정보를 총괄하는 지위에 있었다.

북한이 게릴라를 계속 남파하고 지리산 일대 빨치산들이 준동하여 비상계엄이 수시 발동되는 준전시 사태가 연속되면서 군 정보기관장에 국내외 정보가 몰릴 수밖에 없었다.

정부 출범과 함께 조직된 국가정보기구였던 대한관찰부도 이승만의 정적을 탄압하기 위한 도구라는 비판을 받으며, 국회의 승인을 받지 못해 미군정 시기 편성된 정부예산의 회기가 끝나는 1949년 2월 말 이후 활동을 중지했다.

장도영은 5·16 직전 장면 총리 등의 박정희 쿠데타 모의 정보를 모두 묵살해서 훗날 장면 정부 관계자들로부터 많은 비판을 받았다. 쿠데타를 고의로 방조했다는 의혹도 샀다.

또한, 정변을 주도한 박정희도 장도영을 비판했다. 쿠데타 직전 거사계획서까지 주었는데도 거사 당일 한강을 건너는 박정희에게 헌병을 시켜 사격을 가한 데 대한 불만이었다.

5·16 당일 보여준 장도영의 모호하고도 중심이 없는 행각은 6·25전쟁 직전 그의 행보와 유사하다.

6·25 직전 육본정보국의 구조를 보면 장도영 육본 정보국장 직속으로 유양수 전투정보과장, 유양수 과장 밑에 문관신분의 박정희 작전정보실장, 김종필 북한반장, 이영근 남한반장으로 이뤄져 있었다.

5·16 직후 구축된 장도영 국가재건최고회의 의장, 박정희 국가재건최고회의 부의장, 김종필 중앙정보부장, 이영근 중앙정보부 차장 구도와 모양새가 비슷하다.

김종필 이외 중앙정보부 창립 간부인 서정순, 김병학, 고제훈, 전재구, 석정선 등도 6·25전쟁 발발 당시 육본정보국 소속이었다.

장도영은 5·16 전후 그랬던 것처럼 6·25 직전에도 매우 우유부단한 모습을 보였다.

장도영이 육본정보국장으로 부임한 것은 1949년 11월.

6·25가 일어나기 7개월 전이었다. 신태영 육군 총참모장으로부터 육본 정보국장 보임을 통보받고 정보업무를 잘 모른다는 이유로 고사했으나 신태영이 "누구는 정보업무를 잘 알아서 하나. 일하면서 연구하고 배우는 것이지." 하면서 발령을 내버렸다.

1950년 여름이 깊어지면서 남침이 임박한 징후가 속속 포착되자 유양수 전투정보과장은 장도영 국장, 채병덕 육군 총참모장, 신성모 국방장관 등에게 남침 임박징후를 제대로 보고하려고 안간힘을 쓰고 있었다. 하지만 군 수뇌부에서는 신중하게 받아들이지 않았다.

유양수는 초대 육본 정보국장 백선엽이 그의 정보판단 능력을 높이 사 정보국으로 차출해 온 인물이었다.

1948년 10월 19일 여순사건을 진압하기 위해 광주로 내려가 정보업무를 총괄하던 백선엽 국장은 사태 초기 "반란군이 차량 50대에 분승해 광주로 향하고 있다."는 첩보를 입수하고 무척 당황했다.

광주지역 병력이 여순사건 진압을 위해 총출동하여 광주가 텅비어 있었기 때문이었다. 그때 소위 한 명이 "그것은 반란군이 아닐 것."이라고 했다.

백 국장이 그 이유를 묻자 만약 반란군이라면 경유지인 보성과화순에서 경찰서를 습격해야 하나 그러한 보고가 없다고 대답하는 것이었다.

백 국장이 확인해 보니 과연 그 차량들은 4연대 병력을 보성에 투입하고 광주로 돌아오던 빈 차들이었다.

백 국장은 그때 정확한 판단을 내린 유양수 소위를 정보국 요원으로 발탁했다(백선엽, 1990: 343).

6·25전쟁이 일어나기 열흘 전인 1950년 6월 15일.

유양수가 남침 징후정보를 자꾸 올리는 데 짜증을 내던 장도영은 급기야 화를 냈다.

"유 과장. 당신 보고는 말이야. 순수한 군사적 입장에서만 본다면 설득력이 있을 수 있어. 그러나 내 생각은 다르다. 이 문제를 너무 강조하지 않는 게 좋겠어. 같이 근무하기가 곤란해."

장도영은 다음 날 유양수 과장을 6월 26일부로 6사단 정보참모로 전보 조치했다. 이 때문에 국군은 6·25 남침을 당했을 때 핵심 중의 핵심인 전투정보과장이 공석이었다.

1975년 6월 25일 6·25 25주년 때 박정희가 쓴 일기장은 국가위기를 예측하는 예방정보활동의 중요성을 환기시켜 준다. 박정희는 이렇게 써 놓았다.

우리는 남침 징후를 6개월 전에 예측했었다. 그러나 이 판단서를 믿으려고 하지 않았다. 군 수뇌, 정부 당국, 미국 고문단 모두가 설마하고 크게 관심을 표시하지 않았다. 1949년 말 정보국 판단서는 전쟁이 발발한 후 너무나 정확하였음이 확인되었다. 알고도 기습을 당했으니 천추의 한이 되지 않을 수 없다. 무능과 무위와 무관심이 가져온 국가 재산과 인명, 문화재의 피해가 얼마나 컸던가. 후

회가 앞설 수는 없지만 너무나 통탄할 일이라 하지 않을 수 없다. 400년 전 임진왜란 때 우리 조상들이 범한 과오를 우리 시대에 되풀이하게 되었으니 말이다.

김종필의 중앙정보부와
이후락의 중앙정보부

김종필이 1961년 6월 10일 창설한 중앙정보부.

흔히 이 조직이 중앙정보부란 이름을 사용한 최초의 정보조직인 것으로 알고 있다.

그러나 그 이전인 이승만 정부 시기 이미 중앙정보부란 이름을 쓰는 정보조직이 있었다.

그 경위를 보면 이렇다.

'웨인 넬슨'이란 미국인이 1958년 봄 갑자기 김정렬 국방장관(1957.7-1960.4간 재임)을 찾아왔다. 그는 전임 김용우 국방장관(1956-1957.7간 재임)과 미 중앙정보국CIA, Central Intelligence Agency 알렌 덜레스 국장(1953-1961간 재임) 사이에 정보협력 협정이 체결되어 있는 사실을 환기시켰다. 그러면서 그는 한국에 미 CIA 지부를 설치하겠다고 했다.

당황한 김정렬이 대통령에게 이 사실을 보고하자 이승만은 "CIA는 못된 놈들이야 조심해!"라고 못마땅해하면서도 협정서가 교환되어 있는 만큼 CIA 요구를 묵살하기는 어렵다는 뜻을 밝혔다(김정렬, 2010: 191~192).

이렇게 해서 미 CIA 한국지부가 1958년 봄 주한 미국대사관 내에 설치되고, CIA 한국지부장은 미 대사관 참사관이라는 대외명칭으로 활동을 시작했다.

미 CIA는 한국지부 설치가 완료되자 한국정부 내 협력창구 개설을 요구했다. 그에 따라 김정렬은 1958년 여름 국방장관 직속으로 중앙정보부를 창설하고 육·해·공군에서 장교 20명과 하사관 20명, 총 40명을 선발해서 충원했다.

책임자인 중앙정보부장에는 이후락 준장을 앉혔다. 이후락은 주미 한국대사관 무관(1955-1957)을 지내고 돌아와서 적절한 보직을 찾지 못해 고민하고 있었다. 중앙정보부 사무실은 남산의 연합참모본부 건물에 마련됐다.

6·25전쟁 중인 1951년 육군본부 정보국 차장으로 근무할 당시의 이후락 전 중앙정보부장 모습.(네이버에서 캡처) *연합뉴스가 미국국립문서보관소에서 발굴하여 보도(2010.3.24.)

이때 중앙정보부란 명칭을 정식 사용한 것이다. 그 이전 1948년 11월 30일 공포된 국군조직법(4조)에도 대통령 직속으로 최고국방위원회와 그 소속 중앙정보국을 둔다고 규정하고 있었으나 실제로 설치되지는 않았다.

조직이 안정되어 가자 이후락은 중앙정보부 명칭을 '79호실'로 바꿀 것을 김정렬 장관에게 건의했다. 비밀정보기관에 걸맞게 위장명칭을 사용해야 한다는 명분이었다.

이를 수용한 김정렬은 나중에 '79'란 숫자가 이후락의 군번 10079의 끝자리에서 따온 숫자라는 것을 알게 됐다.

그 후 이후락의 중앙정보부는 미국 측에 북한정보를, 미 CIA 측에서는 동구 공산권 정보 등 국제정보를 제공하는 방식으로 운영됐다.

김정렬 장관은 1960년대부터 매주 두 번 열리던 국무회의에 이후락 부대장이 참석해서 10분 정도씩 국제정세를 보고하도록 조치했다. 이 브리핑은 4·19 후 허정 과도정부를 거쳐 민주당 정권 때까지 이어졌다(조갑제, 1988: 268).

79호실 이후락 실장의 라오스 밀행

1958년 여름 창설된 국방부장관 직속의 중앙정보부(79호실).

미국과의 정보협력 이외 이승만 대통령의 특명을 수행하기도

했다.

대표적인 사례가 이후락 실장의 라오스 밀행이다. 1972년 남북 대립이 극한으로 치닫던 시기 평양을 비밀리 방문해서 김일성을 만나고 돌아온 이후락 전 중앙정보부장.

그보다 14년 전인 1958년 좌익 군인의 쿠데타로 적화될 위기에 놓였던 라오스에 잠입했던 전력이 있었다.

1958년 라오스에서 쿠데타가 일어났는데 주동자가 좌익성향의 꽁레 대위였다.

라오스가 적화될 경우 인접국인 캄보디아, 베트남까지 적화 도미노가 일어날 수 있는 위협이 있었다.

북한과 대립하고 있던 상황에서 동남아의 국가들까지 적화될 경우 우리나라가 남북에서 협공받을 수 있는 불안한 정세였다.

그때 이승만 대통령은 라오스의 적화를 막기 위해 우익세력을 지원해 줄 수 있는 가능성을 타진해 보라는 지시를 내렸다.

이에 당시 김정렬 국방장관은 79호실장 이후락으로 하여금 라오스에 몰래 잠입해서 우익 지도자 노사반 장군을 만나 그 가능성을 타진해 보고 오라는 밀명을 내렸다.

이후락은 사복으로 갈아입고 최덕신 당시 베트남 대사가 개척해 놓은 비밀 루트를 따라 몰래 라오스로 들어가 노사반을 만나고 돌아왔다.

귀국 직후 이후락은 김정렬과 함께 경무대로 들어가 이승만 대통령에게 노사반이 한국의 지원을 요청한다고 보고했다.

이후락은 본래 긴장하면 말을 조금 더듬는 버릇이 있었다고 한다. 그날은 대통령 앞에서 너무 긴장한 나머지 "노 노 노 노 노사반 장군이…" 하고 심하게 말을 더듬어 김정렬이 옆에서 도와주어 겨우 보고를 마쳤다고 한다.

라오스 파병문제는 여러 가지 국내사정으로 불발되었다고 한다 (김정렬, 2010: 196).

1958년 8월부터 10월까지 수개월 동안 중공군이 자유중국 영토인 금문도를 대대적으로 포격하는 일이 일어났다.

이때도 이승만 대통령은 김정렬 장관에게 금문도 사건의 진상을 알아보고 오라는 지시를 내리고, 다시 김정렬은 이후락을 금문도로 보내 실정을 알아보고 오라는 명을 내렸다.

그 지역을 방문하고 돌아온 이후락은 자유진영이 연합하여 금문도를 반공정책 차원에서 전략적으로 방어할 필요가 있다는 보고서를 올렸다고 한다.

훗날 미국 국방장관이 한국을 방문했을 때, 김정렬은 이후락의 보고서를 인용하며 금문도 사수의 필요성을 역설했다고 한다.

한국 부통령을 포섭한 미 CIA 요원

1956년 정·부통령 선거에서 이기붕을 누르고 부통령에 당선되어 집권층의 극심한 탄압을 받고 있던 야당 지도자 장면.

1959년 가을 미 CIA 한국지부장으로 부임한 피어 드 실바Peer de Silva.

두 사람이 1959년 연말 한국정부가 베푼 주한외교관 초청 크리스마스 파티에서 처음 만났다.

4·19 및 5·16 당시 미 CIA 한국 지부장 '피어 드 실버'

실바는 1973년 은퇴 후 저술한 서브로자 Sub Rosa(비밀)란 제목의 회고록에서 두 사람의 관계에 대해 이렇게 밝혔다.

…연회장 한 구석에 참석자들로부터 외면을 당한 채 홀로 서 있는 그를 보고 나는 놀랐다. 나는 인파를 제치고 그에게로 다가가 내 이름을 말한 후 최근 서울에 왔다고 나 자신을 소개했다. 그는 유창하고도 격조 높은 영어로, 나의 성명과 CIA 대표자로 일하고 있다는 사실을 알고 있으며, 나를 만나게 되어 기쁘다고 말했다.

이야기가 진행되면서 그는 온화하고도 잔잔한 목소리로 미국정부가 알아야 한다고 느껴지는 중요한 일들이 있으니 가까운 장래에 사적으로 만날 수 있겠느냐, 집으로 찾아올 수 있겠느냐고 물었다…

…장 박사와 관계를 유지했던 비교적 짧으면서도 중요했던 기간 동안 그가 전문적인 의미의 미국 첩자였던 적은 결코 없었다…

…그의 표현에 따르면 그와 나의 은밀한 관계는 자유 한국을 파멸로부터 구하고 또다시 지원을 요청해야 할지도 모를 미국과의 적절하고도 명예로운 연대였다. 어느 경우에도 장 박사는 나에게 사적인 특혜를 요구한다거나 직접 또는 간

접으로 돈이나 귀중품을 기대한 일이 단 한 번도 없었다…

…며칠 뒤… 그는 오후에 (자기 집에서) 차나 한 잔 나누자고 초청했다…

…(그의 집에서) 그는 먼저 이 대통령은 나쁜 사람이 아니라고 전제했으며…그럼에도 불구하고 이승만은 이제 너무 늙어 제2차 대전 이후 대한민국에 바쳤던 그 기민하고 강인한 정신력이 사라졌다고 말했다. 이승만은 점차 노망의 징후를 보이고 있으며… 분단 현실을 올바르게 파악할 능력을 상실했다고 지적했다.

그는 이승만 정부의 각료들이 작당, 그들 자신과 추종자들의 이익을 추구하는 방향으로 국가를 운영하고 있는 실상을 신랄한 어조로 그려 보였다… 장 박사는 정부 내의 재정적, 물질적 부패의 양상이 어떤지를 설명했다…

이 첫 대면과 그 뒤 여러 차례 나와 대화를 나누면서 그는 부패, 정치권력의 남용, 여당에 소속되어 있지 않고 자유당의 적으로 간주된 인사들에 대한 물리적 탄압을 소상히 알려 주었다…

장면은 우리들이 자주 만나야 하며 자기는 힘자라는 대로 한국이 직면하고 있는 위험의 실상을 솔직하고도 충분히 말해 주겠다고 했다…

장면은 서울에 있어서의 내 입장에 대하여도 언급했다. 나는 가끔 미행을 당할 것이며, 정부 당국자들이 미 대사관 직원들과 이야기할 때 나에 대해 비판적으로 말할 것이라는 점도 알고 있어야 한다고 했다.

그는 점잖게 미소를 지었다. "지난 1년 남짓 동안 당신이 나에게 말을 걸어 준 첫 번째 미국인이라는 사실을 알아주어야 하오. 그 사람들은 나하고 친하게 지내다가 자유당 정권에 비판적이라는 인상을 받을까 봐 한결같이 두려워하고 있는 것 같소."

나는 우리들이 마련할 수 있는 것이라면 어떠한 상황에서도 계속해서 그를 만

나고 싶다고 의사를 전달했다… 만나는 것이 가능할 경우 내가 전화를 하겠다고
했더니, 그는 자기 전화는 도청되고 있으며, 이 뒤로 나의 전화 역시 도청될 것이
라고 깨우쳐 주었다…

　우리들은 그 뒤로 적어도 1주일에 한 번, 그의 집이나 우리 집, 또는 공식행
사에서 만났고, 또 반도호텔에 있는 그의 객실에서 만나기도 했다(실바, 1983:
190~194).

　이처럼 두 사람의 관계가 친밀해지자 미 CIA 본부에서는 드 실
바의 한국근무를 1년 더 연장시키고, 결과적으로 드 실바는 4.19
와 5·16이라는 한국 현대사의 중요한 고비에 모두 관여하는 CIA
요원이 됐다.

　드 실바는 1962년 7월 홍콩으로 전근했다.

해외정보의 선구자 이후락

　이후락을 국방부 장관 직속 중앙정보부장(79호실장)으로 추천한
인물은 당시 연합참모본부 의장 유재홍 중장.

　유재홍이 교육총본부 총장으로 재직할 때 이후락이 비서실장을
역임한 인연 등으로 이후락은 유재홍의 사람으로 분류되고 있었
다. 자연히 유재홍과 함께 육군을 이끌고 있던 송요찬 중장 계열로
부터는 따돌림을 받았다.

주미 한국대사관 무관(1955~1957)을 마치고 돌아와 보직을 부탁하러 유재흥을 찾아간 이후락.

당시 연합참모본부 의장으로 있던 유재흥에게 제1군 사령부 참모장으로 보내달라고 부탁했다. 제1군 사령관은 송요찬이었고 박정희 소장이 1958년 6월 17일부터 참모장을 맡고 있었다(조갑제, 2006a: 88). 유재흥이 생각하기에 계급이나 자질 면에서 박정희를 밀어내고 이후락을 앉히기는 어려웠다.

입장이 곤란해진 유재흥은 고민 끝에 김정렬 국방장관을 찾아가 이후락의 보직을 부탁했다. 유재흥은 김정렬의 일본 육군사관학교 후배였을 뿐 아니라 부친과 조부祖父세대부터 집안끼리 친밀하게 교류해 온 형과 아우와 같은 사이.

김정렬은 개인적 인연을 생각해서 유재흥의 부탁을 들어주지 않을 수 없었다.

뿐만 아니라 이후락이 영어와 국제정세에 능통하고, 3년 동안 주미 한국대사관의 무관을 마치고 막 귀국해서 미국과의 관계도 좋아 이후락을 최적임자라고 보고 79호실장에 임명했다(김정렬, 2010: 193~194).

유재흥을 고리로 김정렬과 연결되는 인간관계와 이후락의 정보전문성이 감안된 인사였다.

이후락은 6·25전쟁을 전후해서 육군본부 정보국 전투정보과장, 차장 등으로 일하며 정보경력을 쌓았다.

박정희로부터 전투정보과장 자리를 물려받은 인물이 이후락.

박정희는 남로당에 가입한 혐의로 1948년 11월 11일 체포되어 한 달여간 조사를 받은 후 풀려나 피의자 신분으로 1948년 12월 말 전투정보과장에 취임했다. 당시 백선엽 정보국장의 배려였다.

그 후 박정희는 1949년 2월 고등군법회의에서 사형 구형에 무기징역과 파면, 급료 몰수형을 선고받고, 재판 설치장관 이응준 육군총참모장의 확인 과정에서 징역 10년으로 감형됨과 동시에 형의 집행을 면제받았는데 1949년 4월 7일 육군본부로부터 정식 파면을 통고받았다(전인권, 2006: 107).

박정희가 파면된 후 이후락이 전투정보과장으로 임명됐으나 이후락도 잠시 근무하다 유양수에게 넘겨줬다. 박정희는 이후락과 유양수 밑에서 문관으로 일했다.

이후락이 미국에서 귀국한 직후인 1958년 봄 미 CIA 한국지부가 개설되고, 그해 여름 CIA 한국협력 창구인 79호실이 설립된 데 이어, 당시 국방장관과 연합참모본부 의장의 합의로 이후락을 79호실장에 임용하는 과정을 보면 이후락을 중심으로 한미정보협력 관계가 형성되는 흐름을 읽을 수 있다.

79호실이 만들어진 후 유재흥 연합참모본부 의장이 이승만 대통령의 명을 받아 금문도 사건(1958.8~10)을 조사하러 갈 때, 유재흥을 수행한 이후락은 유재흥의 정보판단에 큰 도움을 줬다.

이후락과 유재흥은 자유중국을 방문하기 전 홍콩에 먼저 들러 영국군 정보책임자를 만나 중공이 자유중국 땅 금문도를 실제로 점령하려는 의도에서 대대적인 폭격을 가하고 있는 것인지, 아니면 자유중국에 심리적 위협을 주려는 심리전 차원인지 탐문했다.

영국군 정보책임자는 중공 내부에서 발간되는 신문에 금문도 폭격이 조그맣게 취급되고 있는 사실 등 여러 정보를 제시하며 심리전 차원으로 보았다. 이후락과 유재흥도 그의 판단이 신빙성이 높아 보였다.

이에 자유중국 공항에 내리자마자 유재흥은 기자들에게 "만약 중공군이 금문도를 공격하면 우리는 38선 이북으로 쳐들어가겠다."고 호언했다. 중공군이 금문도를 공격하지 않을 것으로 보고 큰소리를 친 것이다.

그 발언 후 유재흥은 국내신문으로부터 많은 비난을 받았으나, 이승만 대통령은 오히려 "여보게 잘했어, 잘했어. 그러나 더 이상 더 신문에 얘기하지 마." 하면서 칭찬해 주었다고 한다(유재흥, 1994: 367~369).

정보와 전략이 효율적으로 결합될 때 촉발되는 시너지 효과에 대한 격려였다.

미 CIA 요원의 이승만 망명공작

1960년 4월 19일.

3·15 부정선거에 항거하다 경무대 앞에서 100명 이상의 학생이 경찰의 총에 맞아 죽었다. 그 이전 3월 마산에서도 데모학생 13명

이 경찰 총에 맞아 희생됐다.

서울에서 사망자가 대거 발생한 그날 김정렬 국방장관이 비상계엄령을 발동하기 위해 시위상황을 설명하자 이승만은 "학생들이 왜 죽었느냐."고 반문했다. 3·15 부정선거의 내용과 그 이후 진행된 사태를 전혀 모르고 있었다.

그 후 부상당한 학생이 입원한 병원을 둘러보고 온 이승만은 "학생들이 왜 이렇게 되었어? 부정을 왜 해? 암! 부정을 보고 일어서지 않는 백성은 죽은 백성이지. 이 젊은 학생들은 참으로 장하다!"는 말을 되뇌고 있었다(《중앙일보》, 1966.5.13.).

4월 26일 비상계엄에도 불구하고 또 데모대가 경무대로 몰려들었다.

그 순간 미 CIA 한국지부장 드 실바는 경무대에 있던 김정렬 국방장관에게 전화를 걸어 "이승만을 잡아 교수형에 처하라."고 외치고 있는 경무대 바깥의 험악한 시위상황을 전하며 "대통령이 경무대와 한국을 떠나는 문제를 우리 대사와 협의할 준비를 해야 한다."고 권유했다.

김정렬은 "사태가 그 정도로 악화되었느냐."고 반문했다. 며칠간 다른 국무위원들과 함께 경무대에 머무른 관계로 바깥 사정을 잘 모르고 있었다.

김정렬의 질문에 드 실바는 "여보시오, 2시간 안에 대통령과 내각이 총사퇴를 하지 않으면 여러분은 모두 죽게 될 것이오."라며 주의를 환기시켰다(정대철, 2001: 286).

그 직전날인 4월 25일 서대문 이기붕의 집을 데모대가 습격, 이기붕 일가족은 이리저리 숨어 다니고 있는 형편이었다. 드 실바가 전화를 끊고 잠시 후 경무대로부터 이승만 대통령이 미국정부에 전달하고 라디오로 알려야 할 중대한 성명이 준비되어 있으니 주한 미 대사가 경무대로 들어와 달라는 요청이 왔다.

주한 미8군 사령관 매그루더, 미 CIA 한국지부장 피어 드 실바와 함께 급히 경무대를 방문한 주한 미대사 매카나기에게 이승만은 하야의 뜻을 밝히며 정식으로 미국 측 입장을 물었다.

매카나기는 이 대통령의 하야성명은 진정 정치가다운 것이고 현재 상황에 적합하다며 동의를 나타냈다.

그때 김정렬이 대통령께서 최근 정신적 부담으로 몹시 지쳐 있으므로 미국 측이 하와이 호놀룰루 소재 미 육군 트리플러 종합병원에 일정기간 요양할 수 있도록 주선해 줄 것을 요청했다.

매카나기 대사가 그 문제는 미국이 해결할 수 있을 것으로 확신한다고 말하자, 이 대통령은 빙그레 웃으며 밝은 얼굴로 고개를 끄덕였다.

사무실로 돌아온 드 실바는 "이승만과 2-3명의 보좌관을 서울에서 호놀룰루로, 거기에서 트리플러 병원으로 수송할 군용기가 필요하다. 프란체스카 역시 서울에 있다가는 틀림없이 살해될 것이므로 그녀도 호놀룰루로 보내야 한다."고 CIA 본부에 보고했다.

많은 전문이 오간 다음 드 실바가 김정렬을 불러 워싱턴과 협의한 내용을 알려주자 김정렬은 대통령이 떠날 날짜와 시간을 결정해 주었다(실바, 1983: 201~202).

이승만이 부인 프란체스카를 데리고 최측근도 모르게 비밀리 미국이 제공한 비행기를 타고 하와이로 떠난 날짜와 시간은 1960년 5월 29일 오전 8시 50분.

이기붕 일가가 집단 자살하던 4월 28일 경무대를 떠나 사저인 이화장으로 옮겨온 지 한 달여 만이었다.

이승만이 떠나자 장면은 담화를 통해 이승만 탈출의 경위와 진상을 밝히라고 과도정부에 요구하면서 부패와 독재와 학정虐政에 대해 사과하지 않고 망명하는 것은 무책임한 행동이라고 비판했다.

혁신계열의 사회대중당 간사장 윤길중은 지금 달아나는 것은 그의 소위 애국애족의 기만성을 폭로하는 것이라고 비난했다(김운태, 1986: 223~224).

CIA 한국지부장 드 실바가 이승만의 망명을 도와준 것은 역사의 아이러니.

그 이전 이승만은 CIA 요원들을 강제 추방한 일이 있었다.

휴전 직후 어느 날 이승만이 유람선을 타고 서울 서남쪽 서해상의 작은 섬 근처를 지나고 있었다. 그런데 그 섬을 훈련장으로 쓰고 있던 CIA 요원들이 대통령이 탄 것을 모른 채 괴선박으로 오인하여 사격을 가했다. 다행히 피해자는 없었으나 화가 난 이승만은 미 대사관과 협조, CIA 분실 요원들을 모두 추방시켰다(실바, 1983: 185~186).

그런 일이 있고 난 후 1958년 봄에야 CIA 한국지부가 재개설되고, 초대 지부장 웨인 넬슨에 이어 피어 드 실바가 2대 지부장으로 부임해 왔다. 그리고 그 CIA 한국지부장에 의해 이승만이 미국으로 비밀리 떠나는 도움을 받게 됐다.

CIA가 이승만의 망명까지 주선할 정도로 한국정부와 가깝게 된 것은 드 실바와 김정렬의 가까운 인간관계에 힘입은 바 크다.

드 실바는 김정렬과의 친분관계에 대해 이렇게 밝혔다.

나는 서울에 온 뒤 외국인들에게 흔히 마이크 김으로 알려진 김정렬 국방부 장관과 일찍부터 특별히 두터운 우의를 맺고 있었다. 직업군인이었고 한국 공군의 참모총장을 지냈던 그는 그의 매력적인 아내와 더불어 우리 집 만찬에 자주 초청되었으며 우리 또한 그의 집에 자주 들렀다. 나는 그를 좋아하고 신뢰했다. 나는 그가 그 지독한 부패와 탄압에 대해 책임을 져야 할 자유당 핵심세력이 아니라는 것을 직감했다…장면 정부 출범 후 그가 형사처벌을 면한 것도 내가 장면에게 부탁한 덕분이다(실바, 1983: 198~199).

장면의 오른팔 미 CIC 출신 위태커

위태커Donald P. Whitaker.

해방 직후 미군 방첩대CIC가 한국에 진주할 때 미 방첩대 소속 하사관 요원으로 한국에 발을 들여놓은 인물.

그를 만난 한국인들은 웨터카, 웨디카 등으로 호칭했다.

당시 미 방첩대가 직면했던 가장 큰 문제는 언어의 장벽. 그런 환경에서 위태커는 한국어를 유창하게 구사하는 유일한 미국인이었다.

당시 방첩대에는 영문으로 와일리(Wylie 혹은 Y. Lee)라고 불린 이순용을 비롯, 12명 정도의 한국인 2세가 근무하고 있었는데 대부분 하와이 출신의 재미교포들.

그러나 이들은 오랫동안 미국에서 자랐기 때문에 한국인들이 그들의 말을 알아들을 수 없을 정도로 한국말이 어눌했다.

위태커는 미군정 시기 수도경찰청장이었던 장택상과 가까이 지냈으며, 1956년 장면이 부통령에 당선된 후 장면과도 친밀해졌다.

특히, 한국 여성 임수영과 결혼했는데, 임수영의 이화여대 동창이자 경향신문 기자로서 장면의 집을 무상으로 출입하던 윤금자 기자와 교류하면서 장면과 더욱 밀착됐다.

가톨릭 신자라는 이유로 장면과 더욱 가까웠던 위태커는 4·19 때는 미국에 머무르고 있었으나 장면의 초청으로 한국에 다시 들어와 총리 고문으로 앉았다.

장면은 총리실 바로 옆방에 그의 사무실을 차려주고 비서실장도 모르게 출입하도록 배려하면서 개인 심부름을 시켰다. 장면과 위태커가 무슨 거래를 하는지 비서실장도 몰랐다.

5·16 아침 위태커는 육군참모총장실에 나타나 "곧 군대를 동원하여 일부 반란군을 진압하지 않으면 미국의 대한 군사원조는 중단될 것이다."라며 장도영 육참총장을 위협하기도 했다.

5·16 직후 깔멜 수녀원으로 잠적한 장면은 5월 17일 저녁 위태커를 비밀리 불러 바깥의 공기를 살폈다. 위태커는 사태가 벌써 정변 주체 측에 유리하게 돌아가고 있다고 했다.

그 순간 장면은 자신의 소재지를 정변 주체 측에 알려주도록 하고 다음 날 위태커는 장도영 육군참모총장을 찾아가 장면의 거처를 알려줬다(송원영, 1990: 242).

김종필은 1986년 월간조선 오효진 기자와의 인터뷰에서 5·16 전에 모 미국기관의 책임자가 민주당 정부 가지고는 안 되겠다 해서 미국인인 장면 총리의 정치고문하고 연관을 갖고 정부를 전복하려는 계획을 진행하고 있었고, 5·16 후 이 두 사람을 주한 미 대사와 협의, 강제 추방시켰다고 증언한 바 있다(오효진, 1986).

장면 총리 시절 외무부 장관이었던 정일형의 아들 정대철은 위태커가 1962년 6월 8일 긴급 추방됐고, 다음 달인 7월 CIA 한국지부장 드 실바가 한국을 떠난 점으로 미루어 김종필이 언급한 모 미국기관 책임자는 드 실바, 장면 총리의 정치고문은 위태커인 것으로 추정했다.

장면의 정보부 「중앙정보연구위원회」와 이후락

1960년 4·19혁명으로 이승만정부가 무너지고 새롭게 탄생한 제2공화국.

의원내각제 헌법을 채택해서 대통령은 외교에 책임을 지고 행정의 실권은 국무총리가 가지고 있었다.

1960년 8월 19일 국회에서 국무총리로 인준된 장면.

1961년 5·16으로 물러날 때까지 9개월 여간 행정권을 장악한 행정부의 수반이었다. 정부를 조직하고 정부요직에 앉을 인물들을 임명할 수 있는 권한을 가진 실세 총리.

그는 미 CIA 한국지부장 드 실바의 요청으로 국무총리 직속기관인 중앙정보연구위원회를 만들게 된다. 그와 함께 책임자인 연구실장 자리에 이후락을 앉혔다.

이후락은 1961년 1월 육군소장 예편과 함께 임용됐다. 창설당시의 배경에 대해 장면 총리의 최측근이었던 선우종원은 1992년 8월 동아일보 김충식 기자에게 이렇게 설명했다.

장 정권이 이후락 씨를 정보 책임자로 기용한 것은 미국의 입김 때문이었다. 더 정확하게 말하면 미 CIA 한국지부장 드 실바가 장 박사에게 압력을 넣었던 것이다. 드 실바는 민주당 정권이 들어서자 정보기구의 신설이 필요하다는 점을 역설하면서 "대북정보는 모두 우리 미국이 댄다. 조직에 필요한 비용을 포함해 모든 것을 지원하겠다."고 했다. 그리고 딱 한 가지 덧붙인 게 "이후락을 그 책임자로 앉히라."는 것이었다. 하루는 장 박사가 당시 조폐공사 사장을 맡고 있던 나에게 이후락이라는 군인이 어떤 사람인지 알아봐 달라고 했다. 그래서 나는 인물평이 정직한 김정렬 장군(59년 국방장관, 87년 국무총리)을 찾아가 물었다. 그랬더니 김씨는 '힘센 곳에 잘 붙는 형편없는 군인'이라고 부정적으로 평가했다. 그러한 평판을 곧 장 박사에게 보고했으나 결국 장 박사도 이후락을 연구실장으로 들어앉히게 되었다. 미국의 드 실바가 철저히 백업 한 때문이었다(김충식, 1992: 37).

장면이 미국의 압력에 밀려 이후락을 임명한 배경은 당시 총리 비서실장이었던 김흥한 변호사도 증언을 남겼다.

이후락 씨는 주미 대사관 무관 출신인데, 1961년 초 미국 CIA의 추천으로 장 총리가 중앙정보연구위원회 연구실장으로 임명했어요. 그는 국무회의가 끝나면 대기했다가 당시 급박했던 캄보디아와 월남정세 등을 설명하곤 했지요. 임명 직후 내가 장 총리에게 물어보았어요. "이후락이 괜찮겠습니까?" 장 총리가 말씀하기를 "응, 미국이 좋다고 해서 시켰어." 다시 내가 말했어요. "그래도 정보기관 책임자인데, 그 사람을 잘 모르시잖습니까. 그 밑에라도 우리가 아는 좋은 사람을 두는 게 좋겠습니다." "그러면 그렇게 하도록 해."라고 말씀하시는 겁니다. 그래서 주변에 수소문한 끝에 강직하다는 평판을 받던 해군 중령 출신의 모 인사를 임명토록 했지요(정대철, 2001: 63).

당시 육군참모총장이던 최경록 역시 같은 취지의 증언을 남겼다. "나는 당시 이후락 준장을 중앙정보연구위원회 실장으로 임명하겠다는 장면 총리의 지시에 안 된다고 거절했어요. 이후락은 인물도 아닐뿐더러 현역이기 때문에 안 된다고 그랬던 겁니다. 그러나 장 총리는 미국의 요구라면서 계속 이후락의 임명을 고집하셨

어요. 그래서 나는 조건을 내세웠지요. '정 그렇다면 이후락을 예편시켜서 데려가십시오.' 그래서 결국 이후락은 소장 예편과 함께 중앙정보연구위원회 실장으로 임명된 것입니다(정대철, 2001: 64)."

1960년 11월 16일 제정된 중앙정보연구위원회규정(국무원령 제98호)은 "행정각부, 처에 긍ᵀ한 국가안전에 관련되는 내외정보를 종합적으로 연구, 검토하기 위하여 국무원에 중앙정보연구위원회를 둔다."(제1조)고 했다.

국가안전관련 국내외 정보를 종합·연구·검토하는 이외 군·검·경 등의 부문정보기구를 통합·조정하는 권한이 없었다. 미완의 국가정보기구였다.

중앙정보연구위원회가 소속된 국무원은 1-2 공화국 때 존속했던 정부기구.

대통령제인 1공화국 때는 대통령, 내각책임제였던 2공화국 때는 국무총리의 권한에 속한 중요 국가정책을 의결하는 행정기관이었다. 3공화국부터 국무회의로 개칭됐다.

중앙정보연구위원회는 국무총리를 위원장으로, 외무·내무·재무·법무·국방장관과 국무원 사무처장을 위원으로 구성됐다.

비공개로 회의를 열었는데 1급 상당의 연구실장과 이사관 직위의 부실장을 두고, "연구실은 개인·단체 또는 정파의 이익을 위한 정보수집이나 조사를 할 수 없으며 어떠한 범죄수사에도 관여하지 못한다."(제12조)고 직무범위를 한정했다.

사무실은 남산 북쪽 숭의여고 인근의 일제 때 통신부대가 있던 곳에 잡았다. 서울 중구 예장동 4번지가 정식 주소. 사무실 외부에는 '예장동 4번지'라고 문패를 달았다.

이후락은 서울대에만 한정해서 영어, 독어, 불어 등 외국어에 능통하고 성적이 좋은 졸업생 40여 명을 추천받아 면접을 거쳐 최종 20명을 뽑았다(김충식, 1992: 32). 몇 명의 대령급 정보장교들과 새롭게 임용한 직원들이 업무를 시작했다.

5·16의 모태 육군본부 정보참모부

1960년 4월 19일 오후 1시경 경찰이 경무대로 밀려오는 데모대를 향해 실탄을 쐈다. 그럼에도 사태가 진정되지 않자 국방장관 김정렬과 내무장관 홍진기는 경찰력으로는 데모를 진압하는 데 한계에 이르렀다고 보고 이승만 대통령에게 비상계엄령 선포를 건의했다.

김정렬이 경찰의 발포로 100여 명 가량이 사망한 것 같다고 보고하자 대통령은 깜짝 놀라며 "뭐 데모? 아니 무슨 데모야?" 하고 물었다.

김정렬이 "3·15선거 때 부정선거가 많았다며 마산에서 데모가 있었는데 그러한 데모가 서울에도 일어났다."고 말하자, 대통령은 "뭐! 부정, 부정선거? 아니 대통령 후보자가 나 혼자였는데 무슨 부정선거야?"라고 반문했다.

김정렬이 부통령 선거에서 부정이 있었다고 하자 대통령은 금시초문이라는 표정을 지었다. 3·15 부정선거 이후의 상황을 전혀 모르고 있었던 것이다(김정렬, 2010: 213~214).

대통령을 설득하여 4·19 오후 5시경 서울, 부산, 대구, 광주, 인천 등 전국 5개 도시에 비상계엄이 선포되고 송요찬 육군참모총장이 계엄사령관에 임명됐다.

육군참모총장이 계엄사령관에 임명됨으로써 자연히 육군참모총장을 보좌하는 육군본부 정보참모부로 국내외 정보가 집중됐다. 계엄선포에 따라 경찰정보까지 정보참모부에 보고됐다. 육본 정보참모부가 국가전체의 정보가 집결되는 국가정보기구역할을 맡게 됐다.

육본 정보참모부는 정부수립과 함께 출범한 육본정보국이 1959년 1월 1일부로 개편된 조직.

육군본부를 일반참모부장 제도로 전면 개편하면서 그 이전의 정보국은 참모총장을 보좌하는 정보참모부로 바뀌었다. 정보참모부장 산하에 행정실, 기획관리실, 무관연락실 등 3개실을 두고, 기획관리실 밑에 정보처와 교육보안처를, 정보처 밑에는 정보과와 연합과, 정보문서실을, 교육보안처 밑에는 보안과와 교육편제과를 두고 있었다(육군본부 군사감실, 1961: 104).

많은 정보가 정보참모부로 모임에 따라 당시 정보참모부 기획관리과장으로 근무하던 김종필의 방에 육사 8기들이 빈번히 들락거렸다. 가장 정보가 빨랐던 정보참모부로부터 새로운 정보를 귀동냥하려는 욕심이었다.

그 과정에서 8기생 간에 많은 시국담론이 오가고 마침내 3·15 부정선거를 주도한 군 수뇌부들을 퇴진시켜야 한다는 데로 의견이 모아졌다(김종필, 2016a: 35).

그 당시 육군본부에는 1949년 5월 임관 이후 그때까지 계속 정보참모부에서 근무해 온 김종필, 석정선을 비롯 많은 8기들이 요직을 차지하고 있었다.

김형욱도 1960년 3월부터 작전참모부로 전근해 왔다. 작전참모부에는 김형욱 이외 김동환과 옥창호, 정보참모부에는 김종필 이외 최준명, 군수참모부에는 신윤창, 군사연구발전국에는 길재호, 부관감실에는 오치성, 참모총장 비서실에는 이택근이 근무하고 있었다(김형욱·박사월, 1985a: 18).

육사 8기는 많은 동기들이 6·25전쟁 때 소대장, 중대장으로 전쟁터에서 희생됐으나, 진급이 적체되어 중령 계급장만 8-9년째 달고 있었다. 나이 차이도 많지 않은 장군들에 대한 불만이 많았다. 김종필 중령이 만 36세 때 장도영 중장은 37세였다. 나이는 한 살 차이지만 계급은 중령과 중장이었다.

더욱이 민주당은 민의원 선거 때 10만 감군을 공약으로 내세웠다. 진급이 적체되고 있던 하급 장교들에게는 심각한 위협이 아닐 수 없었다(강창성, 1991: 353). 자연히 그들은 인사적체 해소 차원에서 장성급 인사들의 퇴출에 많은 관심을 가질 수밖에 없었다.

군 지휘부의 3·15 부정선거 개입은 그들에게 장성들을 퇴출시킬 좋은 명분을 제공했다. 그들은 3·15 부정선거에 책임 있는 육참총장, 연합참모본부 총장 등 별 셋 이상 장군들에게 자진 사퇴를 촉구하고 나섰다. 이른바 정군整軍운동의 시작이다.

그들의 1차 집단행동은 송요찬 육참총장 퇴진운동으로 나타났다. 김종필, 김형욱, 석정선, 길재호 등 8기 동기생 8명이 육참총장에게 정군을 건의하는 연판장을 돌리다가 적발되어 1960년 5월 8일 국가반란음모죄로 체포됐다. 이 사건은 1960년 5월 20일 송요찬이 자진 사퇴함으로써 무마됐다.

그 뒤 2차 행동은 연합참모본부 총장 퇴진요구로 나타났다. 연합참모본부 총장 최영희 초청으로 방한한 미 국방성 군원국장이 1960년 9월 21일 정군운동에 반대하는 성명을 발표했다.

이에 불만을 가진 김종필, 석정선 등 영관급 장교 16명은 최영희의 퇴진을 요구하다가 하극상으로 군법회의에 회부됐다. 최영희는 10월 6일 사퇴했으나 김종필과 석정선도 다음 해 2월 15일 강제 예편당했다.

3차 행동에서는 장면정부의 전복이 결의됐다. 장면 정부 출범 직후 초대 국방장관에 현석호가 임명되자 김종필, 김형욱, 석정선, 길재호 등 11명은 1960년 9월 10일 낮 정군을 건의할 목적으로 국방장관을 찾아갔으나 면담이 불발됐다. 이에 그들은 그날 저녁 충무장에서 모임을 갖고 정군운동만으로는 군 개혁이 불가능하다고 보고 장면 정부를 전복시키기로 결의했다.

제2장

장면 정부의
보안방첩기능 약화와 5·16

5·16 주체세력의 장면 정부 인식

1961년 4월 7일 박정희가 혁명주체 29명 앞에 처음으로 모습을 드러냈다. 그 자리에서 혁명지도부가 구성됐다. 박정희가 총지휘를 맡고 행정반과 작전반으로 나누되 두 반을 통합·조정하는 업무는 총무인 김종필이 맡았다.

행정반의 책임자는 이석제.

육사 8기 특별반 출신으로 육군본부 군수참모부 기획과장으로 근무하고 있었다. 오치성, 유승원, 길재호, 김동환 등이 행정반 멤버. 혁명 후의 국가체제와 혁명정부 조직, 혁명 이념, 각종 법령과 제도 등을 수립하는 정책수립 팀이었다(이석제, 1995: 62).

작전반은 김형욱과 강상욱, 옥창호, 박원빈 등 10명.

강상욱이 9기생이었기 때문에 예우차원에서 책임자 자리를 맡겼으나 멤버 대부분이 8기생이었기 때문에 실질적으로 김형욱이 지휘했다. 5·16이 임박한 5·14 최종회의에서는 박원빈이 작전계획을 맡았다.

출동병력을 배치하고 혁명개시일 전국 혁명군의 행동을 조정하는 것이 임무였다. 김형욱은 당시 역할에 대해 이렇게 설명했다.

나에게 있어서 혁명이란 하나의 군사작전과 같은 것이었다. 작전계획을 수립하고 이에 따르는 요원배치, 병력동원 및 작전대상에 대한 정보수집 등의 공작목표를 하나씩 실천해 나갔다.

장면 정부 시기 급진 통일론과 시위의 확산

　요원배치 및 병력동원의 제목표가 비교적 순탄하게 달성됨에 따라 나는 특히 작전대상 즉 민주당 정권이 들어선 이후의 국내 정치정세를 예민하게 주시하고 있었다.

　정보를 정확히 수집하고 그에 따르는 정확한 분석을 겸비하는 것이야말로 혁명을 준비하던 동지 중에서의 나의 위치와 영향력을 제고시키는 길이었다…

　민주당정권의 국무총리로 등장한 장면은 개인적으로 원만하고 민주적 성품을 지닌 신사였다. 그러나 그에게는 그 위기를 극복할만한 결단력과 강력한 지도력이 결핍되어 있었다…

　각종 데모가 전국을 휩쓸고 있었다. 4월 혁명 유족의 데모, 4월 혁명 부상학생 데모, 비구승들의 목탁 데모, 박태선 교도들의 동아일보 습격 데모, 장님들의 데모, 벙어리들의 데모, 창녀촌 철거를 반대하는 포주들의 데모, 담임선생을 배척하는 초등학교 일 학년짜리의 데모, 민주당 정권 9개월 동안 1천 2백 회의 이런 데모들로 하루해가 뜨고 지고 있었다.

　신기한 것은 민주당정권의 주역들은 아무도 그 사태를 위기로 파악하지 않고 있었으며 더구나 엄청난 물리적 힘을 보유하고 있던 군의 동향에 대하여는 거의 백지와 다름이 없었다는 점이었다(김형욱·박사월, 1985a: 50~52).

5·16은 혁명인가? 쿠데타인가? 이에 대해 이석제는 이렇게 정리했다.

결국 무력을 통한 탈법적인 정권탈취의 방법 외에는 대안이 없었다. 현실적인 관점에서 무력적인 수단을 동원해 헌법을 유린하고 헌정질서를 파괴한다면 그것은 명백한 쿠데타이다.

그렇다면 쿠데타와 혁명의 차이는 무엇인가. 우리가 정권욕에 사로잡혀서 군부 거사를 시도했다면 역사 앞에서 어떠한 수모를 받아도 상관없다.

그러나 5·16에 참여한 어느 누구도 정부 요직 한 자리를 차지하기 위해 총 들고 거리로 나온 사람이 없다는 점을 인정해야 한다.

나의 포부는 명확했다. 비상한 수단을 통해 정권을 장악하고 국가의 근본을 완전히 혁신하자. 그리하여 사회의 후진성을 극복하자. 경제를 부흥하여 국민을 절대 빈곤에서 해방시키고 북한을 능가하는 국력을 키우겠다는 거창한 마스터플랜을 그렸다. 그렇다면 우리의 행동은 쿠데타가 아니라 조국 근대화를 위한 국가혁명이다.

나는 무력을 동원해 정권을 탈취하는 '쿠데타'가 아니라 국가질서와 근본 틀을 완전히 새로 짜는 '혁명'을 계획했다. 일본의 명치유신과 같은 혁명의 행진을 시작한 것이다…

만약 혁명정부가 자포자기의 심정으로 살아가는 국민들에게 희망을 주지 못하면 혁명의 정당성은 여지없이 무너져 내린다. 혁명의 정당성이 상실되면 우리는 국가에 대역죄를 짓는 것과 다름없었다.

혁명정부가 어떤 정책을 펴야 국가에 새로운 기운이 살아나고 국민이 자신감을 회복할 수 있을까. 시간이 갈수록 그것은 커다란 의무감과 사명감으로 자리를 잡았다(이석제, 1995: 64~65, 158).

한편, 김종필은 혁명을 결심한 날짜가 1960년 6월 9일이라고 밝혔다. 그날 국방장관 주재 전군 주요지휘관회의가 서울에서 열렸다. 부산 군수기지사령관이었던 박정희도 그 회의에 참석차 서울에 올라왔다.

회의가 끝난 후 육본정보국 김종필의 사무실에 들른 박정희는 저녁을 같이하자며 김종필을 신당동 집으로 데려갔다. 집으로 가는 도중 지프에서 박정희가 "자네가 하려고 하는 거, 그거 하자!"고 했다.

김종필은 즉각 운전병이 들리지 않게 조그마한 소리로 "다른 방법이 없으면 혁명을 해야지요."라고 했다. 김종필은 이 말이 정군운동을 벌이되 반발이 심하면 혁명으로 전진할 수밖에 없으며, 박정희와 자신의 마음에 '혁명의 씨앗'이 뿌려진 순간이었다고 회고했다(김종필, 2016a: 38).

육사 8기의 충무장 결의보다 3개월 앞선 시점이었다. 김종필은 당시 혁명의 불가피성에 대해 이렇게 말했다.

4·19혁명 직후 나는 군 수뇌부의 부정·부패·무능의 문제를 제기하면서 3성

이상 장군들의 퇴진을 요구하는 정군운동을 주동했다. 남들은 하극상이라고 부르지만 나는 동의하지 않는다.

우리는 이미 시대의 흐름에 올라타 있었다. 아랫사람이 위를 누르는 하극상이 아니라 내가 몸담은 군 조직을 온전하게 만드는 정군이었다.

군대만 제대로 서 있다면 대한민국은 버틸 수 있다. 정치가 아무리 썩고 못마땅해도 군이 굳건하다면 문제는 시간이 해결해 줄 수 있기 때문이다. 그런데 별 두세 개짜리 수뇌부들은 나를 그냥 군에서 쫓아내려 했다. 아마 '저 건방진 자식, 중령 놈이 뭘 안다고 날뛰는 거야, 이번 기회에 날려 버려야지'라는 생각을 했을 것이다…

(박정희와의 혁명) 결의는 수천 년 가난을 극복하고 조국근대화를 이룩해야 한다는 원대한 목표로 연결되었다. 지프의 언약 뒤 나는 육본 정보참모부에 설치된 도서실을 자주 들락거렸다. 프랑스 혁명, 볼셰비키 혁명, 터키의 케말 파샤 혁명, 심지어 영국의 산업혁명까지 연구했다…

정군을 통해 부패·무능 장성들이 정리되길 기대했던 젊은 장교들은 개혁의 좌절에 분노했다. 정쟁과 분열, 무력함에 휩싸였던 정치권도 우리의 결심에 영향을 주었다. 군대도 결국 사회의 영향을 결정적으로 받는 조직인데 군이 뭔가 일으키는 것을 오히려 바라는 분위기가 퍼져 갔다. 그래서 포섭 대상자를 만나 "혁명을 같이하고 함께 죽자."고 하면 거절한 사람이 없었다…

그 무렵 군심과 민심은 같았다. 사회안정과 변혁을 바라고 있었다. 군의 정치 개입은 역사의 필연이 되고 있었다(김종필, 2016a: 38~39, 44~45).

하지만 5·16군정이 끝나고 민정으로 이양된 후 처음 열린 국회에서 야당의 박순천 의원은 5·16을 쿠데타라고 신랄하게 비판했다. 1964년 1월 15일, 박정희가 대통령에 취임한 지 한 달여 지난 시점이었다.

5·16은 일부 극소수 군인이 정권욕에 사로잡혀 헌정을 중단하고 군사적인 독재정권을 수립함으로써 4·19와는 본질적으로 다를 뿐 아니라, 독재의 재등장이라는 의미에서 5·16은 4·19에 대한 반대 사태다. 현 정권이 곧 군정의 연장이다.

1960년 9월 10일 서울 충무장에서 밀회하여 쿠데타를 음모할 때는 장 정권 수립 후 불과 18일 만인 만큼 이것은 '혁명'이 아니고, 의거도 아닌 정권획득을 위한 쿠데타…

쿠데타의 논공행상식으로 창설된 기관과 채용된 공무원 증가는 5·16 당시에 비해 약 4만 명이 증가되었다. 군사정권 유지를 위하여 수도방위사령부, 중앙정보부 등을 만들어 경찰국가화하고, 국민을 공포분위기 속에 몰아넣었다(한창우, 1967: 91).

박순천의 공격에 대해 박정희는 이석제에게 이런 말을 남겼다고 한다.

우리의 목표는 나라의 근본을 개혁하고 썩어빠진 병폐를 뜯어고치려고 일어

이석제 국가재건최고회의 법사위원장

서는 건데 혁명이면 어떻고 쿠데타면 어떤가. 그동안의 정권이 해내지 못한 국가 발전을 달성하면 평가는 후세의 역사가들이 내려줄 거야(이석제, 1995: 65).

방첩대의 5·16 거사첩보 입수와 묵살

방첩대는 이승만 정부 특무대의 후신.

군의 보안과 방첩을 담당하는 정보기구.

자연히 대정부전복도 중요한 임무다.

군을 완벽하게 통제하고 있던 김창룡 특무대장이 1956년 1월 30일 암살되면서 조직이 흔들리기 시작했다.

암살사건 후 특무대의 전횡과 비리를 근절한다는 취지로 조직 명칭을 방첩대로 바꾸고, 소속 문관을 반으로 감축하는가 하면 일선에서 활동하던 하사관 250여 명을 전투부대로 전출시켰다(이영 근, 2003: 171).

4·19 후에는 3·15 부정선거 개입혐의로 간부 20여 명이 예편되고, 영관급 10여 명은 징계 차원에서 육군대학 단기과정에 교육을 보냈다(이영근, 2003: 174).

5·16 주체세력으로서는 대정부전복을 담당하는 방첩대의 감시를 회피하는 일이 최우선 과제.

'혁명'의 지도자로 추대된 박정희는 자파인물 한웅진을 방첩부대장에 앉히는 공작을 추진했다.

공작 책임자 김형욱은 그 과정을 이렇게 설명했다.

나는 박정희의 지시로 육군 정보학교장이던 한웅진을 육군 방첩부대장으로 임명시켜 혁명계획 수행에 따르는 모든 정보를 주관케 하려고 시도했으나 실패하기도 했다. 당시 민주당 내각의 총리직속 정보기관격이던 시국정화운동본부의 실력자 박이라는 사람을 만나, 없는 돈을 만들어 쑤셔 넣어 주면서까지 한웅진의 엽관운동을 벌였으나 그 후 문제의 박이 시국정화운동본부에서 밀려나 허탕을 치고 만 것이었다(김형욱·박사월, 1985a: 46~47).

정대철이 조사한 바에 의하면 장면 총리는 5·16 이전 총 10건의 쿠데타 정보를 보고받고 장도영 육참총장에게 조사를 지시했다(정대철, 2001: 204~205).

그러나 장도영은 모두 허위정보이고, 박정희에 대한 모략이라며 장면의 조사 지시를 이행하지 않았다.

특히, 서울지구 방첩대는 1961년 4월 24일경 5·16 가담자인 이종태 육본 작전참모부 교육과장이 실언으로 거사계획을 누설한 첩보를 제보받고, 이종태를 소환하여 조사하였으나 오히려 유언비어 날조혐의로 이종태를 견책징계했다.

이때 김형욱은 방첩대 내부의 프락치로부터 방첩부대장이 장도영에게 이종태 사건을 보고한 것을 확인하고, 장도영이 박정희를 비호하고 있다는 확신을 갖게 됐다고 한다(김형욱·박사월, 1985a: 84).

1961년 5월 초순에는 방첩대 백운상 부부대장이 박정희 주도 쿠데타 정보가 확실하다며 육본에 있는 몇몇 장성을 체포하여 조사할 것을 장도영에게 건의했다. 그러나 이에 대해서도 장도영은 물증과 확증이 없으면 장성들을 체포하기 어렵다는 이유로 묵살했다(《신동아》, 1984.8.).

5·16 당시 방첩부대장은 이철희.

현석호 국방장관의 동생, 현석주와는 육사 2기 동기였다.

동생 현석주의 추천으로 이철희를 방첩부대장에 임용한 현석호.

장면 정부의 초대 국방장관으로 1960년 8월 취임했으나 두 달여 만인 그해 10월 내무부장관으로 자리를 옮겼다가 중도 퇴임하였는데, 1961년 1월 30일 다시 국방장관에 취임했다. 정치인 출신으로 군 내부 사정에 어두웠기 때문에 동생인 현석주의 건의와 판단에 많이 의존하고 있었다.

현석주와 육사 2기 동기생인 김재규 역시 현석주의 주선에 힘입어 뒤늦게 준장으로 진급해서 5·16 때 국방부 총무과장으로 근무하고 있었다.

그 당시 군에서는 육사 2기 동기생인 현석주, 박정희, 김재규 세 사람을 일본말로 '삼바가라스'라고 불렀다고 한다(송원영, 1990: 258). '세 까마귀'라는 뜻의 이 말은 서로 매우 가까워서 항상 같이 몰려 다닌다는 뜻이었다.

현석호는 이철희에게 임명장을 주면서 "자유당 때처럼 정보정치를 하자는 것이 아니라 국가안보를 위해 정보가 절대 필요하니 열심히 해 보라."고 당부했다.

그러면서 현석호는 일반적인 정보는 장도영 육군참모총장에게 보고하되 긴급하고 중요한 사항은 장관실로 직접 보고하도록 지시했다.

장도영 역시 현석호가 1961년 2월 20일 참모총장으로 발탁한 인물.

문란해진 군 내부 질서를 쇄신한다며 재임기간이 불과 4개월 여밖에 안 된 최경록 참모총장을 제2군 사령관으로 전출시키고 대신 미군의 요청이라며 장도영을 앉혔다.

이철희는 5·16이 일어날 때까지 한 번도 장관을 찾아와 쿠데타 정보를 보고한 적이 없었다고 한다. 참모총장을 통한 간접보고이든 직접보고이든 한 번도 쿠데타 정보를 보고하지 않았다고 한다 (현석호, 1986: 112).

이철희는 5·16 직후 반혁명사건 증인으로 법정에 섰을 때, 장도영에게 쿠데타 음모를 모두 보고했으나 장도영이 이를 은폐했으며, 장관에게 보고하지 말라고까지 했다고 증언했다.

이에 대해 장도영은 이철희가 박정희의 거사계획은 순전히 모략에 불과하다고 보고했으며, 거사자금 제공 혐의로 체포되어 조사를 받던 김덕승이 사기꾼에 불과하다는 보고로 거사계획 정보를 흐렸을 뿐 아니라 다른 구체적 정보는 일체 보고하지 않았다고 반박했다.

훗날 현석호는 장도영을 참모총장으로 추천한 것도 자신이고, 방첩대장 이철희를 임명한 것도 자신이라며 쿠데타 정보를 사전

입수하고도 결연히 대처하지 못한 것도 자신이라며 자책했다(《신동아》, 1984.8.).

검찰총장의 5·16 거사 첩보 수사 기피

박정희를 중심으로 한 5·16 거사 첩보는 군 내부의 일이기 때문에 검찰과 경찰로서는 그 동향을 파악하기가 어려웠다.

그런데 민간인 김덕승이란 사람이 박정희가 주도하는 쿠데타 자금에 필요하다며 500만 환을 조달하고 다닌다는 정황이 5월 6일 장면 총리에게 포착됐다.

장면은 장도영 육참총장과 이태희 검찰총장을 불러놓고 검찰총장에게 진상을 파악토록 지시했다.

하지만 검찰총장은 "박정희는 군인이고 따라서 검찰총장인 나의 관할이 아니므로 장도영 총장이 맡는 게 옳은 것 같다."며 육참총장에게 떠넘겼다.

그에 대해 장도영은 "절대 그런 일 없다."고 정보내용을 부정하며 그 자리에서 수임을 거부했다.

난감해진 이태희는 서울지검 김홍수 부장검사에게 수사를 지시했는데 김덕승은 5월 12일 연행되자마자 쿠데타 모의사실을 전부 털어놓았다고 한다.

하지만 김홍수 검사는 내란음모죄로 몰면 사회가 혼란해질 것을 우려하여 사기미수죄로 김덕승을 구속했다.

수사결과를 보고받은 이태희는 장도영에게 전화를 걸어 "검찰 수집정보에 의하면 박정희 소장이 쿠데타를 모의하고 있다고 합니다."고 알려줬다.

잠시 후 장도영이 다시 전화를 걸어왔는데, 옆에 앉아있던 김홍수가 들은 바에 따르면 장도영은 "대구의 박정희에게 전화해 알아보았더니 전혀 그런 뜻이 없다."고 한다며 검찰이 알려준 정보를 불신했다(《월간조선》, 1993.7.).

그 후 김덕승은 진술을 번복, 자신이 돈을 마련하기 위해 거사 핑계를 댔다며 사기꾼 행세를 보여 더 이상 수사가 진척되지 못하고 5·16을 맞았다.

김덕승이 체포되던 시기 또 다른 민간인 이학수가 구속됐다.

총리 비서실의 정보비서관이 "모 여성들의 계 조직에 모인 돈이 쿠데타 자금으로 쓰이고 있다."는 정보를 입수했다.

총리는 즉시 이귀영 서울시경국장에게 수사를 지시했다. 정보경찰 출신 이귀영은 총리 직속으로 1961년 3월 시국정화운동본부를 설치하여 본부장으로 일하다 5·16 당시에는 서울시경국장으로 일하고 있었다. 해방 후 장면이 정계에 입문할 때부터 인연을 맺은 장면의 심복.

수사결과 광명인쇄소 사장 이학수가 연루된 것으로 드러났다. 이학수는 5·16 때 혁명공약을 인쇄했던 광명인쇄소 사장.

총리는 수사결과를 바탕으로 검찰총장과 육참총장을 불러 대책을 논의했다. 하지만 이번에도 검찰총장이 육참총장에게 "당신 네 군 내부의 일이니 당신이 책임지고 조사하라."고 개입을 기피하고, 육참총장은 "내가 알아보니 박정희와 나를 모략하는 내용이다. 내 말을 믿어라."며 극구 부인함에 따라 유야무야되고 말았다(정대철, 2001: 197~198).

육참총장에게 '혁명계획서'를 준 박정희

장도영 육참총장이 방첩대장으로부터 이종태 밀고사건을 보고받고도 이를 불문에 부친 사실을 확인하고서, 장도영이 박정희를 비호하고 있다고 확신했다는 김형욱의 회고.

장면 총리가 10여 차례에 걸쳐 쿠데타 정보를 입수해서 장도영에게 사실여부를 확인하도록 지시했으나 장도영이 허위정보, 박정희에 대한 모략 등을 이유로 내세워 조사를 하지 않은 점은 당시 장도영이 박정희와 은밀히 연결되어 있었다는 의혹을 가지게 한다.

특히, 장도영은 육군참모총장에 진출하기 위해 인사운동을 할 때 박정희의 신세를 진 일이 있었다. 서울을 관할하는 제6관구 사령부 참모장이자 5·16 후 제3대 중앙정보부장을 지낸 김재춘은 박정희의 지시로 장도영을 육군참모총장에 진출시키는 공작을 했었다는 증언을 남겼다.

장도영이 한참 참모총장 운동을 할 때 어느 날 박정희가 김재춘에게 당시 집권 여당인 민주당의 수뇌부에 누구 아는 사람이 없느냐고 김재춘에게 물으며 장도영의 인사로비를 부탁했다고 한다.

그에 따라 김재춘은 오위영, 박순천 등 평소 친분이 있는 정치인을 만나 장도영을 밀어달라고 부탁하기도 하고 오위영과 장도영의 독대를 주선하기도 했다. 장도영을 만나고 난 후 오위영은 장도영을 적극 밀겠다고 김재춘에게 약속하기도 했다(송원영, 1990: 255).

장면 총리의 측근이었던 선우종원도 아래와 같은 증언을 남겼다.

장도영은 부산 출신 오위영 의원에게 접근해 총장을 따냈다. 내가 반혁명으로 몰려 갇혀 있을 때 장도영도 갇혀 있으면서 내 증인을 선 일이 있었다. 옥중에서 내가 장도영으로부터 '오위영에게 2천만 환을 주고 총장을 했다'고 들은 얘기가 지금도 생생하다(김충식, 1992: 54).

김재춘과 선우종원의 증언에서 보듯이 장도영과 박정희는 인사운동을 함께 벌일 만큼 가까웠다. 이러한 사이가 5·16 때 장도영이 박정희를 감싸고 돈 배경으로 보인다.

둘의 친분은 6·25 직전 장도영이 육본 정보국장으로 부임해 오면서 시작됐다. 박정희가 남로당 가입 혐의로 재판을 받고 강제 예편되어 육본 정보국 산하 전투정보과 문관으로 근무하고 있을 때였다.

6·25전쟁 후 후퇴 길에 박정희를 소령으로 복직시켜 전투정보과장으로 임용한 사람도 장도영이었다.

전후 장도영이 대구 2군사령부 사령관으로 근무할 때인 1960

5·16 직후 장도영과 박정희(출처 네이버)

년 10월에는 육본 작전참모부장으로 근무하던 박정희가 과거 좌
익혐의로 강제 예편당할 처지에 있다는 소문을 듣고 박정희를 2군
부사령관으로 전보시켜 예편을 모면시켜 준 것도 장도영이었다.

박정희는 이런 장도영을 믿었다.

5·16 직전인 4월 10일에는 '군사혁명계획서'를 장도영에게 건
네기도 했다.

김종필이 자칫 잘못하면 반란으로 몰려 몰살당할 수 있다며 만
류했으나, 박정희는 "아니야, 괜찮아. 장 장군은 임자보다 내가 더
잘 알아. 내 입장에서는 장도영을 끌어오는 수밖에 없어, 그러니
나한테 맡기고, 그 계획서를 주게." 하며 장도영에게 그 계획서를
갖다주었다.

그 후에도 장도영은 아무런 조치를 취하지 않았다(김종필, 2016a: 66~67).

그러나 훗날 장도영은 박정희와의 내통 의혹을 전면 부인했다.

나는 사전에 5·16을 전혀 몰랐다. 5·16 주체세력과 사전에 내통했고, 묵인 방조했다는 주장은 5·16 쿠데타 세력에 의해 날조된 모략이다. 박정희의 거짓 증언과 8기생들의 허위진술에 의해 일방적으로 매도된 모함이다.

특히 음모정보를 다루는 핵심 책임자였던 이철희 방첩부대장은 5월 15일 오후까지도 나에게 올라오는 쿠데타 정보를 차단시키고 역정보를 보고했다. 민간 동조세력이던 김덕승 사건의 수사결과는 사기꾼이었고, 따라서 박정희 장군에 대한 모략으로 드러났다고 보고했다. 그리고 오히려 족청계를 주시해야 할 것이라고 말했다. 5·16 직후 쿠데타를 지지했던 그는 많은 요직을 거쳤고 치부도 많이 했다가 1980년대 들어와서 경제사범(이철희-장영자 사건)으로 투옥됐다(《신동아》, 1984.8).

5·16 거사기밀의 누설과 장도영의 변신

5·16 때 정부를 지키느냐, 정부전복에 성공하느냐 하는 기로에서 양측의 중심축이었던 장면과 박정희 측 주장을 보면 그때 육참총장 장도영은 두 사람 사이에서 상당히 기회주의적인 처신을 보였다.

장도영은 5월 15일 낮까지도 장면에게 "모두 공연한 모략입니다. 아무 염려 마십시오. 제가 있는 동안에 절대 그런 일이 없습니다." 하며 안심시켰다(한창우, 1967: 87).

그러나 장도영은 5월 15일 저녁 박정희 세력을 누르는 강압조치를 취하게 된다.

5월 15일 오후 정변 주도 부대인 30사단에서 거사 기밀이 누설됐다. 이때부터 돌연 장도영은 박정희 세력을 진압하는 수순에 들어간다.

30사단의 대령 두 명이 사단장에게 5·16 거사계획을 밀고하며 "혁명군이 오늘 저녁 사단장과 제6관구 사령관 집을 포위하여 두 분과 그 가족을 사살할 계획이니 각하는 혁명군을 반격 또는 진압시켜야 한다."고 했다.

이에 놀란 30사단장은 자신의 가족과 재산을 처가로 긴급 피신시키는 한편 서울지구 방첩대(506 방첩대)를 찾아가 거사계획 전모를 설명했다.

이희영 서울지구 방첩대장으로부터 보고를 받은 이철희 방첩부대장은 곧바로 장도영 육군 참모총장에게 보고하고, 장도영은 서울지구 방첩대로 달려왔다.

5월 15일 저녁 10시 40분경 506 방첩대에 나타난 장도영은 30사단장에게 "그런 중대한 정보는 빨리 보고해야지 너만 살겠다고 이사를 먼저하고 이렇게 늦게 알리면 어떻게 하느냐."고 힐책했다.

이어서 장도영은 이희영에게 박정희의 소재지를 파악해서 미행하며 수시 보고하라고 지시하는 한편 육군 수뇌부를 506 방첩대로 비상소집했다. 그와 함께 대통령, 총리 및 미8군 사령관에게 쿠데타 발생을 알렸다.

또한 5월 16일 0시 40분경에는 헌병 50명을 한강교에 배치해서 군사이동을 차단하라고 명령했다.

이날 저녁 장도영의 명령으로 한강교에 배치된 헌병들은 GMC 트럭 7대로 바리케이드를 치고 대기하다 한강교에 진입하는 박정희 측 병력에 실탄을 사격했다.

김포에서 진입하는 해병대의 선두에서 한강교를 건너던 박정희는 지프에서 내려 육로로 한강교를 건넜다.

얼마 후 혁명공약을 인쇄하던 안국동의 광명인쇄소에 나타난 박정희는 김종필에게 장도영에 대한 배신감을 털어놨다.

"장도영이가 헌병을 시켜 나를 쐈어, 내가 목숨 걸린 우리들의 혁명계획서까지 그에게 전부 주었는데, 이럴 수 있나." 그 직전의 상황을 모르던 김종필이 "어떻게 된 겁니까." 하고 묻자, 박정희는 "한강다리를 건너는데 헌병들이 쏜 총알이 막 날아와, 나는 지프에서 내렸지. 그리고 다리를 걸어서 건너갔지. 이쪽에서 응사하니까 잠시 후 헌병대가 싹 사라졌어." 하며 긴박했던 상황을 말해줬다(김종필, 2016a: 75~76).

장도영 측 헌병들이 박정희 측에 실탄사격을 가함으로써 양측은 그 순간부터 서로 화해하기 어려운 국면으로 접어들었다.

김재규의 5·16 거사계획 밀고

1979년 10월 26일 박정희 전 대통령을 시해한 김재규 전 중앙정보부장.

그는 5·16직전인 1961년 5월 초에도 박정희를 배반한 일이 있었다.

김재규는 현석호가 국방장관에 취임(1961.1)한 후 국방부 총무과장에 보임됐다.

현석호 장관의 동생 현석주가 추천한 인사였다.

현석주는 이승만 정부 때 야당이었던 민주당 소속 실력자 현석호 때문에 승진도 못 하고 10년 동안이나 대령을 달고 있었다.

민주당이 집권하고 자기 형이 국방장관에 취임하자 현석주의

1970년 국군보안사령관으로 재직할 당시의 김재규 전 중앙정보부장. 5·16 직전에는 국방부 총무과장으로 근무하고 있었다.

군내 영향력이 커졌다. 당시 군에서는 현석주가 국방장관이라는 말까지 돌았다. 군에 대해 무지했던 현석호로서도 동생에게 많은 것을 의존할 수밖에 없었다.

당시 국방부는 장관 밑에 사무차관과 정무차관 두 명을 두고 있었다.

외무부 정무차관으로 있다가 국방부 정무차관으로 옮긴 우희

창은 5·16 10여 일 전쯤 김업 사무차관으로부터 중요한 얘기를 들었다.

국방부 총무과장 김재규 준장이 현석호 장관에게 박정희 소장이 주도하는 쿠데타 모의를 보고했으나 장관이 묵살했다는 내용이었다.

육사 2기 동기생으로 박정희와 친밀했던 김재규가 박정희로부터 쿠데타 참여를 권유받고, 이를 장관에게 밀고한 것이다.

이 얘기를 들은 우희창은 곧바로 장관에게 "박정희를 구속해서 전모를 밝혀야 한다."고 건의했다. 그러나 현 장관은 "성급하게 하면 안 된다. 정치성이 개입되면 안 되니까 내가 알아서 하겠다."며 결정을 미뤘다.

초조해진 우희창은 장도영 육참총장을 찾아가서 김재규의 정보를 들이대면서 박정희를 즉각 구속하라고 요구했다.

그러자 장도영은 "그건 죽은 정보다. 내가 참모총장으로 있는 한 누구도 쿠데타를 일으킬 수 없다. 혹시 과거엔 어땠을지 몰라도 지금은 절대로 그런 일이 없다."고 강력하게 부인했다(정대철, 2001: 199~200).

그 이전 현석주도 박정희 주도 쿠데타 설을 들었다. 친한 동기생인 박정희 문제가 자주 거론되자 현석주는 무척 괴로웠다.

답답한 나머지 현석주는 대구 제2군 사령부로 박정희를 찾아가 박정희의 속을 떠보았으나 박정희는 딱 잡아뗐다(송원영, 1990: 259).

훗날 김종필은 김재규의 내면세계를 가늠할 수 있는 중요한 말을 남겼다.

　김재규는 겉으로 온건한 사람처럼 보이지만 치명적인 약점이 있었다. 일종의 병인데 욱하는 성질이 지나쳐 한번 흥분하면 얼굴이 빨개지고 전후좌우 분간을 못하고 마구 욕을 해댄다. 세상이 보이는 것이 없고 자기가 무슨 일을 하는지도 자각하지 못했다. 그땐 발작증이라고 치부했다. 요즘 말로 분노조절장애라고 할 수 있을 것이다…

　김재규의 발작증은 여덟 살이나 아래인 차지철과 경쟁하면서 증세가 더욱 심해졌다. 박 대통령은 김재규를 고향 동생처럼 친밀하게 대했으나 그가 발작증이 있고 정보부장이 된 뒤 더 심해지고 있다는 사실을 알지 못했다.

　김재규가 10·26 당시 대통령을 향해 권총을 들이댈 때도 욱하는 충동에 발작 증세에 빠져 있었다. 제정신이 들어 재판을 받을 때 자기가 민주투사라도 되는 양 오래전부터 준비한 거사라고 했는데, 그의 병을 알고 있는 나에겐 가소로운 얘기였다(김종필, 2016a: 487~489, 2016b: 30~32).

북한 3호청사의 5·16 예측실패와
김일성의 힐책

　북한 대남공작 부서는 5·16을 전혀 예측하지 못했다.

　그 당시 대남연락부에서 근무했던 귀순자 박병엽에 따르면 북한은 4·19 후 통일운동이 계속 확산될 것으로 보고, 5·16이 일어날 때까지 남북학생회담과 정당·사회단체 협상준비에 전력을 기울였다고 한다.

5월 초에 개최된 노동당 정치위원회에서는 군부동향이 심상치 않다는 보고가 있었다. 하지만 남한군대가 미군에 예속된 상태에서 군부 쿠데타는 불가능하다는 결론이 내려졌다고 한다.

5월 16일 그날 김일성은 흥남 비료공장에 현지지도를 나가 있었다.

점심을 먹다가 문화부장 김중린으로부터 쿠데타 보고를 받은 김일성은 급히 평양으로 돌아왔다. 김중린에게 쿠데타 발발 소식을 가장 먼저 전한 건 재일조총련 공작부서였다.

김중린의 보고를 받은 김일성은 두 가지 지시를 내렸다.

하나는 3호 청사의 모든 정보망을 가동해서 쿠데타의 진상을 정확히 파악하라는 것이었다. 3호 청사는 대남공작부서인 연락부와 문화부가 입주해 있던 건물로 북한 대남공작기구를 총칭하는 용어로 사용됐다. 1963년에는 조사부가 생기면서 조사부도 3호 청사에 입주했다.

김일성의 다른 지시 하나는 다음 날(5.17) 평양 중앙당에서 정치위원회를 긴급 소집하라는 것.

5월 17일 열린 노동당 정치위원회에서 김중린이 남한정세를 보고했다. 그러나 수집정보가 빈약해서 김일성의 질문에 제대로 대답하지 못하고 끙끙댔다.

쿠데타 주체세력이 누구냐는 물음에 김중린은 "박정희 소장과

북한 노동당 3호 청사(출처 네이버)

육사 8기 출신의 소장 장교들이 움직였다는 정보가 있다."며 두루 뭉술하게 답변했다. 그 사람들이 어떤 사람들이냐는 추가 질문에는 말을 잇지 못했다.

화가 난 김일성은 "이미 이전의 정치위원회에서 군부동향이 심상치 않다는 보고가 있었고, 이를 둘러싸고 토론도 많이 했으며 '더 구체적으로 잘 연구하라'는 결론이 내려졌다. 그런데도 대남 공작 관련부서들은 이남의 대북 군사도발이 있을 경우를 대비해 기선을 제압하는 방법을 강구하는 데만 신경을 썼지. 정작 군사쿠데타의 가능성에 대해서는 제대로 파악하지 못했다."고 질책하며 "이전에 우리가 내린 결론 자체도 잘못된 것이지만 관계자들이 그 뒤 계속 연구하여 동향파악에 심혈을 기울였어야 하지 않았는가." 하며 난감한 태도를 보였다.

그날 회의에는 김책의 차남인 민족보위성 정찰국장 김정태도 참석했는데 정변 정보에 대해 전혀 답을 못하자 김일성은 "도대체 뭘 하고 밥 먹는 거냐. 너의 아버지는 그렇지 않았는데 도대체 일 본새가 왜 그 모양이냐."며 몰아세웠다고 한다(《월간중앙》, 1991.9.).

정보의 무능이
장면정권 붕괴의 중요한 요인

장면 정권이 실각된 후 장면 정부 정보활동의 무능에 대해 많은 사람들이 거론해 왔다. 정권을 보위하려는 대정부 전복 정보활동을 등한시한 결과라는 것이다.

이를 거론하는 대표적인 사람이 정대철 전 더불어민주당 상임 고문과 5·16에 반대했던 이한림.

정대철은 장면정부 때 2인자였던 정일형 외무부장관의 아들로 5·16 당시 고교생이었다. 그 후 그는 장면정부의 몰락에 대해 천착해 왔다.

장면의 측근이었던 이한림 제1군 사령관도 장면 정부가 몰락한 중요한 요인으로 정부 전복활동을 탐지하기 위한 대정부전복 정보활동이 부실했던 점을 지적했다.

4·19혁명 후의 과도기에 정부가 효율적으로 국정을 수행하기 위해서는 민심의 흐름을 정확하게 읽고, 정세를 제대로 판단하는 국가정보체계가 필요했다.

뒤늦게 1961년 3월 국내정보를 담당하는 시국정화운동본부를 창설했으나 책임자인 이귀영 본부장이 곧 서울시경국장으로 전보되어 제대로 기능을 발휘하지 못했다.

정보경찰에 대한 대대적인 숙정도 단행됐다. 3·15 부정선거 관련자를 처벌하기 위해 1960년 12월 31일 반민주행위자 공민권 제한법이 제정됐다.

이 법의 반민주행위자에 3·15 부정선거 당시 내무부 치안국장, 특수정보과장, 특수정보과 분실장, 전국경찰서 사찰과장·사찰계장, 사찰과 형사 등 정보경찰 계통이 모두 포함됐다.

이 법의 시행으로 전국 경찰관 2,213명이 파면됐다(정대철, 2001: 62). 경위급 이상 정보경찰의 90%가 면직됐다(박범래, 1988: 302).

이처럼 많은 정보경찰이 희생되자 경찰 내부에서 정보 보직을 기피하는 풍조가 일어나고, 살아남은 정보경찰의 사기도 극도로 침체됐다. 그 결과 자유민주적 기본질서가 극도로 문란해졌다.

정대철은 10여 차례의 쿠데타 정보를 입수하고도 적절히 대응하지 못한 사실은 장면정부의 허술함을 단적으로 보여준다고 지적했다(정대철, 2001: 62).

이한림도 장면정부의 정보관리능력 부실을 정권몰락의 중요한 요인으로 제시하고 있다.

국가경영에 필요한 첩보를 수집하고 분석해서 정보를 생산한 후 이것을 바탕으로 국가정책을 수립하여 집행한 다음 그 결과를 확인하고 평가, 다음 정책에 반영하는 것이 현대 국가운영의 기본인데, 장면 정권은 그러한 정보운영에 백지白紙였다고 비판했다(이한림, 1995: 367~368).

정보의 무지無智, 정보의 부재가 장면정권 몰락의 결정적 요인이라는 것이다.

김형욱의 정보계 데뷔

이른바 '충무장忠武莊 결의'.

김종필, 김형욱, 오치성, 길재호 등 육군본부에 근무하던 육사 8기 출신 9명이 1960년 9월 10일 저녁 일식집 충무장에 모여 장면 정부를 전복하기로 결의한 날이다.

이날의 결의에 대해 5·16 주체세력이 발간한 「5·16 군사혁명의 전모」(1964)는 이렇게 기록했다.

충무장에 모인 그들은 평화적인 방법으로 추진하여 온 정군문제를 지양하고 더 나아가 민주당 정권 자체를 제거하는 거국적인 무력혁명을 단행하여 곧 정군의 목적을 달성하자고 결의하였다(한국군사혁명사편찬위, 1964: 66).

이날은 김형욱이 정보계에 정식 데뷔한 날이기도 하다. '혁명'을 결의한 9명은 각자 혁명을 추진하기 위한 임무를 분담했다. 김형욱이 맡은 임무는 정보, 김종필은 총무, 인사는 오치성, 작전은 옥창호·신윤창으로 정했다.

육사 8기 졸업생 가운데 최우수자 30명이 1949년 5월 육본정보
국에 배치될 때 거기에 끼지 못했던 김형욱.

뒤늦게 '정보'라는 새로운 세계에 진입하게 된 것이다.

김형욱이 육본 작전참모부에 전근해 온 것은 1960년 3월.

일선에서 6·25를 겪고 대대장 7년 만에 진해 육군대학 정규과
정을 밟은 후 육본 작전참모부에 발령받아 서울로 올라왔다.

이때 김종필과 조우한 김형욱. 그때의 만남을 김형욱은 이렇게
묘사했다.

(김종필은) 졸업도 우등생으로 해서 소위 임관 즉시 육군본부 정보참모부에 발
탁되었기 때문에 요직을 나보다 빨리 차지하는 행운아였고, 한편 나는 별 신통치
않은 성적에다가 대단한 배경도 없었기 때문에 일선부대의 소대장으로 배속되
어 거금 11년간을 떨어져 지내왔다. 그동안 내가 김종필보다 앞선 것이 있었
다면 중령진급을 6개월 빨리 한 것뿐이었다. 그러나 솔직히 말하자면, 김종필이
가 육군본부 주변에서 재간 있는 정보장교로 머리를 쓰고 있던 11년간 나는 전
장(戰場)의 포화 속을 헤매며 수십 번의 죽음의 고비를 넘기면서 나의 부하와 동
료들의 죽음을 목격하기도 하고 그들과 피를 나누는 전우로서 또는 실병 지휘관
으로서 전쟁의 상태와 지휘력을 몸으로 체득해 왔다고 자부하고 있었다. 따라서
김종필이가 창백한 선비형 전략가였다면 나는 정신과 육체 구석구석에 진짜로
화약냄새를 풍기는 실전의 지휘관이 되어 있었다(김형욱·박사월, 1985a: 18~19).

충무장 결의가 있었던 1960년 9월 10일은 광주에 있던 박정희가 육군 작전참모부장으로 전근해 온 날이기도 하다.

이승만이 하야한 직후인 1960년 5월 2일 박정희는 송요찬 육군참모총장에게 3·15 부정선거의 책임을 지고 사퇴하라는 서한을 보냈다.

이와 관련된 좌천성 인사로 그해 7월 28일 그는 광주 제1관구 사령관으로 전보됐다.

새롭게 육군참모총장에 취임한 최경록의 배려로 서울로 올라오게 된 박정희.

거기서 4개월 전 작전참모부에 전속해온 김형욱을 부하로 두게 된다. 1960년대 박정희 정부를 주도하게 되는 박정희, 김종필, 김형욱 세 명이 육군본부라는 한 공간에서 만나게 된 것이다. 이때 박정희와의 만남을 김형욱은 회고록에 이렇게 기록했다.

박정희는 소신껏 어느 정도의 권한을 행사하여 정군을 단행할 수 있다는 재량권을 조건부로 육군본부로 올라오게 되었다. 정군파 장교들의 사기는 일시 충천했으며, 특히 박정희를 직속상관으로 모실 수 있었던 나는 그야말로 의기양양하였다.

"각하! 육군중령 김형욱 인사드립니다. 각하를 직속상관으로 모실 수 있게 된 것을 영광으로 생각합니다."

"오, 형욱이 오랜만이야. 그동안 수고가 많았지? 나, 종필이 통해서 자네 말을 많이 들었지. 자네 같은 충직한 부하를 동료로 해서 일하게 되어 마음 든든하네."

박정희는 나의 어깨를 움켜쥐고 조금 흔들었다.

"고맙습니다. 각하!"

"하하, 자네 사관학교 시절과 조금도 다를 바 없구만. 여전히 박력 있고 씩씩하고."

"고맙습니다. 각하!"(김형욱·박사월, 1985a: 36).

육사 8기 동기생인 김종필 초대 중앙정보부장과 김형욱 4대 중앙정보부장의 5·16 직후 모습(출처 네이버)

제3장

김종필의
청정회 멤버 규합

박정희·김종필과
미 CIA 한국지부장의 첫 만남

6·25 전후 박정희, 김종필과 함께 육본정보국 전투정보과에서 근무했던 박종규 하사관.

김종필은 박종규에게 장교입대를 권유해서 박종규를 장교로 키웠다.

5·16 새벽 박종규 소령의 임무는 장면 총리를 체포하는 것. 그러나 장면은 박종규가 덮치기 직전 도주했다.

장면이 도피하면서 처음 찾아간 곳은 미 CIA 한국지부장 드 실바의 관사.

하지만 드 실바가 총소리를 듣자마자 급히 미 대사관으로 출발했기 때문에 두 사람은 서로 만날 수 없었다.

장면은 급한 나머지 칼멜 수녀원으로 도피했다.

미 대사관에 도착한 드 실바는 장면의 안부가 궁금했다. 곧 두 사람만이 아는 비밀 전화로 반도호텔 그의 방에 전화를 걸었다.

전화를 받은 사람은 장면이 아닌 박종규.

드 실바가 영어로 말하자 박종규도 영어로 말했다. 곧 그 방으로 찾아가겠다며 전화를 끊고 새벽 5시경 박종규를 만나러 반도호텔로 간 드 실바.

박종규는 드 실바에게 자신이 박정희 장군의 경호대장이며 미국 포트베닝과 포트 브래그에 있는 공정학교를 졸업했고 그곳에서 영어를 배웠다고 말했다.

박종규가 매우 지치고 과민한 상태에 있는 것을 보고, 드 실바는 자신의 명함을 주며 박정희 장군을 위해 도움이 될 일이 있으면 전화하라고 말한 다음 대사관으로 돌아왔다.

조금 뒤 아침 9시쯤 대사관으로 찾아온 박종규는 박정희를 만나기 전에 김종필을 먼저 만나보라고 권유했다.

김종필은 박정희 장군의 인척이며 박정희의 신뢰를 받고 있을 뿐 아니라 이번 혁명의 주역이라고 소개했다.

곧바로 드 실바는 박종규의 안내로 김종필을 만났다.

김종필을 만났을 때의 첫인상을 드 실바는 이렇게 기록했다.

그는 중키였고 체격은 호리호리한 편이었다. 얼굴은 동안이었으며 태도는 조용하고 침착했다. 박종규가 한국말로 나를 소개하자 그는 나에게 의자를 권했다. 박종규는 대화가 계속되는 동안 통역을 맡아 주었다. 나의 서울 주재 기간이 16개월째로 접어들면서 사태 발전에 따라 내가 박정희 장군 주도하의 정부와 접촉하는 데 있어 김종필은 시종일관 주요대상 인물이었다. 박정희 정권이 집권 2개월 후 한국 중앙정보부를 창설하게 되면서 우리들의 이 관계는 더욱 깊어졌다.

접촉이 시작되면서 김종필은 미국 CIA 중견간부라는 나의 지위에 대해 예리하고 지속적인 관심을 보였다. 그는 미국 CIA가 미국 정부조직상 어떤 법적지위를 갖고 있는가에 대해 정중하나 주의 깊게 질문했다. 그의 관심사항은 대부분 내가 자유롭게 충분히 개진할 수 있는 주제들이었다.

박정희 국가재건최고회의 의장과
김종필 초대 중앙정보부장(출처 네이버)

김종필은 드 실바에게 박정희가 군사혁명을 일으킨 이유, 군사혁명의 불가피성, 집권 후 정책계획을 상세하게 설명했다.

한국인들이 다시 한번 민족주체성을 확립해야 하며, 한국이 미국과 긴밀한 우호관계를 가지기를 원하나 그러한 유대는 상호존중과 평등의 토대 위에서 이뤄져야 한다고 김종필은 강조했다.

드 실바는 자신의 회고록에서 김종필이 자신의 생각을 적절하고 깊이 있게 표현할 줄 아는 명석한 두뇌의 소유자였다고 썼다.

드 실바도 그 자리에서 6·25전쟁 때 많은 피를 흘린 한국과 미국이 적대적 관계로 바뀌어서는 안 된다는 입장을 피력했다.

첫 만남이 끝나가자 김종필은 대화내용을 모두 박정희에게 보고하겠다며 내일(5.17) 아침 박정희와의 면담을 제안했다.

그에 드 실바가 동의를 보이자 김종필은 내일 아침 9시 박종규가 미 대사관 정문으로 데리러 가겠다고 약속했다.

5·17 오전 용산의 육군본부에서 박정희와 처음으로 만난 드 실바.

그때의 인상을 드 실바는 이렇게 남겼다.

내가 그에게 다가가자 그는 일어서서 손을 내밀었다. 그의 얼굴은 무표정했다.

그는 단구에 몸이 단단하게 짜여져 있었으며 피부는 부드럽고 눈은 의욕에 불타는 듯했다. 박 장군은 아무 말도 하지 않았다. 그러나 박종규는 박 장군이 나를 만나 대화할 기회를 갖게 되어 기쁘게 생각하고 있다고 먼저 말해 주었다.

박정희는 김종필이 했던 말들을 되풀이하면서 드 실바에게 한미 우호관계 유지, 건설적인 한미관계의 수립을 강조했다.

그러면서 박정희는 미8군 사령관 매그루더가 바쁘다는 이유로 자신을 만나주지 않고 있는데 자신은 언제든지 매그루더를 만날 용의가 있으며, 주한 미 대사도 만나고 싶으므로 자신의 뜻을 그들에게 전달해 주도록 드 실바에게 부탁했다.

또한, 박정희는 1-2일 내로 자신의 제안에 대해 회신해 줄 것과 김종필과 계속 접촉을 유지해 줄 것을 당부했다.

김종필에게 전달한 내용은 모두 자신이 알 수 있고, 만일 긴급한 용무가 있으면 김종필이 자신을 만날 수 있게 주선할 것이라고 강조했다.

드 실바는 그 후 김종필, 박종규와 수시로 현안을 논의했는데, 한번은 박정희와 미 대표와의 면담이 늦어지자 박종규가 "한국군 1개 대대로 주한 미 대사관을 봉쇄하여 미국이 정신을 차리도록 하는 방안을 박정희에게 건의하겠다."고 위협하기도 했다(실바, 1983: 208~215).

한편, 드 실바는 5·16 주체세력을 한국고유의 문화와 가치, 한국의 역사, 한국사회의 전통과 양식을 존중하는 군인집단이었다고 평했다.

　미국인들이 해방 후 한국의 문화와 역사에 대해 잘 알지도 못한 채 골프, 테니스, 칵테일파티 등으로 고위 장성들을 부패시키고 있을 때 이들과는 거리가 먼 젊은 장교집단이 자라고 있다는 것을 깨닫지 못했다는 것이다.

　그들이 미군 고위층이 주최하는 사교모임에 전혀 참석하지 않았기 때문에 한국 군부 내에서 소외되고 알려지지 않은 일단의 장교들이 존재한다는 걸 모르고 있었다며, 그들은 미국의 존재를 부정하거나 반미주의를 주장하지 않으면서도 민족주체성을 존중하는 집단이었다고 드 실바는 평가했다.

김종필의 중앙정보부 창설 아이디어

　박정희 정부는 세 가지의 정치체제를 운영했다. 군정軍政, 민정民政, 유신체제이다.

　이 가운데 군정을 이끈 두 개의 축이 국가재건최고회의와 중앙정보부였다.

　1961년 5월 16일부터 1963년 12월 16일까지 2년 7개월간 운영된 국가재건최고회의는 행정·입법·사법 3권을 장악한 최고통치기구였다. 그리고 중앙정보부는 그 직속기구였다.

　박정희·김종필·이석제 등 3명이 5·16을 준비하면서 정변 이후의 정책을 구상할 때 두 개의 기구를 만들기로 이미 합의가 되어 있었다.

이석제의 증언에 따르면 중앙정보부 설치는 박정희와 김종필의 아이디어였다.

정보장교 출신인 그들이 육군본부 정보국에서 오래 근무하며 국가운영에서 정보가 차지하는 중요성을 잘 알고 있었기 때문에 혁명 후 강력한 정보기관을 창설하기로 혁명계획에 포함시켰다고 한다.

그리고 구체적인 창설계획이나 조직, 전반적인 추진은 모두 김종필이 주도하고 자신은 거기에 개입하지 않았다고 한다(이석제, 1995: 80).

김종필은 중앙정보부 창설의 아이디어를 미국 중앙정보국CIA 에서 따왔다고 밝혔다. 그에 의하면 그는 1958년 육본 정보국 행정과장 시절부터 한국형 CIA를 만들겠다는 구상을 갖고 있었다. 당시 CIA소속 스미스(가명) 대령이 특별강의를 하면서 CIA 기능과 활동방식을 설명했는데, 그 강의를 들으며 국가의 모든 정보기관을 총괄·조정하고 수집첩보를 조사·분석하여 고급정보로 숙성시켜 대통령에게 보고하는 CIA 같은 정보기관이 한국에도 필요하다는 것을 절감했다고 한다(김종필, 2016a: 135).

그와 함께 김종필은 신설 중앙정보부에 수사권을 부여하기로 결심했다.

군정에 저항하는 세력을 억제하고 북한의 간접침략에 대응하기 위해 수사권을 가지기로 고심 끝에 결론을 내렸다고 한다.

조정권과 수사권이 신설되는 중앙정보부의 핵심 권한이었다.

김종필은 신설 중앙정보부가 이후락의 중앙정보연구위원회를 참고했다는 주장을 부인했다. 이후락이 운영하던 중앙정보연구위 원회에 대해 "(이후락이) 정보경험이 있는 사람이라고 (장면 총리가) 옆에 놓고 있었지만 제대로 된 정보기능이 아니라 사적인 활동수준이었다."고 평가 절하했다(김종필, 2016a: 139).

김종필은 중앙정보부의 부훈部訓을 '우리는 음지에서 일하고 양지를 지향한다'로 자신이 직접 지었다. 그 의미에 대해 그는 이렇게 설명했다.

나는 정보기관이 무엇을 하고 어떤 곳인지를 간결하게 표현하기로 했다… 중앙정보부는 근대화 혁명의 숨은 일꾼이어야 한다. 정보부원은 자꾸 나타나려고 하면 안 된다. 숨어서 정부를 뒷받침해야 한다. 밖으로 드러나는 건 사람이 아니라 그 성과여야 한다. 응달에서 묵묵히 일하는 걸 몰라줘도 좋다. 우리가 만든 정보를 국정 책임자가 사용해서 국가발전에 이바지하면 그게 바로 양지를 사는 것이다. 그런 원칙과 철학을 담았다(김종필, 2016a: 136).

청정회 멤버들의 중앙정보부 조직 착수

1961년 5월 16일 아침 5시.

군사혁명을 알리는 혁명공약 방송이 전국에 전파됐다.

"친애하는 애국동포 여러분! 은인자중하던 군부는 드디어 금조(今朝) 미명(未明)을 기해서 일제히 행동을 개시하여 국가의 행정, 입법, 사법의 3권을 완전히 장악하고 이어 군사혁명위원회를 조직하였습니다.

군부가 궐기한 것은 부패하고 무능한 현 정권과 기성정치인들에게 이 이상 더 국가와 민족의 운명을 맡겨 둘 수 없다고 단정하고 백척간두에서 방황하는 조국의 위기를 극복하기 위한 것입니다.

군사혁명위원회는 첫째, 반공을 국시의 제일의(第一義)로 삼고… 셋째, 이 나라 사회의 모든 부패와 구악을 일소하고… 넷째, 절망과 기아선상에서 허덕이는 민생고를 시급히 해결하고…

우리들의 조국은 이 순간부터 우리들의 희망에 의한 새롭고 힘찬 역사가 창조되어 가고 있습니다. 우리들의 조국은 우리들의 단결과 인내와 용기와 전진을 요구하고 있습니다."

오늘날처럼 뉴스를 전파하는 매체가 발달되어 있지 않던 1960년대 초, 라디오 방송은 가장 빠르고 광범위하게 전국에 소식을 전달할 수 있는 유일한 수단이었다.

5·16 주체세력이 가장 먼저 남산의 KBS 라디오 방송국을 점령한 것도 이 때문.

전국각지에 포섭해 놓은 궐기군이 아침 5시에 방송되는 혁명공약 방송을 신호로 일제히 궐기하도록 사전 약속되어 있었다.

청정회淸情會.

육본정보국장 백선엽이 육사 8기 졸업생 가운데 가장 똑똑하다고 보고 엄선해서 뽑은 30명의 모임이다.

김종필은 이 청정회를 중앙정보부 창설의 주역으로 삼았다.

5·16 직후 처음 김종필과 연결된 청정회 멤버는 최영택 중령.

정변 당시 그는 육군첩보부대HID 첩보과장으로 근무하고 있었다.

주체세력에서 제외되어 있었던 그는 5·16 아침 총소리를 듣자마자 박정희와 김종필이 일을 벌였을 거라는 생각에 김종필을 만나러 용산의 육군본부로 달려갔다.

거기서 동기 길재호로부터 지금 남산 KBS에 있을 거라는 얘기를 듣고 다시 남산으로 갔다.

남산 KBS 마당에서 최영택을 만난 김종필은 무척 반가워하며 "우리가 정보국에 있을 때 평소 생각했던 미국의 CIA같은 기구를 창설해야겠어. 넌 이제부터 이 작업 좀 해야겠다. 지금부터 착수하자."며 일을 맡겼다(조갑제, 2006b: 219).

최영택이 김종필을 만나고 지금의 남산 하얏트 호텔 자리에 있던 첩보부대로 돌아오자 부대 간부들이 최영택의 말을 듣기 위해 모여들었다.

최영택은 이제부터 김종필과 일을 해야겠다며 김종필이 타고 다닐 지프차와 운전병, 김종필이 차고 다닐 권총을 요청해서 지원을 받았다.

훗날 김종필은 최영택이 첩보부대에 근무하고 있었기 때문에 보안을 유지하는 데 최적임자라고 생각해서 최영택에게 중앙정보부를 조직하는 일을 맡겼다고 술회했다(김종필, 2016a: 126).

이처럼 중앙정보부 창설 작업은 비밀리 추진됐다.

5월 17일 김종필은 최영택에게 "우리 동기들을 불러오자. 우선 서정순, 이영근, 그리고 제대한 뒤 대구에 내려가 있는 고제훈을 불러 와."라고 했다. 모두 청정회 멤버였다.

이영근은 5월 17일 아침 최영택으로부터 김종필 중령이 만나고 싶어 하니 정동호텔 5호실로 열두시 정각에 나오라는 전화를 받았다.

거사 다음 날 그 바쁜 시간에 김종필 중령이 자신을 만나자는 것으로 보아 매우 중요한 문제를 논의할 것 같다는 생각을 가지고 지정된 곳으로 가보니 거기에는 서정순, 석정선도 나와 있었다(이영근. 2003: 183).

조갑제 기자는 이들이 만난 날짜를 18일, 회동한 장소를 구 러시아 공사관 근처 하남호텔로 기록하고 있으나 이영근은 17일, 정동호텔로 기억했다.

이영근도 5·16 주체세력에는 끼지 못했다. 5·16 아침 습관적으로 라디오 뉴스를 듣다가 정변이 일어난 걸 알고 깜짝 놀랐다.

임관 이후 정보계통에서만 근무해 온 그는 라디오를 듣는 게 습관화되어 있었다. 당시 라디오가 가장 빠른 정보 매체였기 때문에 정보업무에 종사하는 사람들은 틈만 있으면 라디오에 귀를 기울이는 것이 공통적인 습관이었다고 한다.

5월 17일 정동호텔에서 김종필과의 만남을 이영근은 이렇게 기록했다.

조금 있다가 카키복 차림의 김종필 중령이 달려왔다. 우리는 우선 혁명 거사의 용단을 칭찬하고 그 성공을 축하하면서 자리를 잡았다. 그러자 김 중령이 입을 열었다. "혁명과업을 중추적으로 추진해 나갈 혁명의 핵심적인 기구를 만들어야 하겠는데, 그 기구의 구성안을 최단 시일 내로 만들어 주어야겠어." 김 중령이 우리를 만나고자 한 뜻은 그 부탁을 하기 위해서였다(이영근, 2003: 184).

중앙정보부법의 탄생

군정軍政, 민정民政, 유신체제維新體制를 운영해 봤던 박정희 정부.

군정 시기(1961.5~1963.12)를 이끈 두 개의 마차가 국가재건최고회의와 중앙정보부이다.

1961년 5월 16일 새벽 5시 KBS 라디오를 통해 전국에 방송된 '혁명공약' 발표의 명의는 군사혁명위원회 의장 겸 계엄사령관 장도영 육군참모총장.

사실 그때까지 군사혁명위원회는 실체가 없었고, 장도영도 혁명에의 참여여부를 결심하지 않은 상태였다.

방송이 나간 후 박정희는 장도영에게 참여를 설득했다. 하지만 장도영은 10여 시간 수락을 미루다 윤보선 대통령과 매그루더 주한미군 사령관을 만나고 와서 5월 16일 오후 4시 30분 혁명지지 의사를 밝혔다.

장도영이 결심을 못 하고 우물쭈물하는 사이 군사혁명위원회

의장 장도영 육군중장의 이름으로 군사혁명위원회령 제1호에서 제4호가 공포됐다.

제1호는 1961년 5월 16일 오전 9시 현재로 대한민국 전역에 걸쳐서 비상계엄을 선포한다는 내용이었고, 제2호는 계엄부사령관 박정희와 각 지역 계엄사령관의 명단, 제3호는 군사위원회 위원 30명의 명단이었다.

5월 17일 군사혁명위원회 구성이 끝나고 5월 18일 장면 국무총리의 비상계엄령 추인과 국무위원 총사퇴가 결의됐다. 다음 날인 5월 19일 아침 9시경 육군본부 소회의실에서 군사혁명위원들을 대상으로 통치기구와 '혁명정부'를 설명하는 첫 회의가 열렸다.

브리핑을 맡은 자는 김종필.

그날 회의에 참석했던 김윤근은 그때의 인상을 다음과 같이 기록했다.

브리핑 내용은 혁명정부가 가져야 할 혁명적인 통치기구에 관한 것이었다. 김씨가 설명한 통치기구의 구상은 스케일이 크고 새로운 착상이어서 브리핑에 참석했던 사람들은 모두 적지 않은 감명을 받았다. 혁명적인 통치기구에 관한 구상이 김씨의 단독구상인지 다른 사람과의 공동작품이었는지 알 수 없으나, 그가 능란한 화술로 설명했기 때문에 브리핑 내용을 크게 돋보이게 했고, 그것을 담당한 사람까지도 덩달아 돋보이게 했다…

…통치기구에 관한 브리핑을 받고 그에게서 받은 인상은 원대한 비전을 가진 사람이구나 하는 것이었다. 그때 김씨가 해준 브리핑 내용을 간추려 보기로 한

다. 첫째, 군사혁명위원회는 이름이 군대식이므로 너무 딱딱하다. 좀 부드럽고 국민에게 새로운 이미지를 줄 수 있는 국가재건최고회의라는 명칭으로 바꾸어야 한다. 국가재건이란 말은 진정한 민주국가를 재건하겠다는 의지를 표시하는 것이고 최고회의는 문자 그대로 나라를 통치하는 최고의 회의체기관이라는 뜻이다. 또한 최고회의는 행정·사법·입법의 3권을 장악하고 행정부와 사법부에 대해서는 감독권만 행사하고 입법기능은 직접 관장한다.

그의 안(案)대로 군사혁명위원회는 국가재건최고회의로, 군사혁명위원은 국가재건 최고회의 최고위원으로 개칭하게 된다…

둘째, 최고회의의 직속기관으로 중앙정보부를 신설해서 국가안보에 관한 국내외의 정보를 수집하고 범죄수사와 군·검·경의 대공사찰 기능을 조정통제하게 해서 노력의 중첩과 낭비를 방지케 한다. 사실 그때까지 대공사찰 업무는 군·검·경 세 기관에서 서로 공을 다투어가며 경쟁했기 때문에 많은 노력의 중첩과 낭비가 있었고, 때로는 불필요한 마찰도 있었던 게 사실이다.

셋째, 국민정신과 생활을 혁신하는 국민운동을 전개하기 위해서 최고회의 직속으로 재건국민운동본부를 설치한다. 각 도에는 지부를 설치하고 각 군, 각 면, 각 동리에는 촉진회를 두어서 거국적인 운동을 전개한다. 본부장에는 유진오 박사와 같은 국민의 존경을 받고 있는 저명인사를 추대해야 한다. 김종필 씨의 브리핑대로 세 기관의 설치법이 제정되었고 곧바로 세 기관은 설립되었다(김윤근, 1987: 101~103).

국가재건최고회의 설치 근거법이 군정기간 시행된 임시헌법인 1961년 6월 6일 공포된 국가재건비상조치법이다.

이 법(제1조)은 "대한민국을 공산주의의 침략으로부터 수호하고 부패와 부정과 빈곤으로 인한 국가와 민족의 위기를 극복하여 진정한 민주공화국으로 재건하기 위한 비상조치로서 국가재건최고회의를 설치한다."고 했다.

이어 존속기간에 대해 "국가재건최고회의는 5·16 군사혁명과업 완수 후에 실시될 총선거에 의하여 국회가 구성되고 정부가 수립될 때까지 대한민국의 최고통치기관으로서의 지위를 가진다."고 同法 제2조는 밝혔다. 국가재건최고회의는 1963년 12월 17일 제3공화국이 출범할 때까지 2년 7개월간 운영됐다.

국가재건비상조치법이 공포되고 나흘이 지난 1961년 6월 10일 공포된 국가재건최고회의법(제18조 1항)은 "공산세력의 간접침략과 혁명과업 수행의 장애를 제거하기 위하여 국가재건최고회의에 중앙정보부를 둔다."고 했다.

중앙정보부 설치의 목적이 '공산세력의 간접침략' 제거와 '혁명과업 수행의 장애' 제거 두 가지라는 점을 분명히 하고 있다.

하지만 같은 날 6월 10일 공포된 중앙정보부법(제1조)은 그 기능을 "국가안전보장에 관련되는 국내외 정보사항 및 범죄수사와 군을 포함한 정부각부 정보수사 활동을 조정감독하기 위하여 국가재건최고회의 직속하에 중앙정보부를 둔다."고 했다.

국가재건최고회의법에 명기된 중앙정보부 설립목적의 하나인 '혁명과업 수행의 장애제거'가 중앙정보부법에는 빠져있다.

그러면 왜 이런 현상이 일어난 걸까?

그 이유는 두 법률의 제정자가 다르기 때문이다.

국가재건비상조치법과 국가재건최고회의법의 제정은 당시 서울대 교수였던 한태연과 이병두 변호사가 맡았다. 5·16을 준비할 때 행정반 책임을 맡았던 이석제가 영입했다. 한태연은 국가재건비상조치법을, 이병두는 국가재건최고회의법을 만들었다(이석제, 1995: 127).

이와는 달리 중앙정보부법은 청정회 멤버인 이영근, 서정순 등이 법률초안을 만들어 신직수 변호사의 검토를 거쳤다.

제정 중앙정보부법은 조문 전체가 9개에 불과했다.

이 법의 핵심은 조정권과 수사권.

김종필은 5·16혁명을 뒷받침할 무서운 기관이 필요했기 때문에 중앙정보부를 만들 때 부문정보기관 조정권과 함께 수사권을 부여했다고 밝혔다(김종필, 2016a: 135).

제정 중앙정보부법의 전문은 아래와 같다.

- 제1조(기능) 국가안전보장에 관련되는 국내외 정보사항 및 범죄수사와 군을 포함한 정부각부 정보수사활동을 조정감독하기 위하여 국가재건최고회의(이하 최고회의라 칭한다)직속하에 중앙정보부를 둔다.
- 제2조(본부와 지부)
  중앙정보부는 서울특별시에 본부를 두고 필요에 따라 지부를 둔다.
- 제3조(직원)
  ① 중앙정보부에 부장 1인과 기획운영차장, 행정차장 각각 1인을 두고 지

부에 지부장을 두며 본부와 지부에 수사관을 둔다.

② 부장과 기획운영차장, 행정차장은 최고회의의 동의를 얻어 최고회의의
장이 임명하고 지부장은 부장의 제청으로 최고회의의장이 임명한다.

③ 수사관은 전형에 의하여 부장이 임명한다.

- 제4조(직원의 권한, 의무)

① 부장은 최고회의 의장의 명을 받아 중앙정보부의 업무를 장리(掌理)하고
소속직원과 제1조에 규정된 정보수사에 관하여 국가의 타 기관 소속직
원을 지휘감독한다.

② 기획운영차장은 중앙정보부 전반에 대한 기획 및 운영부문에 대하여 부
장을 보좌한다.

③ 행정차장은 중앙정보부 전반에 대한 인사, 행정, 재정시설 부문에 대하
여 부장을 보좌한다.

④ 지부장은 부장의 명을 받아 지부업무를 장리하며 소속직원을 지휘감독
한다.

- 제5조(협의기관)

중앙정보부에 정보위원회와 기타 필요한 협의기관을 둘 수 있다.

- 제6조(수사권)

① 중앙정보부장, 지부장 및 수사관은 소관업무에 관련된 범죄에 관하여 수
사권을 갖는다.

② 전항의 수사에 있어서는 검사의 지휘를 받지 아니한다.

- 제7조(타기관의 협조)

① 중앙정보부의 직원은 그 업무수행에 있어 필요한 협조와 지원을 전 국가

기관으로부터 받을 수 있다.

② 전항의 직원은 그 신분을 증명하는 표식(標識)을 소지하여야 한다.

- 제8조(준용규정) 경찰관직무집행법 제7조의 규정은 부장이 인가하는 중앙정보부 수사관에 이를 준용한다.

- 제9조(위임규정) 본법 시행에 관하여 필요한 사항은 국가재건최고회의규칙으로 정한다.

- 부칙

① 본법은 공포한 날로부터 시행한다.

② 본법 시행당시의 국가재건최고회의 중앙정보부는 본법에 의하여 설치된 것으로 간주한다.

이후락의 협조

5·16 당일 군사혁명위원회는 잇따라 포고문을 발표했다. 포고 제1호는 비상계엄선포, 2호는 금융동결, 3호는 공항·항만 봉쇄, 4호는 장면정권 인수선언이었다.

포고 제4호의 전문은 아래와 같다.

조국의 현실적인 위기를 극복하고 국민의 열망에 호응키 위하여 다음 사항을 포고한다.

1. 군사혁명위원회는 1961년 5월 16일 오전 7시를 기하여 일체의 장면정권

을 인수한다.

2. 현 민의원, 참의원, 지방의회는 1961년 5월 16일 오후 8시를 기하여 해산한다. 단, 사무처 요원은 존속하라.

3. 일체의 정당 및 사회단체의 정치활동을 금지한다.

4. 장면정권의 전 국무위원과 정부위원은 체포한다.

5. 국가기구의 일체의 기능은 군사혁명위원회가 이를 정상적으로 집행한다.

6. 모든 기관시설의 운영은 정상화하고 여하한 폭력행위도 이를 엄단한다.

이 포고문에 따라 장면 정권의 정보부장이었던 이후락도 체포됐다. 그가 5월 20일까지 최영택과 접촉했던 것으로 미루어 체포 시점은 5월 21일경으로 보인다.

5월 19일 최영택은 김종필로부터 중앙정보연구위원회를 인수하라는 지시를 받았다.

연합참모본부에서 이후락을 상관으로 모신 인연이 있던 최영택은 이후락에게 전화를 걸어 "최영택 중령입니다. 이젠 군사혁명이 성공 단계로 들어가고 있습니다. 저희들이 중앙정보부를 창립하려고 하는데 도와주십시오."라고 하자, 이후락은 "아, 협조하지요."라며 흔쾌히 응했다.

이어 중앙정보연구위원회를 인계해 주면 좋겠다고 하자 "언제든지 좋다."고 했다.

그에 따라 최영택은 다음 날(5.20) 오후 1시 30분 명동 사보이호텔 지하 다방에서 이후락을 만나 인수문제를 협의했다.

1972년 7·4 남북공동성명을 발표하는 이후락 중앙정보부장. 장면 정부 정보기관인 '중앙정보연구위원회'를 책임지고 있었으나 5·16이 일어나자 5·16주체세력에 적극 협조했다.(출처 네이버)

이후락과 김종필

이후락은 "우리는 사실 그동안 본격적으로 활동하지 못했어요. 현재까지는 미국 CIA와 정보를 교환하는 일만 했습니다. 다 인계해 드리겠습니다. 내일 오후 3시에 우리 사무실에서 만납시다."고 약속했다.

다음 날(5.21) 최영택은 남산에 있는 중앙정보연구위원회 사무실로 업무를 인수하러 갔다. 그런데 이후락은 보이지 않고 육군 소장인 차장과 해군 대령인 국장이 업무를 인계해 주겠다고 했다.

그사이 이후락이 체포되어 간 것이다.

CIA 요원이라고 신분을 밝힌 두 미국인이 나타나 지켜보는 가운데 최영택은 인수인계서에 도장을 찍었다(조갑제, 2006b: 224~226).

김충식 기자는 그때 이후락을 체포해 간 사람은 중앙정보부 창립 후 서울지부장을 지낸 이병희였으며, 중앙정보연구위원회는 이후락이 잡혀가자 곧바로 '5·16 제3부대'로 간판을 바꿔 달았다고 취재했다(김충식, 1992: 35).

이어 직원들은 신설 중앙정보부의 직원으로 흡수됐는데, 편입된 후 '예장회'란 사적모임을 만들어 친목을 유지해 온 것으로 알려지고 있다.

김형욱의 소외

김종필은 중앙정보부를 비밀리 창설하며 김형욱을 철저히 배제했다. 김형욱은 청정회 멤버가 아니었다.

김형욱은 5·16 후 열흘이 지난 5월 27일 국가재건최고회의 최고위원이 됐다. 혁명주체로서의 권위를 인정받아 올라간 고위직이었다.

그 며칠 후 군정역사에 큰 획을 긋는 법률이 제정됐다.

바로 국가재건비상조치법.

5·16군정을 뒷받침하는 임시헌법 성격의 최고법률이었다.

1961년 6월 3일 국가재건최고회의에서 통과된 국가재건비상조치법은 정치적으로 민감한 조항을 담고 있었다. 국가재건최고회의 의장은 내각수반 이외 다른 직책을 겸임할 수 없다는 조항이었다.

국가재건비상조치법 제4조 1항은 "국가재건최고회의는 5·16 군사혁명의 이념에 투철한 국군 현역 장교 중에서 선출된 최고위원으로서 조직한다."고 명시하고, 그 4항에서 "최고위원은 내각수반과 군무를 제외한 다른 직무를 겸할 수 없다. 단, 의장인 최고위원은 내각수반을 제외한 타 직을 겸할 수 없다."고 정했다.

장도영 최고회의 의장의 권한을 축소시키려는 주체세력의 작업이었다.

당시 장도영은 국가재건최고회의 의장, 내각수반, 국방부장관, 육군참모총장, 계엄사령관 등 5개의 직책을 가지고 있었다.

5·16이 일어나자 헌병을 한강다리로 보내 혁명군에게 총격을 가하고, 5월 16일 낮 박정희의 설득에도 온종일 군사혁명위원회 의장직 수락을 거부하다 오후에야 가담의사를 밝혔던 장도영에게 많은 권한이 집중된 것이 주체세력에게는 무척 불안했다.

특히, 육군참모총장의 권한으로서 병력을 동원할 경우 주체세력이 곤경에 빠지는 상황이 올 수 있었다.

이러한 사실을 알고 있던 장도영은 6월 3일 병권을 빼앗아 가는 비상조치법이 통과되자 크게 반발했다.

그날 저녁 유원식, 문재준, 박치옥, 이회영 등을 육참총장 공관으로 불러 "나를 로봇으로 만들려고 하느냐, 나도 대비책이 있다, 서울 시내가 피바다가 된다, 불바다가 된다."며 흥분했다.

다음 날 저녁 김형욱과 홍종철이 장도영을 무마하러 장도영 집을 찾았다. 그날 김형욱은 장도영으로부터 중앙정보부가 만들어지고 있다는 사실을 처음 들었다. 장도영은 박정희를 거쳐 올라온 중앙정보부법 제정안에 대해 계속 결재를 미루고 있는 상태였다.

김형욱의 놀란 표정을 보면서 장도영은 "너희들도 박정희-김종필에게 속고 있다."며 거꾸로 두 사람을 포섭하려고 들었다.

다음 날 장도영을 만난 결과를 보고하러 김종필과 함께 박정희를 찾아간 김형욱.

그 자리에서 박정희로부터 6월 6일 국가재건비상조치법을 공포한 후 김종오를 차기 육군참모총장에 임명할 계획이라는 복안과 함께 중앙정보부법을 6월 10일 통과시키겠다는 말을 들었다.

김형욱은 박정희로부터 중앙정보부법 얘기가 나오자 장도영으로부터 들은 얘기를 모른 체하면서 놀란 척했다. 그 순간의 상황을 김형욱은 이렇게 묘사했다.

"중앙… 정보부법이라뇨, 각하."

나는 박정희에게 눈을 동그라니 뜨고 물었다.

"아직 종필이는 형욱이에게 얘길 안 했나?"

"네, 각하. 너무 바빠서. 엊저녁에야 최종적으로 조직요강과 요원확보를 마무리 짓고 형욱이에게 곧 얘기한다는 게 그만 늦었습니다."

박정희 방을 나와 걸으면서 김종필은 미처 말해주지 않은 것에 대해 사과했다.

하지만 나는 "사과고 곶감이고 간에 너 나를 이처럼 철두철미 빼돌리기냐?"

며 목소리를 높였다.

김종필은 다시 "아니야, 그건 오해야. 야, 네가 없이 어떻게 혁명을 했겠어. 너무 소란스러울까 봐 보안조치를 한다는 것이 지나치게 된 거야. 너에게 의도적으로 알리지 않으려고 했던 건 정말 아니야."라며 달랬다.

결국 나는 자기 심복을 하나 중앙정보부에 임용해 줄 것을 요청해서 김종필이 이를 수락하자 마음을 풀었다.

"나는 의리에 살고 의리에 죽는다. 임마, 인간 김종필을 돕고 그의 권력을 넘보지 않고 끝까지 감싸줄 인물은 아마도 이 김형욱이 뿐일 것임을 잊지 말어.(김형욱·박사월, 1985a: 190~192)"

김형욱이 그의 회고록에 남긴 말이다.

한편, 이석제는 국가재건비상조치법에 이어 국가재건최고회의법을 만들면서 다시 장도영 의장의 권한을 축소시켰다.

국가재건최고회의법 제3조에 국가재건최고회의의 핵심업무를 논의하는 상임위원회를 설치하고, 상임위원회 위원장을 국가재건최고회의 부의장이 겸임하도록 규정했다(제4조).

박정희 부의장에게 실권을 넘기려는 조치였다. 그 결과 장도영은 병권을 잃은 데 이어 최고회의 내에서도 실권을 상실하는 처지로 전락됐다.

제4장

중앙정보부에 대한 순응과 저항

당대 최고의
전문가 집단 중앙정보부 출범 요원

김종필, 이영근, 서정순 등 청정회 멤버들은 6·25전쟁 직전 육본 정보국에서 함께 근무하며, 정보를 경시하여 전쟁이 일어나는 과정을 생생하게 지켜본 정보장교들이었다.

초급장교 시절부터 정보분야에서 근무하며 정보의 전문성을 몸에 익힌 사람들이다.

그에 비해서 김형욱은 대대장이 될 때까지 정보업무를 다뤄보지 못한 전투장교 출신이다.

다양한 속성을 지닌 정보의 특성 가운데 국가위기를 예측하는 예방적 기능은 간과하고, 정치에 관여됨으로 생기는 비정상적인 어두운 측면을 어깨 너머로 배웠다.

그 결과 최장기간 중앙정보부장을 역임하며 많은 부하들을 수족처럼 부려놓고도 국가기밀을 몰래 빼내 미국으로 달아나 폭로하는 비인간적 행태를 보였다.

이와 같은 청정회 멤버와 김형욱의 대조적인 입장은 중앙정보부의 창설요원에 대한 시각에서도 극명하게 드러난다.

중앙정보부 창설을 주도한 김종필과 이영근은 중앙정보부 창설 당시 군·경찰 등 부문정보기관에서 최우수 자원만 골라서 충원했다며 그 자질을 높게 평가했다.

김종필은 육본 정보국과 방첩대CIC, 첩보대HID, 헌병대CID 출신

중 정보업무에 경험이 많은 사람만 선발했으며 '얼마나 경험이 있느냐'가 선발기준이었다고 한다.

전문성을 존중해서 제2차 세계대전 때 일본군 소속으로 하와이에서 미군암호를 해석했던 통신요원을 채용하기도 했다.

선발 못지않게 정보전문성을 함양하는 것도 중요했다. 그에 따라 이문동에 정보학교를 세워 교육을 시킨 다음 능력과 자질이 부족하다고 판단되면 원 소속부대로 복귀시켰다(김종필, 2016a: 137).

이영근 행정차장에 따르면 육·해·공군 정보부대에서 일꾼으로 평판이 있는 요원을 지명해서 차출해 오고, 일부 부실요원은 원대 복귀시켰다고 한다.

또한, 직원이 모자라자 창설 후 열흘이 채 지나지 않아 '최고회의 행정요원'이란 명칭으로 80명을 선발해서 1개월간의 단기 교육을 거쳐 실무에 배치했다고 한다.

3개월여 지난 시점에 실시한 공채시험에는 300여 명을 뽑는데 응시자가 구름같이 몰렸다고 한다. 이렇게 해서 끌어모은 800여 명으로 조직이 가동됐다(김충식, 1992: 49).

하지만 1963년 7월 제4대 중앙정보부장에 취임한 김형욱은 직원들을 좋지 않게 보았다. 훗날 회고록에 적은 그의 시각을 그대로 옮기면 이렇다.

이들 직업수사관들의 전직은 사찰계 형사, 방첩부대 문관, 헌병 하사관, 심지어 일제치하에서 설치던 조선인 헌병과 밀정 등 형형색색이었다. 그중 어떤 사람은 일제치하에서는 일본 순사로서 독립 운동가들을 때려잡다가 자유당 치하에서는 야당을 때려잡다가 한때 공산당이 서울을 점령했던 시절에는 우익 민주인사를 때려잡다가 나중에는 공산당 간첩을 때려잡은 '천의 얼굴'을 가진 사나이도 있었다. 그들에게는 소위 '이데올로기'란 하나의 겉치레에 불과하였다. 그들은 어떤 이데올로기의 이름으로 어떤 사람들도 때리고 고문할 수 있는 천부적인 재능을 가진 무정부주의자들이었다. 그들은 누구든지 증오할 수 있고 어떤 고문술도 개발할 수 있으며 피의자를 학대함으로써 자신을 확인하는 '새디스트'들이었다…

그들은 분명히 사회의 어두운 그늘 아래서 번성하는 독버섯, 밟혀도 다시 무섭게 살아나고, 뜨거운 태양에 말라붙었다가도 빛이 사라지면 서슴지 않고 다시 살아나는 독버섯들이었다. 독버섯은 생존하기 위해 그늘과 습기가 필요하다… 중앙정보부의 으스스한 이미지는 지도층에 의해 입안되고 그들의 맹활약에 의해 이룩된 것이었다.

장도영 세력의 중앙정보부 전복 기도

5·16 주체세력은 병력을 동원한 세력과 정변을 기획한 세력으로 구분된다.

병력동원세력은 문재준 제6군단 포병단장, 박치옥 공수단장 등 5·16 당일 서울로 병력을 이동시킨 육사 5기 출신이 주축이다.

정변 기획세력은 정변을 구상하고 정책을 수립한 사람들로서 김종필, 김형욱 등 육사 8기 출신이 중심이다.

박정희는 병력을 동원한 지휘관들을 포섭할 때 장도영 육군참모총장도 가담하고 있는 것으로 암시했다. 그에 따라 장도영을 따르는 사람들이 많았다. 거기다가 대부분 이북출신으로 평안도 출신인 장도영과 지역적 동질감을 느끼고 있었다.

이처럼 분열의 소지를 안고 있던 세력판도는 6월 6일 비상조치법이 공포되면서 장도영이 육군참모총장, 계엄사령관, 국방부장관직을 박탈당하자 표면화되기 시작했다.

5·16 직후인 5월 21일 헌병감이 된 문재준은 장도영의 거세를 지휘하고 있는 핵심이 김종필 중앙정보부장이라고 보고 중앙정보부를 무력으로 점거해서 김종필을 축출하는 거사를 모의하기 시작했다.

훗날 반혁명 혐의로 체포된 문재준, 박치옥의 기소장에 적시된 범죄 사실은 아래와 같다.

…피고인 등은 마침내 박정희 장군 및 그 측근자를 제거하고 장도영 세력을 확장하여 정권을 독점할 것을 기도하고 그렇게 하려면 비상조치법 및 국가재건최고회의법에 의거하여 설치된 혁명정부의 중추기관인 중앙정보부법을 폐지하거나 그 기능을 마비시키는 것이 첩경이며 그 결과 현 혁명정부는 자연적으로 도괴(倒壞)되고 말 것이라는 망상에 이르고… 마침내 중앙정보부를 거세하는 길만이 피고인의 모든 견해의 관철과 불만의 타개를 기할 수 있는 방도라고 생각하고 있던 중… 7월 3일 오전 2시를 기하여 중앙정보부를 점령하고 간부급을 체포 납

치하여 김포 소재 공수단본부로 인치하는 데 헌병 50명을 동원할 것이니 동 거사에 공수단 병력도 합세하여 달라고 제의하자 피고인 박치옥은 동지(同旨)에 찬동하고 거사 성공 후에 사후조치로서 박정희장군에게 진상을 보고한 후 중앙정보부법을 개정하여 수사권을 박탈하고 중앙정보부장에 김윤근을 추천하자고 합의한 후…(국가재건최고회의, 1963: 351~353).

또한, 장도영이 자리를 차지하고 있던 내각수반의 비서실장이었던 이회영(육사 5기)과 최고회의 의장 비서실장이었던 안용학(육사 5기)도 6월 10일 중앙정보부법이 공포된 후 동기생들을 수시로 만나 '중앙정보부가 검사의 지휘 없이 수사권을 가지면 폐단이 많다, 중앙정보부법을 없애든가 개정하여야 된다, 중앙정보부법 때문에 큰일 날 것이다' 등의 대화를 나누며 동조세력을 규합하여 7월 3일 중앙정보부를 점령하는 모의에 가담했다.

이와 같은 5기생들의 음모는 이원엽에 의해 김종필 중앙정보부장에게 제보됐다. 이원엽은 문재준과 같은 육사 5기로서 5·16 당일 육군항공학교장으로 재직하다 L-19기를 타고 혁명 삐라를 살포한 공로가 있었다.

특히, 부산지역 밀수사건을 수사하러 내려간 육군 헌병감실 소속 대원들이 갑자기 중앙정보부 요원들에게 수사를 떠넘기고 서울로 올라가자 중앙정보부로서는 모종의 사건이 임박한 긴박감을 느끼고 있었다.

중앙정보부가 창설되자 헌병감실에서 수사권이 위축될 것을 우려하여 반발해 왔는데, 자기들이 주동해 오던 사건을 스스로 넘겨 주고 서울로 올라가자 중앙정보부로서는 긴장할 수밖에 없었다.

　마침내 김종필은 선수를 쳐서 7월 2일 저녁 장도영 체포를 지시했다.

　장도영은 당시 신변의 위협을 감지하고 집에도 들어가지 않은 채 중앙청 내각수반실 안의 부속실에 머무르며 권총으로 무장한 헌병 10여 명을 보초로 세워놓고 있었다.

　7월 2일 심야 중앙정보부 요원들의 기습으로 체포된 장도영은 자택에 연금됐다.

　연금 직후 장도영을 찾아간 김종필은 "각하, 제가 앞으로 어떻게 해드리면 좋겠습니까?" 하고 물었다. 그에 대해 장도영은 "아

중앙정보부 전복을 시도하다 반혁명 혐의로 체포된 장도영 국가재건최고회의 의장과 장도영에 이어 새롭게 국가재건최고회의 의장에 취임한 박정희(출처 네이버)

무엇도 하지 않을 테니, 나 미국에만 보내주게."라고 했다(김종필, 2016a: 143).

장도영은 미국으로 건너가 교수생활을 하다 2012년 타계하기 직전 한 측근을 김종필에게 보내 "나는 박정희나 김종필 당신에게 조금도 유감이 없다."는 말을 남겼다고 한다(김종필, 2016a: 145).

이병철의 5·16 後 국가재건 참여 과정

중앙정보부가 5·16 後 새 역사를 창조하는 중심기구로 부상하면서 중정 요원들은 신질서 수립의 주인공으로 떠올랐다.

이병철 삼성그룹 창업자는 5·16 당시에도 한국에서 최고로 돈이 많은 기업인이었다. 5·16 당일 그는 일본 동경에 머무르고 있었다. 정변이 발생한 소식을 듣고 귀국을 미루며 사태 추이를 관망하고 있었다.

국가재건최고회의는 5월 28일 부정축재처리위원회를 구성하고 다음 날 경제인 11명을 부정축재혐의로 구속했다.

그러자 "부정축재 1호는 동경에 있는데, 우리들 조무래기만 체포하느냐."는 불만이 쏟아져 나왔다.

이에 국가재건최고회의는 이병철에게 사람을 보내 귀국을 종용했다.

하지만 이병철은 귀국을 미룬 채 부정축재처리위원장 이주일에게 서한을 보내 "경제인을 처벌하여 경제활동이 위축된다면 (혁명공약인) 빈곤추방이라는 소기의 목적에 오히려 역행하는 결과가 되고 말 것이다. 이것은 기업인들의 처벌을 모면하기 위한 궤변이 아니다. 나는 전 재산을 헌납하는 한이 있더라도, 그것이 국민의 빈곤을 해결하는 방법이 된다면 다행이라고 생각한다."는 뜻을 전했다.

이 서한이 6월 11일 국내 신문에 공개되고 6월 24일에는 동경 제국호텔에서 이병철이 외신기자들을 상대로 회견을 열어 "빈곤 제거를 위해서 전 재산을 국가에 헌납할 용의가 있다. 귀국하는 대로 이에 필요한 절차를 밟고 정부의 조치를 기다리겠다."고 밝혔다.

이병철의 제안에 대한 정부의 화답이 큰 관심사로 떠오른 가운데 이병철을 태운 비행기가 6월 26일 김포공항에 내리자 어떤 청년이 트랩을 올라 이병철의 이름을 부르더니 먼저 내리게 해서 지프차에 태웠다.

이병철의 회고록에 따르면 그때 그는 바로 형무소로 직행하는 줄 알았다고 한다. 그러나 그를 태운 지프차는 명동 메트로 호텔로 직행했다. 그 청년은 이주일 부정축재처리위원장과 경제기획원장관이 곧 올 테니 기다리라는 말을 남기고 떠났다. 그러나 두 사람은 나타나지 않았다.

다음 날인 6월 27일 그 청년이 다시 나타나 박정희 최고회의 부의장을 만나야 한다며 이병철을 데리고 나갔다.

박정희를 처음 만난 이병철은 아주 강직한 인상을 받았으며 의외로 부드러운 음성에 안도감을 느꼈다는 인상기를 남겼다.

5·16주체세력과 함께 국가 근대화를 주도한 재계 인사들. 왼쪽부터 이병철, 정주영, 구인회, 신격호

　박정희는 부정축재 혐의로 구속된 11명의 처리방향을 물었고, 이병철은 지금 부정축재자로 몰린 사람들은 전시 비상사태 때의 세제를 그대로 적용받아 탈세자라는 혐의를 받고 있는데, 세법이 문제지 기업인의 문제가 아니며, 기업인들을 부정축재자로 처벌할 것이 아니라 경제재건의 일익을 담당하게 하는 것이 국가에 이익이 된다고 건의했다.

　박정희가 그렇게 되면 국민이 납득하지 않을 것이라고 하자, 이병철은 국가의 대본大本에 필요하다면 국민을 납득시키는 것이 바로 정치 아니겠느냐고 설득조로 말했다.

　무거운 얘기들이 오간 다음 박정희가 이병철의 거처를 물어 호텔에 연금 상태에 있다고 하자 박정희는 놀라는 기색을 보이며 이병철을 데리고 간 청년에게 이유를 물었다.

　다음 날 그 청년이 찾아와서 집으로 돌아가도 좋다는 의사를 밝했다.

　그러나 이병철은 다른 기업인들은 형무소에 있는데 부정축재자 1호인 나만 호텔에 있다가 먼저 나가면 뒷날 그들을 어떻게 보겠느냐며 퇴실을 거부했다.

　다음 날인 29일 그 청년이 다시 찾아와 다른 기업인들이 모두 석방되었다면서 그래도 귀가하지 않겠느냐고 물었다. 그러자 이병철은 그렇다면 내가 왜 여기 있겠느냐며 집으로 돌아갔다.

　그 후 이병철이 그 청년의 정체를 확인해 본 결과 그 청년은 중앙정보부 서울분실장 이병희였다.

　집으로 돌아간 후 여러 기관에서 부정축재 문제를 조사한다며 이병철의 집으로 찾아와 똑같은 내용을 반복해서 묻자, 이병철은 중정 서울분실장에게 조사 창구를 일원화시켜 주든지 아니면 다시 호텔에 연금해 달라고 요청했다. 그에 서울분실장은 이병철에 대한 조사 창구를 일원화시켜 주었다(이병철, 1986: 109~115).

　이상이 이병철이 밝힌 5·16 직후 국가재건 참여과정이다.

이병철의 국가재건 참여는 김종필 작품

　삼성그룹 창업주 이병철은 자신의 회고록에서 왜 자신이 5·16 직후 형사처벌을 면하고 5·16 정변세력이 주도하는 조국근대화 행진에 합류하게 되었는지에 대해 박정희와의 담판을 이유로 들었다.

5·16 후 일본에서 귀국을 연기하며 사태를 관망하다 6월 26일 귀국한 다음 날인 6월 27일 박정희를 만나 부정축재 혐의로 기업인들을 사법처리하기보다는 경제재건에 동참시키는 것이 낫다고 건의해서 기업인들의 석방과 근대화 사업 동참이 이루어졌다는 주장이었다.

이와 달리 김종필 중앙정보부장은 당시 기업인들을 경제발전에 참여시키는 과정에 대해 보다 구체적인 증언을 남겼다.

김종필의 증언을 보면 이렇다.

당시 경제 지도층 인사들을 부정축재 혐의로 구속한 것은 국가재건최고회의의 결정이었다. '모든 부패와 구악을 일소한다'는 혁명공약을 실천하기 위한 조치였다.

그런데 중앙정보부장인 김종필은 생각을 달리하고 있었다.

가난을 추방하고 산업화 기반을 다지기 위해서는 실업인들을 활용해야 하는데 재계 거물들을 모두 부정축재 기업인으로 몰아잡아 놓으면 경제를 운영할 주체를 잃게 된다고 봤다.

김종필 부장이 이런 생각을 하고 있던 1961년 6월 8일 한국일보 장기영 사장이 김종필을 찾아와 "경제의 '경'자라도 아는 건 실업인들 뿐이니 활용을 해야 합니다. 극동해운 사장인 남궁련이라는 분이 있는데 우리 경제의 실상과 경제인의 역할을 잘 알고 있습니다. 김 부장이 한번 만나서 조언을 들어보는 게 좋겠습니다."고 건의했다.

이에 김 부장은 그날 밤 서둘러 남궁련을 만났다.

남궁련은 "실업인들을 잔뜩 잡아넣은 게 중앙정보부에서 한 일이 아니었느냐."고 반문했다. 이에 김 부장이 최고회의의 조치라고 설명하자 남궁 사장은 "그럼 정보부장이 영향을 끼칠 수는 없느냐."고 되물으며 자기의 복안을 밝혔다.

5·16 직후 김종필의 권유로 '한국경제인협회'를 창설하여 국가재건에 참여한 이병철 삼성그룹 창업자

"도둑질도 해본 놈이 잘한다는 속담이 있지 않소. 혁명정부가 경제계획위원회 같은 걸 출범시킨 거 보니까 경제 재건을 최우선으로 하려는 모양인데 그 사람들 잡아넣으면 경제활동은 누가 하겠습니까. 구속된 실업인들을 내놓고 활동하게 하는 게 현명하지 않겠소?" 하는 것이 그의 논지였다.

다음 날 박정희를 찾아간 김종필은 남궁련 면담내용을 보고하며 구속 경제인들의 석방을 건의했다. 박정희는 최고회의 결정이라서 번복하기 어렵다며 머뭇거리다가 "나도 사실은 실업인 잡아넣는 데 동의하지 않았다."며 잘 처리해 보겠다고 약속했다.

박정희의 의중을 확인한 김종필은 6월 22일 서울을 방문 중이던 권일權逸 재일거류 민단장에게 "도쿄에 돌아가면 이 사장을 만나서 '신변 문제는 내가 책임질 테니 걱정하지 말고 빨리 한국으로 돌아와서 경제 발전에 일익을 담당해 주시라'는 내 말을 전해 달라."고 부탁했다.

김종필은 이병철이 6월 26일 귀국하기로 결심한 것은 자신의 약속 때문이라고 봤다.

이병철이 귀국하던 6월 26일 김종필은 이병희 중앙정보부 서울 분실장에게 김포공항에서부터 깍듯이 모셔오라고 지시하고, 그날 밤 명동 메트로 호텔에 도착한 이병철을 만났다.

김종필은 "잘 오셨습니다. 내가 보기에 우리나라 경제인 중에서 리더십을 발휘할 분이 이 사장님밖에 없습니다. 사장님께서 실업인들을 전부 모아 경제인협회를 만들어서 회장을 맡아 주십시오. 우리나라 경제 재건에 앞장서 주십시오."라고 요청했다. 이에 이병철은 "적극 협조하겠다."고 약속했다.

다음 날인 6월 27일 이병철을 만난 박정희도 "이 사장이 선두에서 경제인들을 규합해 달라."고 당부했다.

이런 과정을 거쳐 6월 29일 구속 실업인 11명이 모두 석방되고 그 후 이병철은 한국경제인협회(전국경제인협회 전신)를 만들어 초대 회장을 맡아 재계를 이끌어갔다. 한국경제인협회가 창설된 날이 5·16이 일어나고 3개월이 지난 8월 16일이다. 김종필 중앙정보부 장의 요청에 따라 서둘러 결성됐다.

김종필은 석방된 실업인들에게 어떻게든 해외에 나가 일감을 따오도록 주문했는데, 수완이 좋은 경제인들이 이병철을 선두로 외화유치에 많은 기여를 했다는 회고를 남겼다(김종필, 2016a: 280~285).

미 CIA의 장면정부 전복음모를 적발한 중정

김종필 초대 중앙정보부장은 타계하기 전 한미관계를 되짚어보게 하는 중요한 증언을 남겼다.

5·16 직전 한국에 근무했던 미 CIA 요원 크래퍼(가명)가 장면 총리의 정치고문 위태커와 결탁해서 장면정부를 전복한 다음 장도영 육군참모총장을 새로운 국가 지도자로 옹립하는 쿠데타를 육군 중심으로 추진했다는 것이다.

이것이 사실이라면 미 CIA는 5·16 이전 박정희 세력과는 다른 별도의 쿠데타 공작을 추진하고 있었다. 중앙정보부는 1961년 여름 이 사건을 밝혀냈다.

그러나 당시 김종필 부장은 사안의 민감성과 폭발력을 감안해서 미CIA 한국지부장 드 실바와 협의, 이 사건을 대외적으로 공표하지 않고 일체 기록도 남기지 않았다.

다만 이 사건을 주동한 크래퍼와 위태커를 오산 미군기지에서 비행기에 태워 비밀리 미국으로 추방했다고 김종필은 밝혔다(《월간조선》, 1986.11).

김종필에 의하면 크래퍼는 장면 정부가 공산주의 침투에 효과적으로 대응하지 못하는 무능하고 혼란한 정부여서 전복을 시도했다고 한다.

1960년대 전후 미 CIA는 소련 KGB가 남미, 아시아·아프리카 후진국에서 공산주의혁명전쟁을 일으켜 공산정권을 수립해 나가자 이에 대응, 자유우파 성향의 군부 지도자를 국가 지도자로 내세우는 정치공작들을 전개하고 있었다.

드 실바가 1959년 9월 한국에 부임할 때는 이승만 정부의 부정·부패로 한국 내 공산주의가 확산되어 한국이 좌경화될 가능성에 대해 미 CIA 본부에서 많은 관심을 가지고 있었다.

드 실바는 한국에 부임하기 전 워싱턴에 들렀을 때, '한국정부가 미국의 정책과 일치하는 방향으로 움직이도록 하는 방법은 무엇인가?' 하는 문제에 대해 CIA와 국무성 모두가 관심을 가지고 있다는 것을 절실하게 느낄 수 있었다고 한다.

드 실바가 한국에 도착한 후 한 달여 지나서 한국어와 일본어에 능통한 정보요원 한 명을 포함하여 몇 명의 정보요원들이 CIA 본부에서 추가로 파견되어 왔다(실바, 1983: 190).

크래퍼도 이때 입국한 CIA요원 중 한 명으로 보인다.

한국 도착 후 장면과 친밀한 관계를 유지하며 이승만 정권 붕괴와 장면정부 수립에 일정 역할을 했던 드 실바가 자신의 부하를 시켜 장면정부 전복을 시도했다는 것은 미국이 자국의 이익을 보호하기 위해서는 어느 정권이라도 갈아치울 수 있다는 것을 보여주는 하나의 사례다.

1973년 CIA 은퇴 후 발간한 회고록에서 드 실바는 장면과 박정희를 이렇게 비교했다.

장면은 도덕적 기준에서 보면 모든 것이 훌륭한 사람이지만 그의 신사적이고 온화한 리더십은 한국 정치상황, 즉 성난 정치라는 말馬을 통제할 수 있는 고삐를 쥐고 있지 못했다.

반면 박정희의 리더십은 제퍼슨적인 민주주의의 모델은 결코 아니었다. 그러나 그의 리더십은 진취적, 창의적, 건설적이었으며 그 당시에는 확실히 적합한 것이었다.

한국 국민들은 일면 투쟁적인 성향을 갖고 있다. 박정희의 통치방법은 그를 끌어내리고자 하는 국내의 투쟁적인 정치세력과 외부에서 전형적인 미국인의 도덕관으로 상황을 바라보는 미국 관측통들에게 비판의 대상이 되었다.

몇 년 동안에 걸쳐서 한국경제의 경이적인 발전은 지속되었으며 한국 내에서의 정치적 반대행위는 부자유스럽게 되었다. 이에 따라 국내외적으로 박정희에 대한 비판이 크게 되었다.

박정희의 통치방법과 그 각료들의 기능 중 내가 어떤 점을 간과했는지는 모르지만, 나는 과거나 지금이나 그의 통치방법은 시기적으로 적합했고, 한국의 역사적 여건상 필요했으며, 박정희 비판자들이 믿는 것과 같이 그렇게 무섭거나 억압적인 것이 아니었다고 믿고 있다.

미국의 비판자들은 편협하게도 동맹국의 실수와 단점에 치를 떠는 체하면서 자신들은 완벽한 존재로 간주하려는 충동에 사로잡혀 있다는 것을 스스로 인정해야 할 것이다. 우리는 우리를 좋아하지 않거나 우리의 열정적인 갈망을 외면하는 사람들을 좋아하기가 어려운 것 같다. 이는 슬픈 일이지만 사실이다(실바, 1983: 217).

전두환·노태우와 중앙정보부

중앙정보부는 창설 당시 김종필의 지휘 아래 청정회 중심으로 지휘부를 구축했다.

그에 비해 방첩대는 육사 5기 출신의 김재춘이 1961년 6월 방첩대장에 취임하면서 김재춘 중심의 인맥이 형성됐다.

5·16이 일어날 당시 서울대 문리대의 ROTC 교관이었던 전두환과 사범대의 ROTC 교관이었던 노태우.

둘 다 육사 11기 출신이었다.

육사 11기는 졸업을 앞두고 육사 최초의 4년제 과정 졸업생이었기 때문에 육사 1기로 호칭할 것을 주장하며 집단 반발했으나 당시 교무처장이던 박태준이 너희들이 선배없이 어떻게 태어났으며 교육을 받았느냐고 혼을 내고 달래며 육사 11기로 호칭됐다.

육사 11기는 미국 육사 학제를 도입해서 교육받은 대한민국 최초의 장교세대라는 자부심을 가지고 있었다.

5·16 당일 전두환은 육군본부를 찾아가 동태를 살피다 박정희가 혁명 지도자라는 것을 확인하고 혁명지지 결심을 굳히게 된다. 노태우는 전두환을 통해 박정희가 지도자라는 사실을 알았다.

박정희가 5사단장 시절 육사를 막 졸업한 노태우 소위가 5사단에 전입해 오자, 박정희는 앞날이 촉망되는 장교로 보고 각별한 애정을 보였다. 노태우 역시 사단장이 자신에게 관심을 보이고 있는 사실을 알고 있었다.

박정희가 사단장을 마치고 이임을 앞두고 있던 어느 날, 박정희는 노태우가 근무하던 대대를 찾아 노태우를 불러 오리사냥을 함께 가자고 제의하기도 했다.

소대 내부의 일 때문에 어렵다는 노태우의 사양으로 오리사냥은 불발됐으나 노태우에 대한 박정희의 관심을 보여주는 대목이다.

또한, 전두환은 5·16 직후 정변의 성공여부가 불투명하던 시점 육사생도의 혁명지지 시가행진을 이끌어내 박정희로부터 신임을 얻게 된다.

당시 중장이었던 강영훈 육사교장은 육사생도의 지지행진을 반대했으나 전두환 대위가 이를 극복하고 시가행진을 성사시킴으로써 정변의 성공에 큰 역할을 했다.

이러한 인연들을 바탕으로 박정희는 집권 내내 전두환과 노태우를 비롯 육사 11기 출신 가운데 유능한 몇 사람을 측근에 두게 된다.

부산 군수기지사령관 시절부터 부관으로 데리고 있던 손영길 대위를 부관으로 데리고 있었고, 전두환을 국가재건최고회의 민정비서관, 최성택을 총무비서관으로 앉혔다.

그리고 노태우는 방첩부대장으로 부임한 김재춘이 원해서 방첩대에 배치됐다.

노태우가 방첩대에 가보니 그곳에는 이미 김재춘 인맥이 구축되어 자신의 입지가 곤란했다. 최고회의 측에서는 김재춘 사람으로 소문나 있는데 실제로 방첩대에서는 거치적거리는 존재가 됐다.

자칫 무능한 사람으로 몰릴 처지가 된 노태우는 "어느 참모부서라도 좋으니 일을 배울 수 있는 보직을 달라."고 김재춘에게 부탁했다.

그에 따라 방첩대 보안처 보안과 보안계장 자리에 보임됐다. 약 6개월이 지난 후 김재춘은 다시 노태우를 국가재건최고회의 연락장교로 임명했다.

최고회의에서 일어나는 여러 동정을 김재춘에게 보고하고, 방첩부대가 수집한 중요정보를 박정희에게 전달하는 일이 연락장교의 주 임무였다.

김재춘은 노태우를 연락장교로 임명하면서 "부대장 직속으로 연락장교로 파견할 터이니 연락업무를 잘 수행하라. 특히 박의장께서 당신에게 큰 관심을 가지고 있으니 뜻을 잘 받들고 우리 부대

초급 장교 시절의 전두환과 노태우

를 위해서도 좋은 역할을 해 달라."고 당부했다(노태우, 2011: 119).

1962년 7월 12일 김재춘이 방첩부대장에서 물러나고 정승화가 부임해 왔다. 노태우는 정승화 밑에서 일했다.

1963년 2월 21일에는 김재춘이 제3대 중앙정보부장으로 자리를 옮겼다.

김재춘은 중앙정보부 주요 인사를 단행하면서 노태우의 의견을 많이 반영해서 육사 11기를 중앙정보부의 주요 포스트에 앉혔는데, 인사과장에는 전두환 대위, 중앙정보부의 기강을 책임지는 감찰실의 과장에는 최찬욱, 권익현, 박갑용, 주경헌 대위 등을, 서울지부 학원팀장에는 김복동 대위를 배치했다. 방첩부대 정보처장이던 길전식 대령도 데려갔다.

하지만 노태우는 방첩부대에 그대로 남았다.

1963년 소령으로 진급한 노태우는 방첩부대 정보과장을 맡았다. 그 후 4년간 정보과장으로 근무하면서 국가경영과 관련된 많은 것을 배울 수 있었다고 술회했다(노태우, 2011: 130).

노태우는 김재춘에서 시작해서 정승화, 박영석, 윤필용 부대장까지 근무하면서 1966년에 방첩과장으로 잠시 보직을 옮겼다가 1967년 육군대학에 입학하며 방첩대 생활을 마쳤다.

경력으로 보면 방첩대에서 잔뼈가 굵은 방첩대 맨이라고 할 수 있다.

훗날 정승화는 자기가 데리고 있던 방첩대 시절의 노태우에 대해 이렇게 평했다.

방첩부대에 노태우라는 젊은 장교가 근무했다. 다른 장교들은 정치 무대에 쫓아다니고 하는 짓을 안 했지만 노태우 대위는 정보과라는 직책 때문이기도 했겠지만 그 일에 너무 빠져드는 것 같아 보기에 안쓰러웠다. 그 길은 모름지기 군인이 곁눈질할 길이 아니었다. 게다가 능력 있는 후배이고 젊은 장교이다 보니 아끼는 마음에 자주 불러서 충고를 해줬다. "자네는 야전군 지휘관이 되어야 해. 그게 진짜 군인이지." "잘 알고 있습니다. 이 일을 오래야 하겠습니까." "그래, 열심히 하게." 이 젊은 장교 노태우 대위가 나중에 내 목에 칼을 들이댈 줄 누가 알았겠는가(정승화, 2002: 314).

중앙정보부 조정 · 감독권에 대한 반발

중앙정보부 창설자 김종필은 제정 중앙정보부법의 핵심은 정부 각 부처 정보수사 활동의 조정·감독과 수사권이라고 했다(김종필, 2016a: 136). 두 권한 모두 국가의 새 질서를 만들어 나가는 데 사용된 수단이었다.

김종필은 새 질서를 만들려면 무서운 데가 하나 있어야 한다고 생각했다. 그러나 선봉에 설 경우 해가 돌아올까 두려워 모두가 주저하고 있었다. 그래서 김종필은 국가개조의 악역을 맡기로 자임했다.

김종필이 생각하기에 엄존한 자세를 유지하면서 사안을 다룰 때 엄정하게 법대로 처리하면 그게 바로 무서운 곳이 되는 것이었다. 외부에 큰소리를 쳐서 무섭게 해놓고 일은 조용히 하자는 것이 그의 생각이었다(김종필, 2016a: 138).

군 정보기관을 대상으로 한 조정·감독권의 행사는 원만히 진행됐다.

김종필은 중앙정보부법이 제정되기도 전인 1961년 5월 29일 검찰총장과 군 첩보대, 공수부대, 방첩대장으로부터 업무보고를 받았다. 정보업무를 조정·감독하려는 중앙정보부의 권한에 따른 조치였다. 이어 5월 31일엔 해군과 공군 정보국장을 만나 업무를 지시했다.

중앙정보부의 조정·감독 권한을 중시한 김종필의 생각은 정승화 방첩대장과의 면담에서 잘 나타난다.

1962년 7월 12일 방첩부대장에 취임한 정승화는 부임 직후 김종오 육군 참모총장과 함께 김종필 중앙정보부장을 만났다. 그 자리에서 김종필은 정승화에게 이렇게 당부했다.

앞으로 우리 군사정부가 성공적으로 공약을 이행하고 성공적으로 민정 이양을 할 수 있도록 일하려면 각 기관의 유기적인 협조가 중요하다. 중앙정보부를 새로 설치하다 보니 기관들 사이의 관계나 법령들이 불충분한 게 많더라도 상식으로 이해하고 서로 협의해서 일하면 트러블이 없을 것이니, 그렇게 알고 잘해주시오(정승화, 2002: 303).

국가재건최고회의는 1963년 10월 15일로 예정된 제5대 대통령

선거를 앞두고 군정기간의 실적을 홍보할 목적으로 1963년 8월 「한국군사혁명사 제1집」을 발간했다. 1961년 5월 16일부터 1963년 6월 30일까지의 군정기간 실적을 총정리한 책자이다.

장경순을 위원장으로 한국군사혁명사편찬위원회를 구성해서 각 부처 기획조정관회의를 열어 원고작성 지침을 하달하는 등 범정부적인 노력을 기울여 편찬한 책이다.

이 책에는 중앙정보부의 '지휘·조정' 분야 실적을 아래와 같이 기록했다.

각 정보·수사기관의 효율적인 지휘, 조정과 자가숙청을 단행시켜 법집행의 횡포를 방지하였다. (1) 5·16혁명 전까지 각 정보·수사기관은 그 업무한계가 불명확하여 한 문제에 대하여 여러 기관에서 예산과 노력이 중복되었을 뿐만 아니라 활동면에 있어서도 많은 부작용을 야기시켰으며, (2) 중앙정보부는 5·16혁명 직후부터 각 정보수사기관의 업무한계를 명확히 하고 모든 활동을 효율적으로 지휘통제하여 중복을 배제시킴으로써 막대한 국가예산과 노력을 절약하게 하였고, 중앙정보부 자체를 비롯하여 각 정보 및 수사기관의 자가숙청을 단행하여 그 중 부정한 자 1,997명을 도태시켜 법집행의 횡포를 방지토록 하였으며, 또한 선량한 국민을 괴롭히던 가짜 정보부원 103명을 검거하여 국민의 피해를 방지하는데 적극 노력하였다(한국군사혁명사편찬위원회, 1963: 1746).

신설 중앙정보부가 조정·감독권을 행사하는 데 순탄했던 것만은 아니었다.

5·16 당시 전국 규모의 정보망을 가진 조직은 내무부 산하 치안국 정보과였다. 새롭게 창설된 중앙정보부로서는 전국적 조직이 채 정비되지 않아 많은 정보를 치안국 정보과에 의존할 수밖에 없었다.

치안국 정보과는 전국에서 매일 수집되는 정보를 모아서 매주 내각수반, 내무장관, 중앙정보부장에게 보고했다.

창설 직후 중앙정보부는 내무부에 별도의 방을 마련해서 3명의 요원을 주재시켰다.

하지만 당시 치안국 정보과장이던 방원철은 내무부에 설치된 이 중앙정보부 거점에 프락치를 비밀리 침투시켜 내부정보를 빼냈다. 빼낸 자료에는 내무부장관 동향, 군 장성들의 동향 등이 다수 포함되어 있었다.

방원철은 그 자료들을 내무부장관에게 보고하여 장관이 중앙정보부 거점을 폐쇄하라는 지시를 내리도록 만들었다.

이러한 행태는 김종필 중앙정보부장을 자극했다.

방원철은 만주국 육군군관학교 제1기 출신으로 2기 출신인 박정희의 1년 선배였다. 5·16 이전까지 박정희는 방원철을 선배로 깍듯이 대접했다. 이러한 인연으로 방원철은 5·16 후 치안국 정보과장이라는 요직을 차지했다.

5·16 이전 방원철은 송요찬 육군참모총장 계열이었다. 이승만 정부 말기 대통령 측근이었던 임영신을 통해 송요찬을 육군참모총장으로 옹립하는 데 기여했다.

이러한 사실을 잘 알고 있던 김종필은 방원철이 치안국 정보과장에 부임할 경우 전국의 정치·경제·사회정보를 장악하여 송요찬을 지원할 것을 우려, 방원철의 기용에 반대했었다.

하지만 박정희가 만주군관학교의 인연을 생각해서 김종필의 반대를 무릅쓰고 치안국 정보과장에 방원철을 앉혔다.

방원철이 내무부에 설치된 중앙정보부 거점을 폐쇄하는 등 신설 중앙정보부의 조정·감독권에 정면 도전하고 나오자 김종필은 방원철을 견제하는 조치에 나섰다.

우선 방원철을 중앙정보부장실로 불러 송요찬 내각수반에 대한 치안국 정보과의 정보보고를 중단하라고 직접 통고했다.

이어 치안국 정보과 소속 직원 2명을 피의자로부터 뇌물을 받은 혐의로 구속했다.

곧이어 방원철을 혁명정부를 전복시키고자 모의한 혐의로 체포해서 해직시켰다. 조사를 받고 풀려난 방원철은 논산 훈련소 참모부장으로 전출되었다가 1963년 3월 박임항 주도 반혁명사건에 연루되어 옥살이를 해야 했다(방원철, 1995: 134, 154~156).

이후락을 풀어주고 천거한 김종필

5·16 직후 구속된 이후락.

장면 정부의 정보기관이었던 중앙정보연구위원회의 책임을 맡고 있었기 때문에 중앙정보부가 그를 구속하는 것은 불가피했다.

거사 직후 발표된 군사혁명위원회 포고 제4호는 "장면 정권의 전 국무위원과 정부위원은 체포한다."고 선언하고 있었다.

특정인의 사정을 고려하기 어려운 혁명적 상황에서 이후락이 구속된 것이다.

훗날 김종필은 5·16 직후 정신없이 일을 처리하느라 이후락이 붙잡혀 있는 것도 몰랐었다고 당시를 회상했다.

5·16 후 한 달이 채 지나지 않은 1961년 6월 초 김종필 중앙정보부장은 시내 다방에서 우연히 김봉기를 만났다. 김봉기는 자유당 정부 시기 김정렬 국방장관 밑에서 준장급 문관 신분으로 특별보좌관으로 일했기 때문에 이후락과 혁명주체 측 양쪽 사람들과 친했다.

김봉기는 김종필에게 이후락을 석방시켜 달라고 부탁했다.

이에 김종필은 이후락의 조기 석방을 약속하고, 김봉기에게 대한공론사 사장 자리를 맡길 테니 이력서를 갖다 달라고 했다. 대한공론사는 정부투자기업체로서 「코리언 리퍼블릭」이란 영자신문을 발간하고 있었다.

며칠 후 김봉기가 이력서를 들고 시내 약속장소로 김종필을 만나러 가니 이후락과 이병희 중앙정보부 서울분실장이 함께 있었다.

잠시 자리를 피해 따로 김종필을 만난 김봉기는 지금 미국과의 관계개선이 중요한데 자기보다는 미국통인 이후락에게 대한공론사 사장을 맡기면 이후락이 신문사 사장이란 직함으로 미국 측과 접촉하는 데 편리할 것이라고 제안하여, 며칠 뒤 이후락이 대한공론사 사장, 김봉기는 부사장 겸 주필로 발령이 났다.

당시 중앙정보부가 대한공론사 운영에 필요한 예산, 차량을 지원하고 사장, 부사장의 월급도 지급했다고 한다. 뒷날 김종필은 조갑제 기자에게 이후락을 대한공론사 사장으로 임용한 배경을 이렇게 설명했다.

사실은 이후락 씨가 갇힐 만한 이유가 없었다고 봐요. 단지 민주당 시절에 총리 직속의 중앙정보연구위원회 연구실장으로 있었던 때문에 혁명에 방해가 되는 일을 했다는 오해를 받았던 것입니다. 나는 이후락 씨가 잡혀 있다는 것도 모르고 정신없이 다닐 때인데 이병희 서울분실장이 와서 그 사람을 잡아둘 이유가 없다고 하더군요. 이후락 씨는 박정희 장군도 잘 알고 그분이 정보국 차장일 때 제가 과장으로 모신 적도 있고요. 그래서 내가 만났지요. '격동기가 되다 보니까 일이 잘못돼서 고통을 드린 것 같다'고 하고는 대한공론사를 맡겼던 겁니다(조갑제, 2006b: 286).

대한공론사 사장에 부임한 지 불과 몇 달 뒤인 1961년 12월 8일 이후락은 국가재건최고회의 공보실장이라는 요직에 발탁된다. 장면 정부의 사람에서 박정희 정부의 사람으로 변신한 것이다. 이후락을 공보실장으로 천거한 것도 김종필이었다.

이후락이 공보실장으로 부임한 후 국가재건최고회의의 공보 활동 건수가 월 평균 40건 내외에서 80-90건으로 급증했다. 최고회의 내부에서 진행되고 있는 일들을 국민들에게 자세히 알린다는 이후락의 방침에 따라 국가재건최고회의 내부의 의결사항, 심의내용 등을 모두 언론에 공개한 결과였다(한국군사혁명사편찬위원회, 1963: 1803).

중앙정보부의 궁정동 안가는
백의사 사무실 터

서울시 종로구 궁정동의 중앙정보부 안전가옥, 약칭 궁정동 안가는 박정희 전 대통령이 시해된 장소로 유명해졌다.

이 집은 해방 후 백의사白衣社가 사무실로 쓰던 곳이었다.

중국 국민당 비밀조직인 남의사藍衣社 출신의 염응택이 1945년 12월 서울에서 조직한 백의사.

1944년 8월 평양에서 대동단大同團이란 이름으로 창설되었다가 소군정의 탄압을 피해 남하한 평안도 출신 비밀결사였다.

북한 서부지역의 사투리와 지형지리에 밝았기 때문에 주한미군 정보참모부G-2, 방첩대CIC와 손잡고 대북공작을 전개했다.

1946년 3월 1일 일어난 김일성 암살 미수사건이 백의사가 전개한 대표적 공작. 비록 미수에 그쳤지만 백의사 요원들의 대담성을 엿볼 수 있는 사건이다.

백의사 사원 김정의와 김형집·최기성 세 사람은 대한정치공작대와 합동으로 김일성을 암살하는 공작계획을 세우고 북으로 떠나기 전 대한정치공작대 책임자였던 신익희 선생을 찾아가 인사했다.

신익희는 이들을 격려하는 뜻으로 김형집에게 회중시계와 모자를 선물했다(중앙일보 특별취재반, 1992: 319~323).

1946년 3월 1일 김형집은 김일성이 연설을 끝내는 순간 수류탄을 꺼내 단상의 김일성을 향해 던졌다. 하지만 수류탄이 단상까지 이르지 못하고 단상 밑에 떨어졌다.

그 순간 연단을 경비하던 소련군 야코프 노비첸코 소위가 김형집이 던진 수류탄을 집어 되던지려 했으나 노비첸코의 손에서 수류탄이 폭발해 그의 오른손이 날아갔다. 노비첸코는 중상을 입었으나 죽지는 않았다.

자기의 생명을 건져준 노비첸코를 병원으로 찾아간 김일성은 노비첸코 소위에게 순금으로 만든 담뱃갑을 선물하고 북조선 임시인민위 간부들에게 매일 교대로 노비첸코를 위문하라는 지시를 내렸다.

1984년 북한은 노비첸코에게 '로력영웅' 칭호와 국기훈장 제1급을 수여하고 1994년 그가 사망하자 그의 고향마을이 생긴 이래 가장 성대하게 장례식을 치르도록 배려하는 등 오늘날까지 외국인 영웅으로 치켜세우고 있다.

궁정동의 백의사 사무실은 6·25전쟁 때까지 백의사 소유였다가 1950년 서울 수복 후 법무부장관을 역임했던 이인李仁의 손에 넘어갔다.

백의사 사주 염웅택이 전쟁 때 인민군에게 납치되었으므로 이
인이 그 집을 가진 경위는 분명하지 않다.

1961년 5·16 후에는 중앙정보부가 다시 이 집을 사들여 안가로
이용했다(이영신, 1993: 52).

이 집터는 옛날부터 터가 세다는 말이 전해져오고 있었다고 한다.

제5장

황태성 간첩사건과
중앙정보부

김종필이 김성곤의 좌익기록을
말소해 준 이유는

김형욱은 1979년 10월 7일 파리에서 실종되기 직전 박정희 정부의 비리를 폭로하는 회고록을 작성해서 박정희 정부를 협박하고 있었다.

김형욱이 실종된 후 5공 시절인 1985년 10월 지하 출판사를 통해 이 회고록이 국내에서 발간되어 판매금지 서적임에도 운동권 서점에서 알음알음 불티나게 팔렸다.

이 회고록의 제2부는 김형욱이 1963년 7월 제4대 중앙정보부장으로 취임한 후 1969년 10월 20일 해임될 때까지 6년 8개월간의 경험을 기록한 책이다.

이 책 서두에서 김형욱은 1960년대 집권당인 공화당의 실세이자 쌍용그룹 설립자였던 김성곤의 좌익전력을 소개하며 상당히 논쟁적인 구절을 남겼다.

김형욱이 취임 직후 부하로부터 보고받았다는 내용은 이렇다.

주목할 만한 사실은 김종필 씨가 부장이던 기간 중인 1962년 8월 22일자로 당부 제3국장이 치안국에 통첩을 발송하여 김성곤에 대한 기록카드를 중앙정보부에 이송해 옴으로써 현재 치안국 공식 기록에는 김성곤의 신분카드가 없어졌다. 당 중앙정보부의 기록실에도 김성곤의 신분카드는 비치되어 있지 않다. 동 카드는 이송 도중에 관계자의 손에 의해 고의로 실종된 것이 거의 분명하다. 그러나 중정으로 이관할 당시 치안국 관계관은 김성곤 기록카드를 마이크로필름에 복사를 해두었기 때문에 오늘의 본 보고서의 작성이 가능하게 되었다(김형욱·박사월, 1985b: 31).

김종필 부장이 치안국에 존안되어 있던 김성곤의 기록카드를 가져와 없애버렸다는 것이다.

훗날 김종필은 이 사실을 인정했다. 그러면 왜 김종필은 김성곤의 기록카드를 없애려 했나?

그에 대해 김종필이 증언록에서 남긴 사유는 이렇다.

김성곤이 공화당에 합류하게 된 데는 사연이 있다. 5·16혁명 직후 중앙정보부장실로 금성방직과 동양통신사를 운영하던 김 사장이 찾아왔다. 이름만 알던 사이였다. 그는 내게 "나 좀 도와 달라."고 청했다. 무슨 일인지 묻자 그가 자초지종을 설명했다. "치안국에 나에 관한 자료가 있을 텐데 그걸 보면 내가 남로당 출신 공산주의자라고 돼 있을 겁니다. 이게 언젠가는 나를 결딴낼 기록인데, 김 부장께서 이걸 좀 없애주시오." 알고 보니 남조선노동당 재정위원이었던 김성곤은 1946년 대구 10·1사건에 연루됐었다. 대구사건이 심상찮게 진행되자 그는 서울로 도망치듯 올라왔다. 이후 안양에 금성방직을 세워서 큰돈을 벌었다.

나는 기록을 어떻게 없앨 수 있느냐고 물었다. 그는 "정보부장이면 없앨 수 있습니다. 기록을 가져오라고 해서 치안국으로 다시 보내지 않으면 되지 않습니까."라고 답했다. 나는 "그렇게 해드리면 어떻게 하시겠습니까."라고 되물었다. 그는 이렇게 답했다. "죽을 때까지 박정희 최고회의 의장을 충성스럽게 모시겠습니다. 그러면 되지 않습니까. 여기서 손가락을 잘라서 피로 쓰라면 쓸 수 있습니다."

그의 청이 간곡했다. 그렇게 경력에 콤플렉스를 느끼고 있는 사람을 도와주면 정말 충성을 다할 거라는 생각이 들었다. 그래서 부탁을 들어줬다. 치안국장에게 물어보니 김성곤의 말대로 그런 기록이 있었다. 그 서류를 가져오라고 해서 정보부에 두고서 다시 돌려주지 않았다. 그에겐 "기록을 없앴으니 약속대로 박정희 의장에게 충성을 해주시라."고 당부했다.

그는 얼마동안 깍듯이 박 대통령을 모셨다. 공화당에서는 재정위원장을 맡아 성의를 보였다. 참고로 치안국(현 경찰청)에서 가져온 종이 서류는 내가 없앴지만 기록의 원형은 마이크로필름 상태로 치안국에 그대로 남아 있었다. 김성곤 본인은 이 사실을 몰랐을 것이다(김종필, 2016a: 323~324).

박정희에게 충성을 다하겠다고 맹세해서 김성곤의 부탁을 들어줬다는 것이 김종필의 해명이다.

하지만 당시 치안국 정보과장이던 방원철은 김종필이 김성곤의 좌익경력을 말소시키려 한 이유를 달리 보았다.

방원철은 그 이유가 훗날 세상에 널리 알려졌으나 그 당시에는 극도의 비밀이었던 황태성 간첩사건과 관련이 있는 것으로 봤다.

경북 상주 출신으로 1930년대 김천에서 사회주의운동을 한 황태성은 박정희의 셋째형 박상희의 친구이자 김성곤과도 절친한 사이였다.

황태성은 대구 10·1사건 후 체포를 피해 월북했다가 북한 무역성 부상까지 오른 후 5·16이 일어나자 박정희를 포섭하러 내려왔다가 중앙정보부에 체포됐다.

황태성이 간첩교육을 받고 내려와서 제일 먼저 찾아간 사람이 당시 동양통신사 사장이었던 김성곤이었다. 마침 김성곤이 자리에 없어 만나지 못하자 황태성은 고향 상주의 후배인 김민하(전 중앙대 총장) 집을 찾아가 머무르다 박정희의 처 조귀분의 신고로 중앙정보부에 붙잡혔다.

치안국에 보관하고 있던 김성곤의 기록카드에 황태성과 김성곤, 박상희의 관계를 추적할 수 있는 내용들이 있었기 때문에 김종필이 그 기록을 말소시키려 했다는 것이 방원철의 주장이다(방원철, 1995: 138).

훗날 방원철은 김종필을 비판하는 반김종필 세력의 핵심인물로 변했기 때문에 그의 말에는 김종필을 음해하려는 의도가 개입되어 있어 그의 말이 어느 정도 신빙성이 있는지는 추가 검증이 필요한 사항이다.

박정희 형 친구 황태성의 서울 잠입

황태성.

1906년 경북 상주 출신으로 서울 경기고에 유학하여 연희전문을 중퇴한 후 경북 김천에 정착, 사회주의운동을 전개했던 인물.

박정희의 셋째 형 박상희와 절친한 사이였다.

박상희는 경북 구미 출신으로 동아일보 선산지국장을 지냈다. 초등학교만 졸업했으나 신문기자로 일할 만큼 자기학습을 쌓은 인물.

기자신분 특성상 그 당시 구미와 가깝고 선진문물이 집결하는 교통 중심지였던 김천시에 자주 내왕하며 비슷한 연배인 황태성과 교류했다.

박상희 아내 조귀분.

경북 김천 출신으로 김천 중앙시장에서 포목상을 하던 부잣집의 딸로 태어나 대구 신명여고에 진학하여 대구까지 기차로 통학하며 학교를 마쳤다. 김천 지역의 신여성으로 김천지역 여성운동을 주도했다. 그 시절 황태성의 여동생 황경임과도 가까이 지냈다.

황태성이 서울에서 학교를 다닐 때, 함께 자취를 하던 황경임은 자취방에 자주 놀러오던 오빠 친구인 김천 출신 임종업과 결혼해서 김천에서 살고 있었다.

박상희와 조귀분을 중매한 인물이 황태성.

황태성이 소개한 조귀분과 얼굴도 보지 않고 결혼할 만큼 황태성과 박상희는 가까운 사이였다.

1946년 10월 1일 발생한 대구 폭동사건은 이들의 운명을 갈라 놓았다. 박상희는 구미·선산 지역에서 데모대를 이끌다 진압경찰이 쏜 총에 맞아 숨졌다.

황태성은 체포를 피해 북으로 넘어갔다. 북으로 넘어간 황태성은 5·16이 일어날 당시 무역성 부상이라는 거물로 성장해 있었다.

5·16을 예측하지 못해 혼란을 거듭하던 북한은 1961년 7월 중순 노동당 정치위원회를 열어 박정희, 김종필에게 접근해서 연방제 통일, 평화통일을 제안하는 비밀협상 대표를 파견하기로 했다. 구체적인 비밀협상 방법은 대남공작부서에 위임됐다(유영구, 1993: 222). 당시 북한은 통일전선전략의 일환으로 남북협상을 선전하고 있었다.

이 결정에 따라 대남공작 총책이던 남조선국 이효순 국장은 황태성을 대남공작원으로 선발했다.

전향한 대남공작원 박병엽의 증언에 따르면 남조선국 산하 대남연락부는 황태성 이외 박정희와 접촉가능한 인물을 3명 더 물색해서 김일성에게 보고했다. 그러나 김일성이 황태성을 낙점했다.

김일성은 연락부에서 추천한 네 사람 가운데 황태성만 따로 알고 있었다. 황태성은 무역성 부상이라는 고위직에 있었기 때문에 김일성과 접촉할 기회가 많았다.

황태성이 남으로 내려왔다가 체포된 후 작성된 군 검찰의 공소장과 군법회의 판결문에는 황태성의 진술을 바탕으로 기록한 남파 직전 황태성의 동향이 쓰여 있다.

그 기록들에 따르면 황태성은 5·16이 일어나고 한 달여 지난 1961년 6월 하순 북한 남조선국 이효순을 찾아갔다.

그 자리에서 자신이 직접 월남하여 박정희 의장을 만나 남북협상에 대한 건의 내지 협의를 하겠다는 의사를 밝혔다. 북한 무역성 부상까지 지낸 황태성은 이효순을 직접 만날 수 있는 위치에 있었다.

그 후 한 달여 뒤인 1961년 7월 하순 이효순은 황태성에게 남측과 진행 중인 서해안에서의 비밀협상 내용을 알려주며 황태성의 월남 의사 여부를 재확인했다.

미국 정보기관과 연결되어 있는 이중간첩이 서해안에서 영관급 군인이 참여하는 비밀협상을 하자고 제의하는 편지를 가져왔는데, 남한의 군사정부가 관여하고 있는지 확인할 수 있느냐고 황에게 물었다.

이에 대해 황은 자기가 직접 남하하여 박정희에게 진의를 타진하겠다고 제의했다.

황의 의사를 재확인한 이효순은 ① 남하 후 김성곤을 통하여 접선하라, ② 경북 선산군 구미에 사는 조 여사를 통하여 박 의장과 김종필 중앙정보부장을 접선하라, ③ 중앙대학 강사 김민하를 통하여 북한에 있는 황경임(황태성의 누이)의 딸 임미정을 토대로 합법을 쟁취하라, ④ 8월 하순 남하하도록 하라는 등의 지령을 내렸다.

1961년 8월 초순 황태성은 평양시 중구역 중성동 소재 간부 아지트에서 노동당 중앙기술과장으로부터 암호청취와 암호해독 방법을 습득하고 서울에 잠입하는 방법을 교육받았다.

육로로 남하하여 서울 우이동에 비밀함을 설치할 것, 서울에 안착한 다음에는 연락사항과 공작 추진사항을 암호화하여 껌에 싸서 중앙우체국 공중화장실 내 뒷벽에 붙여 놓을 것, 매월 15일과 30일 평양 중앙방송국에서 과제를 지령할 것이며 '밀양아리랑'이라는 신호 지령을 받음과 동시에 성명은 서경달, 주소는 서울 서대문구 아현동으로 정하고, 위조된 서울시민증과 경기도민증을 소지하라는 등의 지령이었다.

평양을 떠나기 직전인 1961년 8월 28일 황태성은 김일성을 만나 '이번의 남파는 노동당 중앙위와 수상의 위촉으로 가는 것이니 충실히 이행하라'는 격려를 받았다.

이튿날 1961년 8월 29일 황태성은 자신을 교육시킨 노동당 중앙기술과장으로부터 공작금, 위조 서울시민증, 난수표 등을 지급받고 평양을 출발, 개성을 거쳐 임진강을 건넌 후 문산을 경유하여 8월 31일 서울에 들어왔다(김학민·이창훈, 2015: 216).

남파될 때 한쪽 폐를 들어낼 정도로 건강이 안 좋았던 황태성을 젊은 공작원 세 명이 교대로 업어가며 서울까지 데려다 놓았다.

황태성을 숨겨준 김민하

서울에 도착한 황태성은 처음 김성곤을 찾아갔다. 해방직후 대구에서 좌익운동을 함께 한 인연을 찾아 김성곤과의 접촉을 시도했다.

해방 직후인 1945년 10월 16일 대구에서 결성된 경북도인민위원회는 이상훈 위원장 아래 재정부장을 김성곤이, 선전부장을 황태성이 맡고 있었다. 보안부장은 이재복이었다.

황태성이 체포됐을 때 육군본부 고등검찰관이었던 양헌 대위는 당시 서대문형무소에 수감되어 있던 황태성과 수차례 면담하면서 그의 과거행적을 자세히 기록했던 인물이다. 그 당시 황태성은 양헌에게 "김성곤을 만나면 남북관계를 다 이해할 수 있을 것"이라고 말했다고 한다(조갑제, 2006c: 58).

하지만 김성곤을 만날 수 없었다. 김종필은 김성곤이 일본 출장 중이어서 황태성을 만나지 못했다고 회상했다(조갑제, 2006c: 151).

김성곤을 통한 박정희와의 접촉에 실패한 황태성은 이어 김민하를 찾아갔다.

황태성과 김민하는 경북 상주군 청리면 출신 동향이라는 인연이 있었다. 그리고 김민하의 형제 가운데 북으로 넘어간 사람들이 황태성으로부터 많은 도움을 받았다.

일본에 살고 있던 김민하의 큰형 김재하가 북의 형제와 남의 형제들 소식을 중개해 주고 있었다. 김재하는 일본의 교토대학 의과를 졸업한 후 일본에 정착한 의사였다.

김민하의 형제는 10남매였는데 김민하가 막내였다. 둘째형 김성하와 셋째 누이 김옥희, 넷째 김창하 등 세 남매가 북으로 넘어갔다.

황태성은 북한 정부의 요직에 있을 때, 같은 고향 출신인 이들 세 남매를 각별하게 돌봐주었다고 한다. 특히, 김창하가 인민군에 복무하고 있을 때 그의 남매들이 소속을 몰라 애태우고 있었는데 황태성이 근무지를 확인해 주기도 했다(김학민·이창훈, 2015: 218).

게다가 김민하의 처남댁 임미정이 황경임의 딸이었다.

황경임과 임종업 사이에서 태어난 임미정은 김천여중에서 대구 경북여중으로 전학을 가서 다니다가 1948년 단독정부 수립반대 운동에 참여했다가 퇴학당한 후 북으로 넘어갔다.

월북한 임미정은 외삼촌 황태성의 집에서 살며 김일성 대학을 다녔다. 친엄마 황경임도 그 이전 북으로 넘어가 황태성의 집에서 기거하고 있었다.

황경임-임종업 부부는 1947년 좌익활동 혐의로 미군정에 체포되어 복역하다 황경임이 먼저 석방됐다. 임미정이 변호사가 시키는 대로 하지 미군정 사령관을 찾아가 부모가 모두 감옥에 들어가 살 수 없으니 한 사람만이라도 석방시켜달라고 호소한 것이 주효했다고 한다.

감옥에서 나온 황경임은 1948년 8월 황해도 해주에서 열린 최고인민회의 대의원 선거에 대구·경북 대표로 참가했다가 북에 눌

러앉아 황태성의 집에서 살고 있었다.

6·25전쟁이 일어나자 임미정은 김일성대학교 학생들로 구성된 '해방지구정치공작대' 대원으로 선발되어 남으로 내려왔으나 인천상륙작전으로 인민군이 후퇴할 때 낙오되어 김천, 상주의 친척집을 이리저리 옮겨 다니다가 1951년 체포됐다. 이후 북의 황경임과 외삼촌 황태성은 임미정이 전쟁 중에 죽은 걸로 알고 있었다.

북에 있던 황경임과 황태성이 남쪽에 임미정이 살아있다는 걸 알게 된 건 김민하의 결혼사진을 통해서였다.

전쟁 중에 낙오됐다가 붙잡혀 감옥을 살다가 1954년 석방된 임미정은 김민하의 친구 권상능이 서울에 살고 있다는 소식을 듣고 찾아 나섰다.

해방 직후 김천에서 대구로 이사 온 황태성의 집에서 경북여중을 다니고 있었던 임미정은 같은 집에서 자취를 하고 있던 김민하를 찾아오던 권상능과 눈이 맞아 있었다. 다시 만난 임미정과 권상능은 부부의 연을 맺는다.

그리고 김민하는 1959년 권상능의 누이 권경숙과 결혼식을 올렸다. 이 결혼식장에 임미정-권상능 부부도 참석해서 가족사진을 찍었다.

일본에서 거주하던 김민하의 큰형 김재하는 이 사진을 북한의 동생 김성하에게 보냈다. 그 사진 속에서 임미정이 살아있는 것을 확인한 김성하는 황경임과 황태성에게 그 사실을 알려주었다.

서로 소식이 끊겼던 황경임은 1959년 김민하의 결혼사진을 보고 딸 임미정의 생존사실을 알게 된 것이다.

이러한 인연을 바탕으로 남으로 내려온 황태성은 제일 먼저 임미정을 찾게 된다. 임미정이 여동생의 딸이었지만 경북여중, 김일성대를 다닐 때 자기 집에서 살았기 때문에 친딸처럼 아끼는 조카였다.

김민하의 집에서 황태성은 임미정 부부를 만났다.

중앙정보부장 장모의 신고로 붙잡힌 황태성

김성곤과의 접촉에 실패한 후 김민하 집을 거처로 삼은 황태성은 고려대 왕학수 교수를 통한 박정희 면담을 추진했다.

왕학수는 상주 출신으로 박정희와 대구사범학교 동기동창이었다. 중앙대학교 교수 시절 김민하를 가르치기도 했다.

5·16정변 직후에는 국가재건최고회의 기획위원회 문교위원으로 박정희의 측근에서 일하고 있었다.

흑석동의 김민하 집과 가까운 곳에서 살고 있었던 왕학수는 김민하의 부탁을 받고 이를 추진했으나 성사시키지는 못했다.

김민하에게 "김종필에게 전화로 전달했다. 좀 기다려보라."는 답변을 주었으나 면담은 이루어지지 않았다(김학민·이창훈, 2015: 231).

김성곤·왕학수를 통한 면담에 잇따라 실패하자 황태성은 박정희를 직접 만나기 위해 박정희의 공관과 김종필의 집 근처에도 몇 번 가봤으나 경호가 심해 만나기가 어려웠다. 그러자 박정희의 형수이며 김종필의 장모였던 조귀분을 통한 박정희·김종필 접촉을 모색했다.

1929년 4월 19일 박상희와 결혼한 조귀분은 큰딸 박영옥 등 딸 다섯을 낳은 뒤 아들 박준홍을 낳았다.

대구 신명학교에 다니던 조귀분은 김천청년회관에 자주 나가면서 야학선생을 했다. 이때 김천에서 사회운동을 하던 황태성과 알게 되었다.

1963년 9월 27일 중앙정보부가 공개한 황태성의 사진. 아래쪽에 '간첩 황태성'이라고 적혀 있다. 61년 10월 검거된 황태성에 대한 재판은 비공개로 진행됐다. 63년 대통령 선거를 앞두고 야당 측이 의혹을 제기하자 중앙정보부는 사건의 진상을 발표했다.

김천청년회관(당시 이름은 '금릉회관')은 조귀분의 큰아버지가 세운 건물로 당시 무학자無學者들을 불러 모아 한글을 가르치고 있었다.

황태성의 여동생 황경임도 조귀분과 함께 김천청년회관에서 야학에 참여하고 있었다(김학민·이창훈, 2015: 139).

이와 같은 인연을 배경 삼아 황태성은 조귀분과의 접촉을 시도했다.

황태성은 임미정·권상능 부부를 경북 구미의 조귀분 집으로 보내 자신이 조귀분 앞으로 쓴 편지를 전달하고 조귀분을 함께 데리고 상경하도록 심부름시켰다.

그러나 임미정·권상능 부부를 만난 조귀분은 동행을 거부했다.

황태성은 조귀분이 당연히 함께 서울로 올라올 줄 알고 서울역에서 기다리고 있었다.

임미정 부부를 돌려보낸 조귀분은 즉시 중앙정보부에 황태성 남파사실을 신고했다.

훗날 황태성 사건이 대선과정에서 문제화되자 김형욱 중앙정보부장은 '간첩 황태성 사건의 진상'을 발표하면서 조귀분이 임미정 부부가 다녀간 다음 날(10월 11일) 바로 상경하여 중앙정보부장 경호관 이 모 중위에게 신고했다고 밝혔다.

그러나 김종필은 대만을 방문(10.7~14)하고 돌아온 다음 날(10월 15일) 새벽 3시 조귀분으로부터 전화를 통해 황태성의 남파사실을 신고받았다고 증언했다(김종필, 2016a: 148~149).

중앙정보부가 조귀분의 신고를 받고 김민하 집에 은닉해 있던 황태성을 체포한 것은 1961년 10월 20일이다.

중앙정보부는 황태성 체포 사실을 대외에 공표하지 않았다. 황태성 남파사실은 2년여 지난 뒤인 제5대 대통령 선거(1963.10.15.)를 앞두고 야당에 의해서 폭로되기 시작했다.

1963년 9월 25일 야당후보인 윤보선의 유세장에 "북괴간첩 황태성 사건의 전모를 국민 앞에 밝히라. 황태성은 대구 10·1 폭동 당시 박정희의 친형과 같이 활약했다는데 그에 대한 진상을 밝히라."는 삐라가 살포됐다.

그에 대해 당시 김형욱 중앙정보부장은 "간첩 황태성이 박 의장과 친분이 있다는 것은 터무니없는 소리이며 북괴의 고등전략에 휘말린 행위"라며 사실을 부인했다.

그러나 투표를 일주일 앞둔 1963년 10월 9일 윤보선 후보가 다시 "공화당은 간첩 황태성이 가져온 20만 달러를 가지고 김종필과 접촉하여 점선식으로 만든 조직"이라고 주장하고 나섰다.

그에 따라 수세에 몰린 박정희는 다음 날인 10월 10일 "황태성은 형 박상희와 친구였고 형수가 중앙정보부장에게 연락하여 체포했으며 나를 만나면 남북협상문제를 협의하려고 했다."고 인정했다.

그러면서 박정희는 "장도영계의 조응과 모 외국기관에 근무하는 베이커라는 자가 황태성과 나에 대한 허위사실을 조작해 유포했다."고 비난했다.

박정희가 언급한 베이커는 한국에 주재하던 미 CIA 요원으로 박정희 정부에 의해 미국으로 추방된 래리 베이커라는 인물이다.

박정희가 자신을 언급한 다음 날인 10월 11일 베이커는 미국에서 "장도영과 내가 황태성 사건을 허위 조작했다는 박정희의 비난은 철두철미 조작된 것이며 북한첩자와 비밀리에 접촉한 것이 알려지면 오는 10월 15일 대선에서 당락이 좌우될 것이므로 국민들을 계획적으로 속이고 있다."고 반박했다.

베이커는 황태성과 박정희가 반도호텔에서 적어도 세 번은 만났으며 박정희 정권이 자신을 추방한 이유는 박정희에 대해 아는 것이 너무 많았기 때문이라고도 주장했다(김학민·이창훈, 2015: 319~320).

조웅은 5·16 직후 장도영에 의해서 발탁된 청년이었으나 장도영이 거세되자 박정희에 불만을 품게 된다. 1961년 7월의 장도영 반혁명 사건에 연루되어 서울교도소에 수감되어 있었다.

그때 조웅은 황태성 감방 바로 옆방에 수감되어 있었던 40대의 간첩과 같이 지내게 되는데, 그 간첩이 "옆방에 있는 황태성이라는 사람은 북에서 무역성 부상을 지낸 사람인데 박정희와 김종필을 만나 남북통일 방안에 대해 협의했다."라는 말을 했다.

조웅은 1962년 말 감옥에서 석방되자마자 유엔군사령부로 가서 서울교도소에서 들은 얘기를 제보하게 된다(김학민·이창훈, 2015: 324).

황태성 신병처리에 대한 김종필과 김형욱의 이견

황태성은 1963년 12월 14일 총살됐다. 총살 사실은 신문에 대서특필됐다.

대통령에 당선된 박정희가 12월 17일 취임하기 사흘 전이었다.

제3공화국의 출발을 앞두고 새 정부에 방해가 되는 잡음소지를 깨끗이 정리하려는 의도였다.

황태성이 사형될 당시 중앙정보부장이었던 김형욱은 황태성 사건에 대해 김종필과 일부 다른 증언을 남겼다.

황태성이 체포될 당시의 중앙정보부장은 김종필이었으나 사형될 당시의 중앙정보부장은 김형욱이었다.

두 사람이 남긴 회고록을 통해 이 사건의 쟁점을 비교해 보면 첫째, 김종필은 장모 조귀분으로부터 황태성 남하 사실을 신고받은 즉시(1961.10.15.) 중앙정보부 대공수사 담당인 고제훈 제3국장에게 황태성을 체포하도록 지시했다고 증언했다(김종필, 2016a: 149~150).

이에 반해 김형욱은 황태성이 즉각 방첩기관에 구속되어 유치장에 수감되지 않았고 상당한 기간 동안 반도호텔에서 유숙하며 거들먹거렸으며 따라서 김종필, 박정희가 황을 직접 접촉하지는 않았다고 가정하더라도 그를 상당히 예우했던 것만은 의심의 여지가 없다는 증언을 남겼다(김형욱·박사월, 1985b: 28).[1]

둘째, 김형욱은 1963년 7월 중앙정보부장에 취임한 후 박정희가 황태성에 대한 미국 정보기관의 조사를 거부하고 있어서 한미 정보당국에 큰 갈등이 있는 것처럼 그의 회고록에 썼다.

미 정보당국이 박정희를 비롯해서 김종필, 이주일, 장태화, 김용

---

1. 김형욱은 박정희 정권에 불만을 품고 미국으로 망명한 다음 박정희 정권을 비판할 목적으로 자신의 회고록을 썼다. 따라서 그의 주장에는 박정희 정권을 폄하하려는 속내가 배어있다. 황태성과 박정희·김종필 접촉여부에 대해서도 훗날 김민하·권상능 증언과 달리 비공식 면담이 있었던 양 보이게 하려는 의도가 보인다.

태 등이 사실상 공산주의자이기 때문에 황태성 사건을 미군 당국에 알리지도 않고 감추고 있는 것으로 당시 미국 측이 의심하고 있었다고 주장했다.

그러면서 김형욱은 자신이 부장 취임 후 주한 미CIA 소속 에드워드에게 황태성의 신변을 넘겨주어 미국이 조사할 수 있도록 조치했다고 주장했다(김형욱 · 박사월. 1985b: 55~56).

이에 대해 김종필은 김형욱의 주장을 정면 반박했다.

김종필은 "김형욱이 회고록에서 자신이 박의장을 설득해 황태성을 서둘러 처형토록 했다고 주장한다. 말도 안 되는 소리, 거짓말이다. 황태성은 법적 절차를 거쳐 사형이 집행된 것뿐이다. 정보부장이 거기에 개입할 게 없고 개입해서도 안 된다."고 김형욱을 비판했다(김종필. 2016a: 166~167).

그러면서 김종필은 미 정보기관이 황태성을 조사하도록 넘겨준 것은 황태성을 체포한 직후라고 밝혔다.

황태성 체포사실을 박정희에게 보고한 지 며칠이 지나지 않아서 미국 중앙정보국CIA 서울지국장 피어 드 실바가 자신을 찾아와 황태성 조사계획을 설명하며 신병인도를 요구했다고 한다.

처음 요청을 받았을 때 조사가 마무리되지 않아 넘겨주지 않았는데 20여 일쯤 지나 드 실바가 다시 찾아와 같은 요구를 함에 따라 황태성의 신변을 넘겨주었다고 한다.

그러면서 자신이 1963년 1월 중앙정보부장을 그만둔 뒤에야 미국이 황태성을 조사하기 시작했다는 얘기는 틀린 것이라고 반박했다.

셋째, 김형욱은 박정희 정권이 황태성을 살리기 위해 재판과정을 지연시키고 있었다고 주장했다.

이에 반해 김종필은 미국 측의 황태성 조사가 늦어져 재판이 늦어졌다고 설명하고 있다. 황태성을 처음 붙잡았을 때부터 빨리 재판절차를 마치고 간첩죄로 처리할 생각이었는데 서울 주재 미국 정보기관들이 이런저런 이유를 붙여 황태성의 조사를 질질 끌었다고 주장했다.

미국 측 조사가 늦어지자 김종필은 "조사할 게 도대체 뭐냐"고 따지기도 했다고 한다.

미국이 황태성 조사를 지연시킨 데 대해 김종필은 미CIA가 박정희를 견제하려는 공작 차원으로 그랬을 것이라고 평가했다. 박정희의 과거 좌익경력을 의심하며 박정희가 황태성을 연결고리로 북측과 내통하고 있을 가능성에 의혹을 두고 있었던 것으로 추측했다.

그리고 미국이 황태성 조사를 통해 박정희의 취약점을 확보하여 박정희 컨트롤 카드로 이용하려는 의도도 있었다고 회고했다 (김종필, 2016a: 165~166).

황태성 사건과 관련해서 미국 정보당국의 입장을 가장 정확하게 증언해 줄 수 있는 사람은 주한 미8군 502 군사정보단과 미 중앙정보국CIA에서 대북업무를 수행했던 마이클 리Michael P. Yi다.

그는 충남 부여출신으로 군복무 시절 육군 사병 군사영어반에서 영어교육을 받고 주한 미 제8군 528 군사정보대에서 북한 귀순병, 자수간첩, 체포간첩 등을 심문하는 일을 하다가 제대한 후 다시 임용되어 15년 8개월간(1958-1974) 근무한 다음 미국으로 이민, 미 CIA에서 23년 8개월(1976.6-2000.2)간 일했다.

528 군사정보대는 마이클 리가 1958년 민간인으로 재임용될 쯤 502 군사정보단으로 개편됐다.

502 군사정보단에서 근무할 당시 마이클 리는 미국 시민권은 없었지만 미 국방성의 예산에서 임금을 받는 연방정부 공무원의 자격이었다.

당시에는 한미양국의 군사작전 지휘권이 미군에 있었기 때문에 한미 양해각서 「미8군 정보훈령 Ⅰ-65」에 의거, 한국 내의 모든 군사정보활동을 미8군 정보참모부(G-2)에서 통제하고 있었다.

그에 따라 그 당시 북한에서 넘어오는 귀순병, 귀순 민간인, 체포된 북한간첩과 자수간첩, 북한에 납치되었다가 귀환한 납북어부들은 모두 48시간 이내 서울 대방동에 있던 502 군사정보단에 수용되어 심문을 받았다.

마이클 리는 502 군사정보단에 근무하는 동안 450여 명의 북한 귀순병과 귀순 민간인, 간첩을 심문했다고 한다.

502 군사정보단은 A(알파), B(브라보), C(찰리) 등 3개 중대로 편성되어 있었는데 마이클 리가 소속되었던 A중대는 한미합동으로 북한 귀순병, 귀순 민간인, 자수간첩, 체포간첩, 송환어부들을 상대로 심문하는 일을 했으며, B중대는 미군 단독으로 방첩활동을 했고,

C중대는 미군 단독으로 대북공작을 전개했다(조갑제, 2015: 64).

502 군사정보단의 대북 심문업무는 1974년 그 운영권이 국군정보사령부로 이관됐다. 이때부터 대방동 소재 수용소 관리와 심문활동의 주도권을 국군정보사령부에서 관할했다. 이 시기 퇴직 후 미국으로 이민 간 마이클 리는 미 CIA에 임용되어 23년 8개월간 북한 전문가로 일했다.

황태성이 체포됐을 때 미군 측에서 황태성을 심문한 사람이 마이클 리였다.

그에 따르면 당시 한미 양해각서에 따라 황태성이 체포된 직후 48시간 이내에 그의 신병이 502 군사정보단이 관할하는 대방동 수용소로 이관되어야 하나 중앙정보부가 신병을 넘겨주지 않았다.

그에 따라 주한 미대사관과 미8군 정보참모부가 반발해서 일주일만 미군 측이 심문하기로 합의하고, 대방동 수용소가 아닌 시내에서 마이클 리가 황태성을 심문했다.

황태성의 구체적인 공작업무, 황태성과 박정희·김종필과의 관계를 확인하는 것이 심문의 주 방향이었다.

심문 결과 마이클 리는 황태성이 다른 간첩들과 똑같은 방법으로 은밀히 침투했고, 제3자를 통해 박정희나 김종필에게 접근하려고 했으며, 세탁소에 맡긴 황태성의 저고리 속주머니에서 간첩용 난수표가 발견되어 세탁소 주인이 당국에 신고한 사실도 있었다는 것을 확인했다(조갑제, 2015: 77).

황태성이 진정한 의미의 남북통일을 위해서 남파된 것이 아니라 박정희가 남로당 전력이 있는 것을 이용하여 김일성이 원하는 통일을 모색하기 위해 잠입한 간첩으로 마이클 리는 판단했다.

황태성 공작 실패 북한 연락부장의 해임

서울에 도착한 황태성은 즉시 무사히 도착했다는 소식을 무전으로 평양에 타전했다.

그 후 9월 한 달 동안 서울에서의 박정희 접촉 계획이 이루어지지 않자 북측에 계속 '접촉 준비 중'이라는 보고만 했다(유영구, 1993: 224).

답답해진 연락부장 어윤갑은 황태성의 서울 체류동향을 확인하러 새로운 공작원을 내려 보냈다. 그 공작원은 박정희가 대구사범에 다닐 때 2-3년간 직접 가르친 스승이었다. 연락부가 소환할 당시에는 순천사업대학의 행정담당 부국장으로 일하고 있었다.

그런데 남측으로 내려갔던 공작원이 열흘 정도 뒤 북으로 되돌아왔다.

휴전선을 넘어 서울 근처 광릉까지 이르렀던 공작원이 "붙잡히면 죽는다"는 극도의 공포감에 휩싸여 자신의 침투를 안내하던 침투조에게 "아이고, 나는 못 가겠네. 북으로 다시 돌아가고 싶네. 함께 올라가게 해주게나." 하며 통사정하는 바람에 다시 데리고 올라갔던 것이다(유영구, 1993: 225).

북한 대남연락부는 10월 말경 조총련을 통해 황태성이 체포된 소식을 듣게 된다. 박병엽에 따르면 보고를 받은 대남연락부의 부부장은 그 자리에서 쓰러져 병원에 실려 갔다고 한다. 황태성 체포 소식에 쇼크를 받은 것이다. 그는 평소 고혈압 증세가 심했고 성격이 몹시 급했다고 한다.

북한 노동당은 황태성이 체포된 직후인 1961년 11월 정치위원회를 열고 두 가지의 조치를 취했다.

하나는 공작실패의 책임을 물어 어윤갑 연락부장을 해임한 것이고, 또 하나는 남조선국을 해체한 것이다.

청진제강소 노동자 출신인 어윤갑은 8·15 후 빨치산 출신 최충국과 청진시당 책임비서였던 박금철의 추천으로 노동당에 입당해서 출세가도를 달렸다.

박헌영 간첩사건 직후 박금철이 대남연락부장을 맡았을 때는 어윤갑을 연락부 부부장으로 끌어들였다.

박금철이 1955년 초 조직부장으로 자리를 옮기고 박일영, 임해 등에 이어 박금철의 추천으로 어윤갑이 연락부장에 올랐다.

김일성은 5·16 직후 한때 어윤갑의 해임을 고려했었다.

북한 고위층 내부에서 4·19와 5·16에 대한 정세판단 오류의 책임을 물어 실무 최고책임자를 교체해야 한다는 주장이 있었다.

하지만 어윤갑과 같은 갑산파인 박금철과 이효순의 반대로 자리를 지켰다.

김일성은 "일하는 것을 보면 당장 갈아치우고 싶지만 정세가 중요한 때이니 만큼 좀 더 지켜보자."며 어윤갑 해임을 보류하고 있었다.

그러나 황태성 남파공작이 실패로 돌아가자 그 책임을 물어 어윤갑을 해임했다. 어윤갑은 해임 후 재교육차 중앙당학교에 보내졌다.

어윤갑에 이어 신임 연락부장에는 남조선국 부총국장이던 서철을 임명했다.

남조선국은 4·19 직후 대남연락부와 문화부를 총괄하는 중간적 지도기구로 노동당 중앙에 신설한 중간적 지도기구였다. 신설 남조선국의 국장은 박금철의 추천으로 이효순이 맡고 있었다.

1961년 11월의 정치위원회 때 남조선국 해체 여부를 결정하는 과정에서 논란이 있었다.

김일성, 박정애, 최용건 등은 "남한이 계엄 상태에 놓여있는 상황에서 대남공작 자체가 쉽지 않고, 공작원도 파견하지 않는 현 상황에서 방대한 기구를 갖고 있을 필요가 있는가."라며 폐지를 주장했다.

이에 대해 박금철과 이효순은 "국 폐지는 너무 소극적 대응이고 자칫하면 투항주의에 빠질 수 있다. 성급하게 국을 폐지할 필요가 없고 존속시켜야 한다."고 주장했다(유영구, 1993: 230).

그러나 논란 끝에 남조선국은 해체되고 자리를 잃은 이효순은 직맹위원장으로 전출됐다.

황태성 간첩론과 밀사론

5·16 직후인 1961년 7월경 육군첩보부대HID 서해지구 파견대
는 대북공작 차원에서 남북 비밀협상을 추진했다.

국제문화교류협회란 단체명으로 위장해서 남북한을 오가는 이
중첩자를 통해 북한의 대남공작기관인 대동강상사에 '정치회담'
을 제의했다.

정치회담으로 위장해서 북한 대남공작기관과 직접 접촉, 북한
내부의 첩보를 수집하는 것이 공작 목적이었다.

공산주의 이론에 밝고 언변이 좋은 민간인을 선발해서 영관급
군인으로 신분을 세탁한 다음, 서해안 북한지역 섬인 용매도, 남
한의 강화도 건너편 불당포 등지에서 12월 초순까지 네 번 회담이
열렸다(조갑제, 2006c: 47~53).

황태성은 김민하 집에 도착한 직후 자신이 남으로 내려온 목적
을 여러 가지 설명하면서 서해안에서 열리고 있었던 이 비밀회담
이 박정희의 뜻인지 아닌지를 확인하는 것도 중요한 임무라고 밝
혔다.

"남쪽에서 교섭이 왔기 때문에 나는 이에 대한 사실 확인을 하
기 위해 내려온 것이고, 북한에서는 여기에 대한 문제로 토의를 여
러 번 거쳤다."고 말했다(조갑제, 2006c: 74).

북한은 남측의 비밀협상 대표들이 남한 최고 지도부의 지시로
비밀교섭에 나섰다고 주장하고 있는 데 대해 그 주장의 진위여부

를 가리기 어려웠다.

그래서 협상 도중 북측 부대표가 자신은 노동당 연락부 소속이라며 남측 대표의 신분을 공개할 것을 요구하기도 하고, 김일성과 박정희의 신임장을 맞교환하자고 제의하는 등 남한 측 신분확인에 애썼다. 하지만 남측은 회담이 결렬될 때까지 신분을 밝히지 않았다.

훗날 이 회담의 성격에 대해 김종필은 그 남북접촉은 첩보부대에서 독자적으로 첩보수집 차원에서 추진한 것이지 아무런 정치적 목적이 없었으며, 자신과 박정희는 전혀 모르고 있었다고 주장했다.

박정희의 지시에 따라 이 비밀회담이 열렸고 중앙정보부장인 김종필까지 이 회담을 알고 있었다면 이 회담의 성격을 파악하러 온 황태성은 단순히 간첩으로만 보기 어렵다. 그러나 김종필은 자신은 물론 박정희도 전혀 모르는 사실이었다고 주장했다.

김종필은 황태성을 간첩으로 볼 수밖에 없는 이유를 세 가지로 정리했다.

첫째, 육군첩보부대HID가 북측에 제의해서 열린 남북 비밀회담은 정부차원의 공식적인 것이 아니며, 중앙정보부와 사전 협의도 없었다는 것이다.

육군첩보부대의 요원 몇 명이 대북공작을 추진하면서 한 건 올리기 위해 추진한 공작에 불과하다고 주장했다.

그 당시 HID는 동해안에서는 함경북도까지 올라가 공작을 했는데 인민군 주력부대가 있던 서해안에서는 별 성과를 거두지 못하자 그런 일을 꾸몄다는 것이다. 그리고 자신은 나중에야 HID 공작을 보고받았다고 말했다. 남북비밀협상을 확인하러 내려왔다는 황태성의 말은 거짓말이라는 것이다.

둘째, 황태성이 간첩이 아니라 김일성의 밀사로 행세했으나 밀사라면 황태성이 내려오기 전에 남한 측에서 어느 정도 물밑 호응이 있었어야 했는데 그런 사실이 없었다는 것이다.

황태성의 서울 잠입을 중앙정보부장인 자신도 몰랐고, 자신이 박정희에게 보고하기 전까지 박정희도 모르고 있었다고 한다.

셋째, 황태성이 박정희와 자신을 만나 남북 간 현안문제를 해결하고 '사이좋게' 지내자고 설득하라는 김일성의 지령을 받고 내려왔다고 김종필은 주장했다.

즉, 남한이 손들고 북한에 합류하도록 적화공작을 하러 황태성이 내려왔다는 것이다. 하지만 이러한 김일성의 판단이 오판이었다고 김종필은 말했다.

박정희는 여순사건 직후 남로당 가입혐의로 실형을 선고받고 군복을 벗은 과거 경력에 늘 시달리고 있었고, 미국도 박정희의 사상을 의심하고 있었기 때문에 정체를 의심받을 일을 하지 않았다고 김종필은 강조했다(김종필, 2016a: 158~161).

여기에 반해 김민하는 자신의 집을 찾아온 황태성이 간첩이 아니라 밀사라고 언급한 점을 내세우며 황태성을 밀사라고 주장해왔다.

간첩이란 적국에 침투해서 자신의 신분을 숨기고 정보를 수집하는 사람인데, 황태성은 자신의 신분을 밝혔고, 남으로 내려온 목적 또한 정보 수집을 하기 위한 것이 아니라는 점을 밝혔으므로 간첩이 아니라고 주장했다. 그에 따라 경찰에 신고도 하지 않았다고 당시 처신을 해명했다.

황태성이 중앙정보부에 체포된 지 4일 후 간첩에게 편의를 제공한 혐의로 중앙정보부에 연행된 김민하는 수사관들에게 "황태성 씨 본인이 정보 수집을 하지도 않았고, 신분도 밝혔는데 어째서 간첩입니까. 그리고 제가 신고를 하지 않은 것도 아니잖습니까. 파출소에 신고를 해야만 신고입니까. 정보부장에게 알리려 했던 것은 신고가 아니고 무어란 말입니까." 하고 항변했다(조갑제, 2006c: 73~74).

제6장

초대 중앙정보부장
김종필의 국정 주도

정치활동정화법은 혁명정부 최대의 실패작

5·16군정 시기 헌법기능을 수행했던 국가재건비상조치법.

국가재건비상조치법은 "헌법에 규정된 국회의 권한은 국가재건최고회의가 이를 행한다."(제9조)고 규정하고 있었다.

이어 1962년 3월 16일에는 "국가재건최고회의는 정치활동을 정화하고 참신한 정치도의를 확립하기 위하여 5·16군사혁명 이전 또는 이후에 특정한 지위에 있었거나 특정한 행위를 한 자의 정치적 행동을 일정한 기간 제한하는 특별법을 제정할 수 있다."는 규정을 신설했다(제22조 제3항).

이 신설 조항과 함께 1962년 3월 16일 공포된 특별법이 정치활동정화법. 정치활동정화법은 정치적 행동의 유형을 다섯 가지로 분류했다.

① 공직선거에 있어서 후보자가 되는 일

② 공직선거에 있어서 특정 후보자의 당선 또는 낙선을 위하여 선거에 관한 연설을 하거나 선거에 영향을 미치는 언설(言說)을 행하는 일

③ 정당 또는 정치적 사회단체결성의 발기 또는 준비를 위한 직위에 취임하거나 정당 또는 정치적 사회단체에 가입하거나 그 고문 기타 이에 준하는 직위에 취임하는 일

④ 정치적 집회의 주최자 또는 연사가 되는 일

⑤ 전 각호 이외에 특정한 정당, 정치적 사회단체 또는 정치인의 정치활동을

그리고 정치적 행동을 하고자 하는 자는 정치정화위원회의 적
격심사를 받도록 강제하고 적격심판 청구대상에 장면정부의 국회
의원, 국무위원, 정당 및 사회단체 간부, 검찰총장, 내무부 치안국
장과 함께 정부투자기업체 사장들을 포함시켰다.

정치적 행동의 금지시한은 1968년 8월 15일까지로 설정했다(제
8조). 5·16 이전 모든 정치인들의 활동을 금지시킨 것이다.

당시 국가재건최고회의 법사위원장으로서 군정통치를 뒷받침
하는 입법활동을 주도했던 이석제는 정치활동정화법을 만든 곳이
중앙정보부라고 밝혔다.

그러면서 이석제는 정치활동정화법을 혁명정부 최대의 실패작
이라고 비판했다.

당시 중앙정보부에서 작성해 온 명단에는 애꿎은 국영기업체
간부들까지 들어 있어, 이분들의 활동까지 제약하는 등 많은 시행
착오가 자행됐다. 정치정화법은 정치적 경험이나 센스가 전혀 없
는 혁명정부가 범한 최대의 실패작이었다. 그것은 극히 근시안적
이고 불합리한 법이었던 것이다. 강제적인 법으로 일정 기간 동안
구시대 정치인이나 추종세력의 입을 다물게 할 수는 있었다. 그러
나 이는 그중 혁명정부에 협력자가 될 수 있는 많은 유력인사를 반
정부 인사로 내모는 결과가 되었고, 이들의 반발은 나중에 혁명정

부에 엄청난 부담을 안겨 주었다(이석제, 1995: 138~139).

혁명정신을 이어갈 새로운 정치세력의 창출

5·16 혁명공약 제6호는 "우리의 과업이 성취되면 참신하고도 양심적인 정치인들에게 언제든지 정권을 이양하고 우리들 본연의 임무에 복귀할 준비를 갖춘다."고 선언했다.

박정희와 김종필이 마지막으로 공약을 손질할 때 박정희가 갑자기 집어넣은 공약이었다. 김종필은 내심 불만스러웠으나 그냥 지나갔다. 세상을 뒤집는 일을 한 이상 군으로 돌아가진 못할 것이라고 김종필은 마음먹고 있었다.

5·16 후 이 조항이 박정희의 운신에 큰 걸림돌이 됐다.

5·16 주체세력이 군으로 복귀하겠다는 원대복귀파와 군복을 벗고 민정에 참여해야 한다는 민정참여파로 분열됐다. 혁명정신을 이어갈 새로운 정치세력을 창출해서 민정에 참여해야 한다는 것이 김종필의 생각이었다.

1961년 8월 12일 박정희는 민정이양 계획을 발표했다. 1963년 3월 이전에 새 헌법을 공포하고, 5월 총선을 거쳐 1963년 여름까지 정권을 민간에 넘기겠다고 약속했다.

그 발표 후 곧바로 김종필은 석정선 중앙정보부 제2국장을 불러 민정이양 뒤에도 구 정치인이 아닌 깨끗하고 유능한 정치세력이 정권을 잡아 혁명과업을 승계할 수 있는 방안을 연구해 보라고 지시했다.

석정선은 2국의 판단관으로 근무하고 있던 강성원에게 지시해서 학계자문을 받았다.

1961년 10월 말 석정선은 '구 정치인의 집권을 막으려면 혁명주체세력이 정권을 잡아야 하고, 그러기 위해서는 신당을 만들어야 한다.'고 보고했다.

보고를 받은 김종필은 보고서 표지에 '8·15계획'이라고 제목을 붙였다.

정치활동정화법으로 구 정치인을 묶어놓은 상태에서 신당을 만드는 것은 불법이었다. 그에 따라 김종필은 중앙정보부 주도로 비밀리 창당 작업을 시작했다.

1961년 12월 말에는 박정희의 승낙도 받았다. 김종필은 국가재건최고회의 최고위원 등에게도 알리지 않고 비밀리 창당을 진행했다(김종필, 2016a: 180).

신당 창당을 위해서는 정당의 이념과 정강·정책 등을 마련할 연구팀이 필요했다.

김종필은 사회각계 저명학자 및 엘리트 21명으로 정보부장 자문기관 성격의 연구실을 만들어 육사 교수부장을 지낸 최영두 준장을 실장으로, 강성원을 행정관으로 임명했다.

당시 연구실에는 서울대 김성희·김운태 교수, 고대 윤천주 교수, 훗날 대통령 비서실장에 오르는 김정렬, 대통령을 역임한 최규

하, 재무장관을 지낸 김학렬 등이 참여하고 있었다.

1962년에 들어서면서 창당 작업이 본격화됐다.

강성원 행정관 밑에 중정 중견간부 7명을 배치해서 활동에 들어갔다. 그리고 이들의 활동을 총괄하고 뒷받침하는 총책임을 이영근 중앙정보부 행정차장이 맡았다(이영근, 2003: 196). 김종필-이영근-강성원으로 이어지는 지휘라인이 형성됐다.

신당 사전조직의 명칭은 재건동지회로 정했다.

1962년 1월 말 종로2가 뒷골목 제일전당포 빌딩에 '동양화학주식회사'란 위장간판을 걸고 사무실을 차렸다.

신진 엘리트를 발굴해서 포섭하는 일부터 시작했다. 각계각층 인사기록 명부를 수집해서 1차적으로 50여 명을 뽑은 다음 포섭에 들어갔다. 이런 식으로 인선과 포섭을 계속하면서 전국적 규모의 조직을 만들어갔다.

김종필은 인선기준을 참신성과 진보성에 두었다고 한다. 나라를 일으키기 위해서는 진보적인 머리를 가진 사람들이 필요하다고 봤다.

이때 예춘호 부산 동아대 강사, 황성모 서울대 교수, 서인석 뉴욕타임스 서울 특파원 등이 영입됐다.

당시 새로운 인물을 영입하는 과정에 대해 김종필과 김형욱은 상반된 증언을 남겼다.

김종필은 포섭 대상자들이 신당 참여를 부탁하기가 무섭게 함께 일하겠다는 뜻을 보였다고 한다. 나라를 제대로 일으켜 세우고 싶다는 욕망들이 잠재돼 있다 기댈 곳이 생기자 대한민국 인물들이 다 모여, 김종필은 속으로 '이 나라가 될 나라로구나' 하고 생각했다고 한다(김종필, 2016a: 181).

김종필의 회고와는 달리, 뒤에 미국으로 망명해서 박정희 비판의 선봉에 섰던 김형욱은 매우 비판적인 증언을 남겼다.

동양화학주식회사라는 위장간판 아래 막대한 자금을 뿌리며 일사천리로 포섭공작을 진행시키던 재건동지회는 기본세포 확정 이후 곧 중구 북창동 소재 제동빌딩에 으스스한 재건동지회 접견실을 차렸다··· 이들은 우선 포섭대상자들과 미리 약속된 다방 따위의 장소를 제일차 접선 지점으로 삼아 만나서 커피를 한 잔 여유 있게 하면서 여자 이야기 등의 한담을 나누다가 그들을 차에 태워 접견실까지 안내하여 그 후 약 두어 시간 동안 시국관, 역사관 등을 토론하고, 때로는 반강제적으로 설득시켜 재건동지회 가입서약에 반강제적으로 도장을 찍는 수법을 사용하였다. 그 분위기는 사뭇 소름끼칠 정도였다고 알려졌다(김형욱·박사월, 1985a: 238).

김종필의 김대중 포섭 시도

5·16이 일어날 당시 김대중은 장래가 촉망되는 참신한 정치인이었다. 장면 정부의 집권당인 민주당 대변인이라는 요직을 맡고 있었다.

내각책임제 정부의 여당 대변인으로 당 총재인 장면 총리를 매일 만나 정책을 협의하고, 매일 각종 연설회와 공개 토론에 나가 여당의 정책과 입장을 설명했다.

5·16 후 새로운 정치세력을 규합하며 참신한 정치인을 찾고 있던 김종필로서는 당연히 끌어들이고 싶은 인물이었다.

김대중은 1961년 5월 13일에 치르진 강원도 인제군 보궐선거에서 처음 국회의원에 당선됐다.

그의 고향 목포에서 1954년 낙선한 이래 1958년, 1959년, 1960년 네 번의 패배 만에 거둔 승리였다. 그만큼 김대중으로서는 당선 사흘 만에 일어난 5·16에 대한 반감이 컸다.

김대중이 처음 중앙정보부에 구금된 것은 1962년 5월 20일.

장면 정부 시절 민주당 조직부장 조중서가 서울 인근 부대를 동원해서 방송국, 변전소, 정부주요기관을 점령한 다음, 박정희와 김종필을 살해한 후 새 정부를 세우려는 '반혁명' 음모를 꾸미다 1962년 5월 중앙정보부에 적발됐다.

중앙정보부로서는 조중서가 조직부장으로 활동할 당시 대변인이었던 김대중의 공모여부를 조사하는 것이 불가피해졌다.

1962년 5월 10일 이희호와 결혼한 지 열흘 만에 중정에 연행된 김대중은 한 달여간 조사를 받고 혐의가 풀려 6월 24일 석방됐다.

풀려나기 직전 김종필 정보부장은 조사 책임자인 전재구 국장을 불러 "석방하기 전 김대중 씨를 불러 풀려나면 혁명과업에 협조하도록 설득하라."는 지시를 내렸다.

하지만 김대중을 만난 전재구는 달변인 김대중이 국정에 대한 충고를 많이 해서 역으로 설득받는 입장이 되었다고 한다(조갑제, 2006d: 67~68).

김종필 부장은 1963년 1월 7일 중앙정보부장직을 사임했다. 1월 5일 박정희에게 사임의사를 밝히고 1월 7일 수리됐다. 민정 참여를 위한 대선, 총선 등 선거일정에 대비, 창당 작업을 본격화하려는 행보였다.

김종필은 그즈음 다시 김대중을 끌어들이는 작업을 시도했다.

김대중이 기억하기에 1963년 2월 김종필은 중앙정보부의 고 모 국장을 통해 김대중을 회유했다. 당시 중앙정보부 안가로 사용되던 반도호텔에서 김대중을 만난 고 국장은 앞으로 정치활동을 하려면 공화당 창당에 참여해 달라고 권유했다.

김대중은 당시 정치활동 금지로 묶여있는 상황이었다. 국가재건최고회의는 1962년 12월 31일 1차로 구 정치인 171명에 대해 정치활동 금지를 해제했다. 그러나 김대중은 거기서 제외되어 있었다.

김대중이 기억하는 고 모 국장은 중앙정보부 창설 초기 고씨 성을 가진 국장이 고제훈밖에 없었던 점으로 미루어 고제훈 국장으로 보인다. 육사 8기 출신의 청정회 멤버였다.

고 국장은 김대중에게 "당신이 실력 있고 유능하다는 것은 잘 알고 있습니다. 이미 검증된 사실입니다. 국회의원이 아니라 그 이상의 재목이라고 생각합니다. 우리가 중용하고 우대할 테니 우리와 같이 갑시다. 사람에게는 때가 있습니다. 이제는 그 재능을 펼쳐 보일 때가 왔다고 봅니다. 만일 우리 제안을 거부하면 앞으로 8년간은 정치할 생각을 말아야 할 것입니다."며 신당참여를 설득했다.

이에 대해 김대중은 "나는 당신들이 쿠데타로 쓰러뜨린 민주당의 대변인을 지냈소. 당신들은 장면 정권이 부정부패하고 나쁘기 때문에 일어났다고 말하고 있는데, 나는 장면 정권이 역사상 가장 좋은 정권이니까 국민들에게 지지해 달라고 말하고 다녔소. 이제는 거꾸로 당신네가 제일 좋은 사람들이라고 말한다면 국민들이 나를 뭘로 보겠습니까. 당신네 편에 서서 민주당은 안 된다. 공화당이 제일이다 말하면 사람들은 나를 변절자라고 손가락질할 것 아니오. 변절자를 영입해서 당신네가 득 볼 게 뭐가 있겠소. 오히려 손해만 끼칠 것이오."라며 거절했다.

고 국장이 김대중을 면담할 때 바로 옆방에는 김종필 전 부장이 면담결과를 기다리고 있었다. 김대중 설득이 여의치 않자 고 국장은 옆방의 김종필 전 부장과 면담할 것을 권유했다. 하지만 김대중은 이를 거절하고 자리에서 일어났다.

되돌아 나오는 김대중의 뒤에 고 국장이 소리쳤다. "개 같은 자식, 주둥이만 살아서 지랄하고 있네."

김대중은 '저 밑바닥에서 분노가 솟구쳐 올라왔지만 이를 참고 아무 대꾸도 하지 않았다.'고 당시 심경을 그의 회고록에 써 놓았다(김대중, 2010: 151~152).

중정 수사관 이용택의 김대중 석방 보증

김대중이 1962년 5월 20일 민주당 반혁명 사건관련 혐의로 중앙정보부에 연행됐을 때 그를 담당한 수사관은 이용택.

그 이전 김대중이 강원도 인제에서 국회의원에 출마했을 때 그 지역에서 군 범죄 수사대에 근무한 인연으로 서로 아는 사이였다.

경북 달성 출신의 이용택은 박정희가 2군단 포병단장, 6군단 부군단장 등으로 근무할 때 같은 부대의 범죄수사대, 헌병대에서 근무했던 인연으로 박정희와도 가까웠다.

이용택이 중정에 붙잡혀 온 김대중에게 혐의내용을 물었더니 김대중도 "뭣 때문에 붙들려 왔는지 모르겠다."고 했다.

이용택이 다른 수사관을 통해 알아보니 정치활동이 금지된 시기에 민주당 간부들을 만나러 당사에 자주 들른 것이 의심을 받고 있었다. 당 선전부장을 맡고 있던 김대중으로서는 당사 출입이 잦을 수밖에 없었다.

이용택은 김대중을 석방시키기로 결심하고 부인인 이희호에게 "신원보증만 해오면 즉각 석방된다."고 알려줬다. 당시 신원보증을 서기 위해서는 서기관급 이상의 공무원을 내세워야 했다.

하지만 이희호는 "집안에 신원을 보증해 줄 사람이 없다."며 보증인을 찾지 못했다.

이에 이용택은 자신이 신원보증을 서 김대중을 석방시켰다. 이용택의 신원보증으로 풀려난 김대중은 그 후 이용택과 친밀한 사이가 됐다.

그 당시 김대중과의 관계에 대해 이용택은 이렇게 회고했다.

그 후 김대중 씨는 「이왕 혁명이 일어났으니까 혁명공약을 지켜 아주 깨끗하고 양심적인 정치인에게 민정 이양해야 한다」고 말했습니다. 또 「민간이 하기 어려운 일을 혁명정부가 해야 한다」며 그 예로 부정부패, 선거부정 등을 들고 그렇게 하면 「역사에 남는다」는 말도 했습니다. 건설적이고 애국적인 말들이 많아 나는 그 내용을 박정희 의장에게 보고했습니다. DJ가 무슨 부탁을 하면 해결해 주고 국회에서 발언한 내용 중에 과격하고 잘못한 것이 있을 때 내가 설명해 주면 즉시 이를 받아들였습니다. 야당 정치인들 대부분이 선명한 민주인사로 평가받기 위해 전투적이었는데 DJ는 합리적이었죠《월간조선》, 2004.4).

국내정보 수집 및 특명사건 수사부서의 신설

행정차장 이영근이 신당 창당을 책임지면서 중앙정보부의 체계가 일부 개편됐다.

중앙정보부 창설 당시 조직은 부장 아래 행정차장과 기획운영차장, 그리고 차장의 지휘를 받는 4개국으로 짜여 있었다.

하지만 중앙정보부의 기능이 확대되면서 2개 차장, 4개국 편제로는 폭증하는 업무를 감당하기가 어려웠다.

중앙정보부가 모든 정보수사기관을 통합·조정하는 명실상부한

국가정보기구로 자리 잡으면서 업무량이 급증한 것이다.

행정·입법·사법의 3권을 장악한 국가재건최고회의 직속기관인 데다 정부부처 및 산하기관들이 자신들에게 책임이 돌아올까 두려워 스스로 처리해야 할 일까지 사사건건 중앙정보부에 문의하여 지침을 받는 것도 업무를 증가시킨 요인이었다.

박정희 의장뿐 아니라 일반 행정부처에도 지침을 하달하는 군정의 조타수 역할을 중앙정보부가 수행하고 있었다.

거기다가 신당 창당 작업까지 비밀리 수행해야 했다.

육군종합학교 출신인 강성원은 김종필 중령의 보좌관을 지낸 인연으로 혁명 뒤 신당창당과 같은 김종필 부장의 비밀스런 특명을 맡아 처리했다.

강성원은 훗날 창당 작업에 대해 이렇게 회고했다.

지금 사람들이 그때 왜 공화당을 최고회의 위원들에게도 비밀로 하여 조직했느냐고 비판하는데, 만약 알리고 했더라면 당이 되지도 않았을 것이다. 서로 주도권을 잡으려 싸움박질을 했을 것이고 그러다가 보면 악화가 양화를 구축하고, 구태의연한 정치꾼들 차지가 되었을 것이다. 비밀로 조직에 착수했기 때문에 깨끗하고 유능한 인재들을 많이 모을 수 있었다. 점조직이라 하는데 끈이 달리지 않은, 즉 파벌이 없는 순수한 인물이란 점에서 점조직이었다. 지금 돌이켜 보아도 그때 우리가 모았던 인재들이 박정희 시대 정치 엘리트의 주체로서 나름대로 활동하게 된 것이 대견스럽다(조갑제, 2006d: 35~36).

창설 후 점차 업무가 늘어나면서 중앙정보부 편제는 6개국과 비서실, 감찰실, 통신실 등 3개실을 두는 체제로 증강됐다.

이영근 행정차장은 강성원과 함께 신당창당에 전념하고 기획운영차장 밑에 정보차장보와 보안차장보를 두어 정보업무와 보안업무를 분리했다.

석정선 정보차장보 산하 1국은 정보수집, 2국은 정보분석, 3국은 통신정보 업무를 담당했다.

오탁근 보안차장보 산하의 5국은 기획보안정보, 6국은 국내정보수집과 특명사건 수사, 7국은 심리전과 홍보업무를 맡았다(조갑제, 2006d: 31).

6국장은 청정회 멤버 전재구에게 돌아갔다. 전재구는 육사 8기 졸업 후 육군본부 정보국 첩보과에서 정보업무를 시작한 후 방첩대에서 5·16 때까지 근무했다.

당시 6국은 중정직원들이 저지르는 비리를 처리하는 데 골머리를 앓고 있었다. 중정에 권한이 몰리다 보니 사회적 부작용이 일어났다.

일부 중정 직원들이 개인적 감정을 가지고 혹은 아는 사람의 부탁을 받고 무고한 사람의 인신을 연행하는 일들이 많았다. 중정의 운전수까지도 수사권을 행사하려고 했다. 누구를 잡아넣어 달라는 진정서도 산더미처럼 쌓였다.

담당국장인 전재구 6국장은 이런 실태를 김종필 부장에게 보고했다. 보고를 받은 김 부장은 전직원을 집합시켜 놓고 "앞으로 중요사건 수사에서 6국장 승인 없이는 연행해선 안 된다. 정당간부, 기업체 부장급 이상, 언론계 간부 등을 연행할 때는 6국장의 승인을 받아라. 위반하면 엄벌하겠다."고 교육하기도 했다(조갑제, 2006d: 66~67).

박정희의 김재춘 방첩부대장 해임

김종필, 이영근, 석정선 등 육사 8기 출신 엘리트 정보장교 모임인 청정회 멤버들이 정변 후 중앙정보부를 창설해서 신당 창당을 비밀리 추진하는 등 새로운 질서를 잡아가고 있을 때 여기에 정면으로 반기를 드는 세력이 주체세력 내부에 싹트기 시작했다.

바로 육사 5기 출신 방첩부대장 김재춘을 중심으로 한 원대복귀파다. 혁명공약 제6호 "혁명과업이 성취되면 참신하고도 양심적인 정치인들에게 정권을 이양하고 군으로 돌아가야 한다."는 지론을 갖고 있었다.

김재춘은 혁명공약대로 원대복귀를 당연시하고 있었는데 산하 요원들로부터 중정이 민정에 참여하는 방편으로 신당을 비밀리 창당하고 있다는 보고가 계속 올라왔다.

김재춘은 이러한 동향이 혁명정부를 전복시키려는 반혁명 모의일 수 있다고 보고 이를 박정희에게 보고했다.

김종필로부터 창당작업을 보고받아 그 사실을 알고 있었던 박정희는 "특수임무를 수행하는 요원들이라고 확인했으니 더 이상의 내사를 중단하라."는 지시를 내렸다.

하지만 박정희의 의중을 알 수 없었던 김재춘은 내사를 멈추지 않았다. 1962년 6월 그는 다시 내사결과를 박정희에게 보고하며 진의를 타진했다.

중앙정보부 창설 초기 정치참여 문제를 놓고 갈등을 보였던 김종필 초대 중앙정보부장과 김재춘 3대 중앙정보부장

"다른 사람들에게는 정치활동을 금지시켜 놓고 비밀리에 이런 정치활동을 하고 있다는 것은 바람직하지 않습니다. 각하, 장차 혁명군이 민정에 참여하여 정권을 잡겠다는 것입니까, 아니면 김종필 정보부장이 단독으로 하는 것입니까?"

"그게 무슨 소리야? 나는 전혀 모르는 소리인데, 철저히 조사해서 보고하시오."

박정희는 시치미를 뗐다(조갑제, 2006d: 38).

당시 군·검·경 합동수사본부장을 겸하고 있던 김재춘은 계속 내사를 진행했다.

마침내 이를 알게 된 김종필 중심의 육사 8기들이 맞대응에 나섰다.

김형욱, 길재호 등이 김재춘을 찾아가 "혁명동지들끼리 왜 이러

느냐."고 항의하기도 하고, 당시 중정 감찰실 소속이던 차지철 대위를 팀장으로 미행팀을 만들어 김재춘을 근접 미행하며 위협하기도 했다.

이에 대응, 김재춘도 지지세력 규합에 나섰다. 박병권 국방장관, 김종오 육참총장, 김진위 수도방위사령관, 유병현·박태준 장군 등에게 중정의 움직임을 알리고 대책을 세워야 한다고 역설했다.

그들은 중령 출신의 김종필이 중정을 세워 정국을 좌우하는 현실을 비판하며 김재춘에 동조했다. 계급이 높은 장성 그룹이었던 그들은 하급자인 영관급 출신 김종필 그룹의 독주가 못마땅했다.

5·16 거사 때처럼 군대를 동원할 경우 쉽게 박정희를 축출할 수 있는 세력이 형성됐다. 박정희가 무시하기 어려운 군권을 지니고 있었다.

그들은 수시로 김종오 육참총장을 만나 수집정보를 토대로 사태를 분석하고 대응방안을 모색했다.

그 와중에 신당 창당을 이끌던 강성원이 개입한 증권파동이 일어났다. 강성원이 증권투자가 윤응상과 결탁, 증권시세를 조작해서 얻은 수익금을 창당자금에 충당했다는 의혹이었다.

훗날 강성원은 "그때 증권시장에서 약 20억 원의 돈을 당에 가져다 썼다. 솔직히 해서는 안 되는 일을 했고 지금도 죄의식을 느낀다."고 고백했다(김종필, 2016a: 201).

김종필 역시 "당시 보고를 받지 못했고 액수가 얼마인지도 몰랐다."고 해명하면서도 "수많은 투자자가 막대한 피해를 본 증권파동에 대해 이 사건에 개입한 부서의 장으로서 도의적인 책임을 느낀다, 내가 몰랐다 하더라도 정보부가 무리한 일을 벌여 국민에게 고통을 준 건 사실이다."며 사실을 인정했다(김종필, 2016a: 198).

김재춘은 6월 말 김종오 총장과 함께 박정희를 찾아가 "강제수사를 해서라도 정보부에 대한 국민의혹을 풀어야 한다."고 건의했다.

박정희로서는 김종필 중심의 민정참여파와 김재춘 중심의 원대복귀파 중 어느 한편을 선택해야 하는 결단의 순간이 다가왔다.

그 순간 박정희는 김종필의 손을 잡았다.

1962년 7월 12일 김재춘을 해임하고 정승화를 방첩대장에 앉히는 한편 원대복귀파를 지지하던 김성은 해병대사령관도 예편시켰다. 김재춘은 재청在廳 최고위원이라는 한직으로 밀려났다.

김종필 중앙정보부장의 승리였다.

중앙정보부가 워커힐을 건설한 이유

워커힐은 중앙정보부가 만들었다.

그 이유는 주한미군의 휴가 달러를 벌어들이는 데 있었다.

1961년 10월 미8군 사령관 멜로이 대장이 김종필 부장에게 제안해서 주한미군의 휴양을 위해 조성된 시설이 워커힐이다.

멜로이는 김종필에게 주한미군의 휴가제도가 안고 있는 문제에 대해 먼저 설명했다. 당시 주한미군 5만 6,000명 가운데 1년에 3만

명 넘게 휴가를 가는데 거의 모두 일본으로 가고 있었다. 국내에는 휴가를 보낼 휴양지가 없었기 때문이다.

그러면서 멜로이는 안보상의 문제점을 덧붙였다. 북한이 남침할 경우 일본으로 휴가 간 미군이 돌아와 전투태세를 갖추는 데 한 달 이상의 시간이 걸려 전력상 큰 차질을 빚을 수 있다는 우려였다.

이러한 문제를 해결하는 방안으로 멜로이는 미군이 휴가를 보낼 수 있는 리조트를 만들 수 있느냐고 타진했다.

김종필이 들어보니 한국으로선 안보 공백도 메우고, 가만히 앉아서 외화도 벌어들일 수 있는 일석이조의 효과가 있었다.

김종필은 중앙정보부 주도로 리조트 건설을 추진하기로 결심하고 석정선 2국장을 책임자로 지명했다.

리조트의 이름은 김종필이 직접 워커힐로 지었다. 6·25전쟁에 참전했다가 동두천 근처에서 지프차가 전복되어 숨진 워커Walton H. Walker 미8군 사령관을 기리는 의미에서 워커의 언덕이라는 뜻으로 지었다고 한다.

호텔과 붙어있는 빌라에도 역대 유엔사령관들의 이름을 따서 맥아더관, 밴플리트관 등으로 이름을 붙였다.

석정선 국장은 2국 1과장 임병주 중령을 이사장 겸 건설사무소장으로 임명하고 조선호텔 지배인 출신과 교통부 관광국장을 고문으로 영입해서 건설작업을 시작했다.

호텔객실에 쓰이는 문손잡이, 화장실 변기, 가구 등을 모두 수입해 오는 등 당시로서는 최고품질의 건설자재와 공사기술이 총동원됐다.

주한미군을 유치하기 위해서는 그들 눈높이에 맞는 국제수준의 휴양시설을 지어야 했다.

1962년 6월 26일에는 워커힐을 관리할 회사로 국제관광공사를 창립했다. 워커힐 건축이 현대적인 관광산업을 진흥시키는 도화선이 됐다.

1962년 2월 25일에 착공한 공사는 열 달 만인 1962년 12월 완공됐다.

중앙정보부는 공기工期와 비용을 줄이기 위해 육군 공병대와 군 형무소에 있는 죄수들을 동원하고, 육·해·공군·해병대의 트럭도 지원받았다.

김종필은 훗날 이 과정에서 적절한 행정절차를 거치지 않았을 수 있으나 돈을 빼 썼다는 건 터무니없는 말이라고 반박했다.

워커힐 공사현장을 둘러본 김종필 중앙정보부장과 6·25전쟁 때 미 8군 사령관 제임스 밴플리트 (출처 네이버)

김종필에 의하면 당시 서울공대 교수와 외국 건축 전문가들은 건설비용을 800만-1,000만 달러로 추산했으나 실제로는 그 5분의 1 정도인 220만 달러만 투입해서 10개월 만에 완공시켰다고 한다.

워커힐은 완공 후 건설취지에 맞춰 외국인만 출입을 허용시켜 주한미군이 대부분 고객이었다.

워커힐이 개관한 1963년 기준으로 국내 관광외화 수입이 521만 달러였는데 주한미군이 소비한 액수가 221만 달러로 전체의 43%를 차지했다. 그 대부분이 워커힐에서 벌어들인 수입이었다(김종필, 2016a: 195~196).

공사의 70% 정도를 맡았던 삼환건설의 최종환 사장은 워커힐을 지으면서 배운 신기술을 가지고 해외 건설시장 개척에 나서 해외건설업계의 선구자가 됐다.

당시 국내정보 담당 전재구 6국장은 워커힐을 지으면서 외국에서 호화 자재를 들여오는 데 불만이 많았다. 동기생이 큰일을 벌이고 있는 게 걱정도 됐다.

전재구는 석정선을 찾아가 물었다.

"석 국장, 우리나라는 지금 제1차 경제개발 5개년 계획에 들어갈 외화를 구하기 위해 기업인들이 외국에 나가서 구걸하다시피 하고 있어. 그런데 워커힐 건설이다 해서 외화를 낭비하고 있는 것은 무슨 일인가 말이야."

그에 대해 석정선은 "전 국장. 모르는 소리 하지 마. 워커힐 공사는 임야 52만 평방미터에 미군용 위락시설을 만드는 것인데, 이게 완공되면 연간 200만 달러의 외화를 벌 수 있어. 미군 5만 명이 일본에 가서 달러를 몽땅 쓰고 돌아오는데 이 돈을 잡아야지."라며 전 국장을 달랬다고 한다.

전재구는 석정선의 박식한 이야기와 자신의 단견이 부끄러웠다 (조갑제, 2006d: 60).

중앙정보부 4대 의혹사건의 진실

중앙정보부 창설 시기 또 하나의 주요한 사업은 새나라 자동차 생산사업이었다.

1963년 1월 7일 김종필 부장이 중앙정보부장직을 사임한 뒤 정치적으로 코너에 몰렸을 때 반김종필 세력은 워커힐 건설, 새나라 자동차 사업, 증권파동, 빠칭코 등을 '4대 의혹사건'이라고 부르며 정치쟁점화했다.

이들 네 가지 사업에 중앙정보부가 개입해서 거액의 돈을 챙겼다는 주장이었다.

김종필은 타계하기 전 증권파동에 대해서는 사과했으나 다른 사업들에 대한 의혹은 인정하지 않았다.

빠칭코는 5·16 이전 민주당 정권에서 발생한 일로 자신이나 중앙정보부와는 전혀 관계없는 헛소문이라고 했다.

새나라 자동차 사업은 자신이 기획한 사업이며 자동차공업을 부흥시키는 데 목적이 있었다고 인정했다.

1961년 10월 대만의 쌍십절 행사에 참석했던 김종필과 석정선은 귀로에 일본에 들렀다.

중앙정보부 창설에 참여했다가 일본에 참사관으로 나가 있던 최영택이 둘을 안내해서 도요타, 닛산 등 일본의 자동차공장들을 견학했다.

당시 동양에서 자동차를 만드는 나라는 일본뿐이었다.

거기서 최영택이 소개한 재일거류 민단 부회장 출신의 실업가 박노정이 김종필 부장에게 한국의 자동차 조립공장에 투자할 의향을 보였다.

그에 따라 박노정이 자본금 1억의 30%를 대고, 한일은행 융자금이 70% 투입된 새나라 자동차 주식회사가 1962년 1월 29일 조선호텔에서 창립총회를 가졌다. 석정선 2국장이 발기인 7명 가운데 1명으로 선정됐다.

일본 닛산의 소형차 블루버드를 부품 형태로 수입하여 국내에서 조립, 시판하기로 하고 부평에 연간 6,000대 생산규모의 공장을 세웠다.

1962년 8월 열린 부평 새나라 자동차 공장 준공식에는 박정희 최고회의 의장도 참석했다.

그런데 운영 도중 박노정이 갑자기 미국으로 도피하는 사고가 생겼다.

김종필은 박노정의 도피사유를 자세히 밝히지 않았으나 훗날 미국으로 망명한 김형욱은 박노정과 김종필이 이익배당을 둘러싸고 갈등을 벌이다 박노정이 국회에 진정서를 투서하는 일이 일어나자, 김종필이 이를 알고 체포령을 내려 박노정이 서둘러 일본으로 도피했다고 주장했다.

그러면서 김형욱은 김종필이 적어도 25억 원 이상의 자금을 거둬들이고 중앙정보부가 직접 개입하였다고 주장했다(김형욱·박사월, 1985a: 217). 미국으로 망명한 뒤 박정희 정부를 비방하는 데 골몰하던 그의 말을 액면 그대로 믿기는 힘들다.

박정희 국가재건최고회의 의장이 경기도 부평의 새나라자동차 생산공장을 둘러보고 있다. 새나라 자동차는 우리나라가 생산한 최초의 세단 자동차로 4기통 1200cc의 엔진을 장착하고 있었다.

김종필은 "의혹을 제기하는 쪽은 내가 공장설립과 차량생산 과정에서 20억 원의 정치자금을 빼돌렸다고 주장하는데 돈을 대던 사람이 미국으로 도망가 회사가 망했는데 어떻게 수십억원을 빼돌릴 수 있겠느냐."며 의혹을 부인했다.

새나라 자동차 사업과 관련 김종필은 박정희의 내면을 엿볼 수 있는 일화를 하나 남겼다.

부평공장에서 조립한 새나라 자동차 1호차가 나오던 1962년 8월 27일.

김종필은 부평에서 직접 운전하여 청와대에 들어가 박정희를 태우고 서울 시내를 드라이브했다. 늦은 해가 진 종로에는 동대문까지 가로등이 켜져 있었다.

가로등이 켜진 서울의 야경을 바라보던 박정희가 "이런 가로등이 시내도로 전체에 세워져 불을 밝힐 때가 언제쯤일까. 불 켜진 가로등을 보니 환하고 좋네." 하며 웃었다(김종필, 2016a: 199~200). 전기도 가로등도 없던 시절 박정희 대통령이 꿈꾸던 소망이었다.

1인당 국민소득 83달러의 세계 최빈국, 국가예산의 절반 이상을 미국원조에 의지하던 예속경제 국가, 하루 세 끼도 못 먹어 춘궁기가 오면 영양실조로 목숨을 잃는 국민이 허다했던 나라가 당시 한국이었다.

새나라 자동차 사업을 주도하던 김종필과 석정선은 5·16 직전 관상을 잘 보던 역술인 백운학을 찾아간 적이 있다. 당시 백운학은 자유당 말기 정치인·정부 관료들의 운명을 잘 맞춰 유명세를 타고 있었다.

두 사람은 1960년 9월 영관급 장교 16명을 데리고 최영희 합참의장을 찾아가 정군의지를 따진 일로 입건되어 하극상 죄로 1961년 2월 함께 군복을 벗은 인연이 있다.

육사 8기를 졸업한 최우수 장교 30명만 육군본부 정보국에 배치될 때 함께 선발된 동기였다.

5·16 직전에 김종필은 석정선에게 혁명에 가담하라고 권유했으나 석정선이 "나는 처자식이 있는 몸이라 못 하겠다."며 거부해서 주체세력에서는 빠졌다.

강제 예편당한 후 석정선은 자동차 두 대를 사서 운수사업을 했다. 그런데 자동차 사고가 자주 나서 속을 썩였다.

석정선과 김종필은 석정선의 사업운세를 알아보려고 백운학을 찾아갔다. 당시 종로 5가 제일여관 안방을 빌려 손님을 맞던 백운학을 찾아가니 손님이 많아서 줄을 서고 있었다.

차례가 되어 석정선이 안방에서 관상을 보고 김종필은 마루에 걸터 앉아있는데 백운학이 자꾸 김종필을 쳐다보더니 "됩니다!" 하고 소리쳤다.

김종필이 "뭐가 됩니까?" 하고 되물으니 "아. 지금 준비하는 혁명…"이라고 했다.

정변을 준비하던 김종필은 속내가 들킨 것 같아서 "아 여보쇼! 누굴 죽이려고 엉뚱한 소리를 하쇼!" 하고 딱 잡아뗐다.

그만하고 앞에 앉은 사람의 관상이나 보라는 김종필의 말에 석정선을 바라보더니 "이 사람, 사복 입고 왔지만 중령 아니면 대령 출신인데, 그 바퀴 달린 거 그만 처분하라."고 했다. 운수업을 접으라는 말이었다. 두 사람은 백운학의 용한 예언에 놀랐다.

이를 계기로 김종필은 관상에 깊은 관심을 가지게 된다. 운명의 정기를 추적하는 게 관상이라고 믿었다.

5·16 직후인 1961년 7월에는 박정희를 데리고 백운학에게 저녁을 샀다. 서울시청 뒤편 중구 다동의 한 요릿집에서 저녁을 먹던 백운학은 종업원들을 잠시 물린 뒤 "각하, 한 20년은 가겠습니다. 소신껏 하십시오."라고 했다.

식사를 마치고 나오면서 김종필은 백운학에게 조용히 "그다음엔 어떻느냐."고 물었다. 백운학은 김종필의 귀에 대고 속삭이듯 "이상한 괘인데요. 그 무렵에 험하게 돌아가실 것 같아요."라고 했다.

김종필은 예사롭지 않은 예언이라고 생각하면서도 박정희에게는 말하지 않았다고 한다(김종필, 2016a: 55).

반공법의 제정

반공법은 1961년 7월 3일 제정되어 1980년 12월 31일 폐지된 법률이다.

중앙정보부의 탄생 및 소멸과 맥을 같이한다.

인터넷 포털에 '반공법'을 치면 한국민족문화대백과, 위키백과,

두산백과 등 백과사전에 모두 5·16 군사정변 이후 공산주의 활동을 처벌하기 위해 제정·공포된 법률이라고 해설하고 있다.

5·16 혁명공약 1호인 '반공을 국시의 제일의로 삼고 지금까지 형식적이고 구호에만 그친 반공태세를 재정비 강화한다.'는 공약을 이행하기 위한 법률이라고 설명하고 있다.

이는 정확하지 않은 해석이다.

반공법은 5·16 이전 장면정부에서 제정을 시도하다 혁신계 정당과 사회단체의 반발로 제정에 실패한 법이다. 장면정부 때 제정에 실패한 법률을 5·16 직후 제정했다고 기술하는 것이 정확한 표현이다.

이승만 하야 후 허정 과도정부 시기 국회는 자유민주적 기본질서와 관련해서 두 가지의 법률을 제개정했다.

그 하나는 1960년 5월 29일 집회 및 시위에 관한 법률을 제정한 것이다. 구정권과의 투쟁과정에서 국민에게 약속한 사항을 이행해야 한다며 집회 및 시위에 관한 허가제를 신고제로 바꾼 법률이었다.

집회 주최 측이 24시간 전에 관할 경찰서장에게 집회 목적·일시·장소 등을 신고만 하면 집회가 가능해졌다.

그 결과 사회문제를 제도와 절차에 의해 해결하기보다는 데모를 통해 해결하려는 데모 만능풍조가 만연됐다.

또 다른 하나는 국가보안법을 개정한 것이다. 5월 30일 국가보안법을 개정했다.

자유당 정권의 몰락을 재촉한 1958년 2·4 보안법 파동 때 신설된 조항들을 대폭 삭제했다. 전문 40조에서 전문 16조로 축소됐다. 삭제된 주요 법조문은 아래와 같다.

조항		삭제조문
제4조		본법에서 국가기밀이라 함은 정치·경제·사회·문화·군사 등 국가방위상의 이익을 위하여 외국정부와 적에게 비밀로 보지(保持)할 것을 요하는 문서·도서 기타의 물건, 사실 또는 정보를 말한다.
제11조	1항	적을 이롭게 할 목적으로 국가기밀을 탐지 또는 수집하거나 이를 방조한 자는 사형 또는 무기징역에 처한다.
	2항	적을 이롭게 할 목적으로 국가기밀을 누설한 자도 전항의 형과 같다.
제12조	1항	전조의 경우를 제외하고 적을 이롭게 할 목적으로 국가의 정치·경제·사회·문화·군사에 관한 정보를 수집한 자는 10년 이하의 징역에 처한다.
	2항	적을 이롭게 할 목적으로 관공서, 정당, 단체 또는 개인에 관한 정보를 수집한 자도 전항의 형과 같다.
제40조	1항	국군정보기관의 장교, 준사관 및 하사관은 제10조, 제11조와 제18조 제1항에 규정된 죄를 범한 일반인을 본법과 형사소송법의 규정에 의하여 수사할 수 있다.
	2항	전항의 범죄수사에 있어서는 검사의 지휘, 명령에 복종하여야 한다.

하지만 사회질서가 걷잡을 수 없이 문란해지자 장면 정부는 1960년 12월 초부터 데모규제법과 반공임시특별법 제정을 추진했다.

데모규제법은 국가기관과 공공건물 주변에서의 데모를 금지하는 것이 골자였다. 당시 여당인 민주당의 선전부장이었던 김대중도 데모규제법 입법의 필요성을 강조했다(이정식, 1986: 186).

처음 장면정부는 반공법 제정보다는 국가보안법 재개정을 모색했었다. 1960년 12월 13일 장면은 참의원에서 "보안법을 갖다가 독소를 뺀다고 너무 지나치게 빼놓아서 빨갱이를 잡아 다스리려고 해도 법률의 미비점에 철저하게 할 수 없다."며 재개정 필요성을 역설했다.[1]

그러나 사회문란 분위기에 틈타 남북교류론, 판문점 남북학생회담 등 북한과 연계된 급진통일운동이 확산되자 장면정부는 국가보안법 재개정 대신 반공법 제정으로 방향을 전환했다.

이러한 정부방침에 대해 혁신계열은 데모규제법과 반공법을 2대 악법으로 규정하고 전국 각지에서 반대시위를 극렬하게 전개했다.

1961년 3월 22일에는 서울시청 앞 광장에서 혁신계 주최로 반민주악법 성토대회가 열렸다. 10여 명의 연사들은 "4월 혁명을 모독하는 반공법은 민주주의를 말살하는 것이며, 장면 정권은 데모규제법으로 정당한 국민의 의사발표와 평화적 시위를 봉쇄하고 그들의 영구집권을 시도하고 있다."고 비난했다. 야간에는 극렬한 횃불시위를 벌였다.

이와 같은 반발에 부딪친 장면 정부는 반공법 대신 국가보안법 개정안을 만들고 집회와 시위운동에 관한 법률안을 성안하여 국회에 제출했다. 그러나 통일민주당, 사회당 등 혁신정당과 사회단

---

1. 참의원 속기록, 1960년 12월 13일자.

체들은 여전히 두 법안의 철회를 요구하며 반발하는 가운데 5·16 정변이 일어났다.

이처럼 반공법은 장면 정부에서 제정을 추진하다 좌절된 법안이었다. 장면 정부 때 여당인 민주당이 반공법 제정을 추진하면서 1961년 3월 17일 발표한 성명은 법제정의 필요성을 아래와 같이 설명했다.

▲ 반공임시특별법안(시안)에 대한 국민제현의 비판을 바란다

1. 머리말

혁명 후에 따르는 혼란과 자유를 악용하여 공산세력의 교란활동이 일익 증대되고 있는 현실정하에 있어 국가의 안전과 국민의 자유를 확보하기 위한 대책의 하나로서 입법조치도 강구해야 하겠다는 논이 여야의원 및 일반 국민 간의 애국인사들 사이에 고조되고 있음에 비추어 본당과 정부는 그 법안의 「시안」(그 후 일부 수정된 것 포함)을 제시하였던바 다음에 그 경위, 내용 등을 개진하면서 국민제현의 비판을 받고자 한다.

2. 2·4파동 당시 이후의 정세변화(입법의 필요성)

3년 전 2·4파동 당시의 국가보안법안은 야당, 언론 및 국민탄압을 주목적으로 한 것이었기 때문에 우리는 극력 반대했던 것이며 그 당시의 정세는 그 폭압적 독재를 여하히 방지해내겠느냐 하는 면에서 몸부림쳤던 것이고 장차 적기나 김일성 만세를 고창하는 등등의 사태가 전개되리라고는 전혀 몽상조차 못하면서 그 당시 본당은 독소내퍼규정들을 모조리 지적·반대하는 성명서를 발표하고 그 규정들을 완전 제거한 법안의 초안까지 작성하였다.

그러므로 4월혁명 직후에는 전술 3년 전의 성명서 및 초안을 기준으로 하여 국가보안법을 고치게 되었던 것이다.

그 후 혁명 뒤에 수반되는 혼란과 거의 무제한으로 보장된 자유를 악용하여 공산세력의 교란활동이 우심하여가고 적기가 고창 기타 여러가지 신형태의 불온한 양상이 전개되고 있는바 현행법으로써는 처벌할 조문이 없으므로 그 불비점과 맹점을 보완할 필요성을 느끼게 되었고 이에 관하여서는 전술과 같이 각계 우국인사들 사이에 논의되어왔던 것이다.

그러므로 2·4파동 당시와 현재와의 간에 생긴 크고 급격한 '정세변화'가 이 입법을 필요하게 만든 것이다.

중정이 비밀리 시작한
한일국교 정상화 교섭

중앙정보부가 창설 직후 역점적으로 추진한 또 하나의 사업은 한일 국교를 정상화시키기 위한 물밑 교섭이었다.

정식 국교가 개설되어 있지 않은 상황에서 비밀정보기관이 교섭에 나서는 것이 국익에 유리했다. 이승만 정부 이래 국교정상화 교섭이 계속되어 왔으나 그때까지 진전이 없었다.

김종필 부장의 지휘 아래 비밀 교섭의 실무를 맡은 인물은 최영택.

5·16 직후 김종필의 지시를 받아 청정회 멤버들을 소집해서 중앙정보부 창설을 주도했던 인물이다.

중앙정보부 창설 당시 최영택이 첩보부대 첩보과장으로 있었기 때문에 보안을 요구하는 한일교섭에도 그가 최적임이었다.

청정회 멤버인 이영근 차장에게는 신당 창당작업, 석정선 국장에게는 워커힐 건설과 새나라자동차 창업, 최영택에게는 한일국교 정상화 작업이 맡겨진 것이다.

최영택은 국교 정상화 작업을 위해 중앙정보부 창설이 마무리되자마자 주일 대표부 참사관이라는 직함으로 일본에 파견됐다.

김종필은 최영택에게 당시 일본 수상이었던 이케다 하야토池田勇人와의 면담을 비밀리 주선하라고 지시했다.

김 부장이 비밀리 추진할 것을 강조한 것은 비밀정보기관의 장이 일본 수상을 만났다는 사실이 외부에 공개될 경우 국내로부터 극렬한 반발이 일어날 것을 우려한 때문이었다.

당시 한일회담은 누군가는 해야 하지만 욕을 먹을까 봐 전면에 나서기를 꺼려하는 뜨거운 감자였다. 김종필은 그러기 때문에 중앙정보부장인 자신이 이 문제에 나설 수밖에 없었다고 회고했다 (김종필, 2016a: 248).

그즈음 미국 케네디John F. Kennedy 대통령이 박정희 의장을 초청했다. 김종필은 박정희가 미국을 방문하는 기회를 이용하여 박정희와 이케다 일본 수상과의 면담을 추진키로 결심했다.

이 정상회담을 마련하기 위해 1961년 10월 25일 일본 국회의사당 총리실에서 이케다 총리를 만난 김종필은 한일국교정상화가 혁명과업의 하나임을 강조하며 박 의장이 미국을 방문하는 길에 일본에 들러 일본 총리와 회담을 가질 것을 제의하여 동의를 받았다.

김종필과 최영택의 노력으로 1961년 11월 12일 도쿄에서 박정희-이케다 정상회담이 이뤄졌다.

박정희는 "일본이 대일 청구권에 성의를 보인다면 우리는 평화선 문제에 신축성을 보이겠다."는 입장을 보였다.

이 회담으로 박정희 정부의 대일교섭에 물꼬가 트였으나 1년여간 큰 진전이 없었다. 한일 양측의 복잡한 국내정치 문제가 진전을 막고 있었다.

그러한 난관을 타개하기 위해 김종필은 다시 일본을 방문하는 계획을 추진했다. 미국 국무부와 중앙정보국CIA의 초청으로 미국을 방문하는 기회를 이용할 계획이었다.

최영택이 일본 외무성 아세아국장에게 1962년 10월 21일 양측이 만날 것을 제안했다.

하지만 그날이 일요일로 이케다 수상의 휴양계획이 잡혀있어 적당하지 않다는 일본 측 의견에 따라 하루 앞당겨 10월 20일에 하되, 오히라 마사요시大平正芳 외상을 동석시키기로 합의됐다(이도성, 1995: 117). 김종필-오히라의 첫 대면이 성사된 것이다.

방미길인 1962년 10월 20일 김종필-오히라 1차 회담이 열렸다. 박정희는 미국으로 떠나는 김종필에게 대일 청구권 금액을 8억 달러 정도에서 합의하라는 지침을 줬다(김종필, 2016a: 219).

1차 회담에서 쌍방의 의사를 타진한 김종필은 귀국길인 1962년 11월 12일 일본에 들러 오히라와 2차 회담을 가졌다. 세 시간여 많은 얘기가 오갔으나 타협점이 보이지 않자 김종필은 "두견새가 울지 않거든 울게 해야 한다."는 도요토미 히데요시의 고사를 꺼내며 오히라를 압박했다.

결국 오히라는 '무상 2억 달러, 유상 3억 달러, 총 5억 달러'라는 복안을 꺼냈다. 이에 대해 김종필이 다시 '무상 3억, 유상 2억, 1억 플러스알파(민간)'라는 대안을 제시하여 김종필의 대안대로 타협이 이뤄졌다.

이것이 유명한 '김종필-오히라 메모'이다. 두 사람은 오히라 외상의 사무실에 있던 메모지에 합의내용을 각각 써서 대조해 보고 확인했다.

다음 날인 11월 13일 귀국한 김종필로부터 합의내용을 보고 받은 박정희는 "잘했어, 수고했어."라며 만족감을 보였다(김종필, 2016a: 225).

일본과의 합의를 이끌어낸 후 두 달이 채 안된 1963년 1월 7일 김종필은 중앙정보부장직을 사임했다. 신당 창당에 전념하려는 의도였다. 실무를 맡았던 최영택 주일 대표부 참사관도 1963년 3월 28일 귀국했다(이도성, 1995: 416).

그 후 한일교섭 창구가 외무부로 이관되면서 회담이 답보상태를 보였다. 1964년에는 한일국교 정상화 회담에 반대하는 극렬한 데모가 일어났다.

이런 과정을 거쳐 1965년 6월 22일 일본 총리 관저에서 한일국교 정상화 조인식이 열렸다.

다음 날 이동원 당시 외무장관은 청와대를 방문해서 박정희에게 조인 서류를 결재받았다. 박정희가 서류에 사인하면서 "대체 이 서류를 몇 개 가져오는데 몇 년이 걸린 건가."라고 독백처럼 말했다.

그러자 옆에 서있던 외무부 담당국장이 "자유당 시절부터 햇수로 15년입니다."라고 보고했다(이동원, 1992: 271).

김-오히라 메모의 '6억 달러'는 1965년 양국 외무부간 타결과정에서 8억 달러로 조정됐다. 박정희가 처음 구상한 금액이었다.

이 자금은 포항제철(1억 3,000만 달러)과 경부고속도로 건설, 소양강 다목적댐 건설에 요긴하게 쓰였다.

김종필은 타계 직전 청구권 자금을 나라 세우는 밑천으로 삼겠다는 혁명정부의 구상이 성공해 보람을 느낀다고 술회했다(김종필, 2016a: 223).

한편, 박정희는 한일국교 정상화 회담이 교착상태에 빠져있던 1964년 1월 박태준을 불러 일본과 비밀교섭에 나서도록 지시했다.

박태준은 그때 군에서 예편한 후 관계 혹은 정계진출을 권유하는 박정희의 권유를 뿌리치고 미국 유학을 준비하고 있었다.

박태준을 일본으로 보내며 밝힌 박정희의 심경에 그 당시 중앙정보부가 대일협상을 비밀리 추진할 수밖에 없었던 이유가 잘 나타나 있다.

"대통령에 취임하여 국정을 파악해 본바, 가장 중요한 문제는 경제개발이다. 이미 시행 중인 제1차 경제개발 5개년 계획 및 그 이후의 지속적인 경제개발을 성공시키기 위해서는 현실적으로 재원을 여하히 조달하느냐 하는 것이 핵심적인 과제이다. 1차 경제개발계획의 중점이 되고 있는 사회간접자본이나 기간산업 부문에 대한 투자를 계획대로 시행하지 못하게 되면 이는 곧 혁명공약이나 대통령 선거공약을 저버리는 일이며, 나라의 장래도 암담해지게 된다. 결국 돈이 문제인데 당분간은 세수가 크게 늘어날 가능성도 없고 국가로서의 신용을 인정받지 못하고 있는 상황인 외자도입 가능성도 거의 무망한 실정이다.

그래서 여러 가지 생각을 해보았는데, 그나마 단기간 내에 재원을 확보할 수 있는 방안이란 것은 한일국교정상화를 조기에 실현시켜서 무상 3억 불 유상 3억 불 정도로 기 합의된 대일청구권 자금을 활용하는 길밖에 없다는 생각에 도달하게 되었다. 그래서 혁명 직후부터 한일국교정상화를 서둘렀던 것이고, 김종필과 오히라 당시 외상간에 금액의 대강에 관해 합의한 것은 1년도 넘었지만 어업문제 등으로 인해 아직도 합의에 이르지 못해 답답한 상황이다.

그러나 타결이 지연되고 있는 진짜 이유는 상호간의 불신과 일본 내의 정치적 사정 때문이라고 본다.

지난 12월 대통령 취임식에 일본대표로 자민당의 오노 부총재가 왔길래 그 사람과 회담을 하면서 여러 가지 이야기를 했는데 전체적으로는 일본 정계가 성의를 가지고 대응하려는 자세이나 각 파벌이나 개인의 정치적인 이해에 따라 일부 문제가 있으므로 정상적인 루트를 통한 외교도 중요하지만 그와 함께 일본사회의 전통적 관습인 소위 '네와마시'라는 비공식 접촉이 대단히 중요한 시기라는 얘기를 하더라.

박태준 전 포항제철 사장. 박정희 전 대통령은 1964년 1월 미국 유학을 준비중이던 박태준을 청와대로 불러 일본 정계 실력자들을 비공식적으로 광범위하게 접촉, 교착상태에 빠진 한일 국교정상화 교섭을 개척하라는 밀명을 내렸다.

오노 씨는 바로 그러한 역할을 하면서 한일교섭에 회의적인 사람들을 설득할 수 있는 인물을 보내 달라면서 그러한 인물의 자격요건으로, 첫째 대통령께서 확실히 신임할 수 있는 인물, 둘째 대통령과 오래 함께 있어서 각하의 의중을 잘 알 수 있는 사람, 그리고 무엇보다 중요한 것은 통역 없이 충분히 모든 얘기를 할 수 있는 사람이어야 한다는 말을 했다.

내가 수일 동안 이 문제를 두고 곰곰이 생각해 보았는데 아무래도 적임자는 자네 한 사람밖에는 없는 것 같다. 자네는 장관이나 국회의원직도 마다하고 미국에 가서 공부할 준비를 하고 있다는 것 알고 있지만, 이번 일 역시 국가의 사활이 걸린 중요한 문제이니 넉넉잡고 1년만 더 수고를 해 주었으면 고맙겠다.

국내에서는 한일수교와 관련해 정치자금 수수의 흑막이 있느니, 굴욕적이니 뭐니 해서 비판도 많고, 반대도 격심하지만 우리가 언제까지 미국 놈들에게서 밀가루나 얻어먹고 사는 게 자존심을 지키는 것이냐. 나라경제를 일으키기 위해서는 이 길밖에 없다는 게 내 신념이다.

설사 굴욕적인 측면이 있더라도 우리가 이 기회를 살리지 못하면 두고두고 왜놈들에게 더 큰 굴욕을 받아가며 살아야 할 것이다. 나는 내 정치생명을 걸고 이 일을 추진할 생각이니 자네도 그쯤 알고 일해 주기 바란다.(이도성, 1995: 194~196)"

반김종필 전선의 형성

김종필이 중앙정보부를 기반으로 그 세력을 확장해 나가자 이에 대한 반기류도 확산됐다.

5·16 후 1년여가 지나면서 육사 8기 중심의 김종필 세력과 육사 5기 중심의 반김종필 세력으로 혁명주체세력이 분열됐다.

혁명과업 계승을 위해 민정에 참여해야 한다는 김종필 중심의 민정참여파와 혁명과업 완수 후 군으로 복귀해야 한다는 김재춘 중심 원대복귀파의 노선 대립이 선명하게 드러났다.

두 세력은 중정이 비밀리 추진해 온 창당 작업이 공개되면서 정면충돌했다.

1962년 12월 23일 워커힐에서 김종필 중앙정보부장과 이영근 중앙정보부 차장은 국가재건최고회의 최고위원들에게 신당 준비 내용을 브리핑했다. 최고위원 송년모임 자리였다.

김종필 부장과 이영근 차장이 "신년도 정치활동 재개를 앞두고 혁명이념을 주체적으로 추진할 조직을 사전에 짜놓아야 했다. 정치활동이 금지돼 있어 극비리에 조직했으니 양해 바란다."면서 신당의 골격을 설명했다.

하지만 브리핑이 끝나자마자 김재춘, 김동하, 오정근, 강상욱 등이 거세게 항의했다. "네가 뭔데 우리를 좌지우지 하느냐.", "너 혼자 막 뛰는데 우리는 뭐냐."고 고함을 지르며 재떨이와 접시를 집어던지는 등 난장판이 됐다.

박정희 의장이 "당 만드는 일은 김 부장이 나한테 사전에 보고하고 허락받고 한 것이다."며 달랬으나 반발을 수습하기 어려웠다 (김종필, 2016a: 192).

이렇게 김종필 세력과 반김종필 세력이 분열될 때 김형욱은 김종필을 적극 비호하며 김종필 편에 섰다. 그 이유를 김형욱은 이렇게 설명했다.

그 와중에서 나는 다만 김종필을 옹호한다는 이유만으로 비판의 초점이 되고, 내가 김종필의 똘만이로 전락하고 말았다는 모욕을 받으면서도 묵묵히 이를 감수하였다. 아무도 나의 참된 저의를 헤아리지 못하고 있었다…

김종필은 5·16 이후 1962년 말까지의 1년 반 동안 그가 가지고 싶어 했던 모든 것을 가졌고 그가 행사할 수 있는 모든 것을 행사하였다. 우선 그는 중앙정보부라는 한국역사상 최대, 최강의 권력기관을 장악하였다…

그러나 이러한 김종필의 독주 속에서 거의 유일무이하게 배겨난 사람은 바로 나 김형욱이었다. 나는 매우 정력적이고 돌다리도 두드려 건널 만큼 매사에 붙여 튼튼함을 신조로 하고 있었다. 나는 김종필의 앞에서는 매우 우직함을 과시하였고 김종필을 사뭇 견제하곤 했으나 단 한 번도 결정적으로 대립하지 않았다. 그러나 나는 결코 김종필의 부하로 머리를 수그리지는 않았다.

육사 8기생 동기 중에서도 이병희 같은 사람은 김종필에게 충성을 맹세하고 중앙정보부 서울분실장 정도의 자리도 넙죽 받아들였지만 나만은 자신의 입장을 고수하였다.

나는 훗날을 기다리고 있었다. 나는 박정희가 최고 권력자로 자리를 지키고 있는 한 김종필과의 대립은 오직 자신을 소모시킬 뿐이라는 사실을 누구보다도 잘 알고 있었다. 그동안 나는 최고회의 내에서 홍종철, 길재호 등과 소위 「김홍길(金洪吉)」라인을 구축, 박정희를 지지하는 최고회의 안의 다수파를 이끌며 내무위원장, 운영위원장 등의 요직을 차지하여 정보책임을 지고 자기 나름의 정보조직망을 확장시키고 있었다.

한편 중앙정보부 안에도 적지 않은 심복을 심어두어 중앙정보부의 활동상에 대해서는 김종필 다음으로 아니 어떤 경우에는 김종필보다 더 정통해 있었다. 나는 부하들의 마음을 사로잡는 데 남모르는 재능을 가지고 있다고 자부하고 있었다. 김종필의 약점에 가장 정통해 있는 장본인도 바로 나 김형욱이었다.

나는 언젠가는 김종필이 중앙정보부장을 내놓게 될 것이고 내가 중앙정보부를 장악하리라고 믿고 있었으며 참으성 있게 이를 기다리고 있었다. 그러나 나는 결코 스스로 노력하지 않고 박정희나 김종필 특히 김종필에 의해서 자신이 추천되는 절차를 기다리고 있었다…

주목할 만한 점은 그 전체의 소용돌이 속에서 지지태도를 시종일관 견지하고 있던 나에게마저 김종필은 진심으로 고맙다는 인사 하나 제대로 하려 들지 않았다. 나는 쓸쓸한 기분으로 말없이 김종필의 독주와 오만을 바라보고만 있었다(김형욱·박사월, 1985a: 242~243, 224~225).

초대 중앙정보부장 김종필에 대한 찬사와 비판

1961년 5월부터 1963년 1월까지 1년 6개월간 중앙정보부장을 지낸 김종필 부장 시기의 공功과 과過에 대해서는 긍정과 부정이 교차한다.

조갑제 기자는 김종필 부장 체제는 명암이 엇갈리지만 그 뒤 기관차처럼 대한민국호가 달리게 되는 궤도를 깔았다는 점에 대해서는 이견異見이 없다고 평했다.

박정희 의장의 충실한 머리와 손발이 된 김종필과 정보부는 근대화의 사령탑이 될 권력구조와 경제발전의 기반이 된 여러 제도를 만들고 굳히는 데 있어서 때로는 제안자로서 때로는 감독자로서 활동했다고 호평했다.

그 순기능의 요인으로 조갑제는 중앙정보부가 보유한 통합·조정권을 지적했다. 정보부가 군·검·경의 수사권을 독점·통제함으로써 권력을 집중시킬 수 있었다는 것이다(조갑제, 2006d: 66).

예춘호는 중앙정보부가 공화당을 사전 조직할 때 부산·경남지역 책임자로 영입한 인물이다.

그는 중앙정보부 부산지부장의 주선으로 1962년 11월 29일 부산 동래관광호텔에서 김종필 부장을 만나 4시간여 면담 끝에 신당 참여를 결심했다.

당시 김종필 부장과 함께 있던 김형욱 최고회의 내무위원장은 "믿음직합니다." 하며 좋아했다.

예춘호는 김종필에 대해 프랑스 대혁명 시기 로베스피에르나 생쥐스트 같은 '불세출不世出의 혁명가'라는 인물평을 남겼다. 첫 만남에 이지적이고 냉철하며 나이에 비해 침착하고 조용하다는 느낌을 받았다고 한다.

예춘호는 김종필이 이끈 중앙정보부에 대해서도 긍정적으로 평가했다.

나는 특히 중앙정보부 조직을 보면서 그의 능력에 감탄했다. 자유당 때도, 민주당 때도, 중앙정보부와 같은 국가중앙정보기관을 만들어야 한다는 소리는 있었다. 이후락 씨가 그런 조직을 만들기 위한 기관의 장(長)을 지냈지만, 결국 성사되지 못했다. 그런데 혁명 직후 중앙정보부를 창설해 국내 보안, 방첩, 해외정보 등은 물론이고, 공화당 사전조직 같은 일까지 해내는 '국가 안의 국가'를 만들어낸 것이다. 나중에 들은 바로는 중앙정보부도 창설 초기에는 경찰 정보를 가져다가 쓰는 수준에 불과했지만, 얼마 지나지 않아 자체적으로 높은 수준의 정보를 생산해 내게 되었다고 한다. 중앙정보부가 한 일 중에는 부정적인 일들도 있었지만, 어쨌든 짧은 시간 내에 그런 조직을 만들어낸 JP의 능력은 탁월했다고 생각한다(《월간조선》, 2015.4).

이에 반해 김형욱은 초대 중앙정보부장 김종필을 혹평했다. 혁명적 풍운아였고 난세를 요리하는 경세의 책략가였으나 태평한 시대를 다스리는 지도자는 아니었다는 것이다.

김형욱은 회고록에서 그 시기 김종필을 이렇게 논했다.

중앙정보부장 김종필의 권력은 가위 하늘에 나르는 새도 떨어뜨리고 울던 아이의 울음을 그치게 할 정도였다. 그러나 혁명주체세력과 최고회의 내에서는 끊이지 않고 김종필에 대해 결전을 선포하는 라이벌이 속출되었다.

김종필은 비범하고 치밀한 두뇌를 가지고 있었다. 그는 정치인으로서 매력이 있었고 상당한 설득력도 겸비해 있었다. 그러나 그에게 끊임없는 라이벌이 생기는 이유는 그의 철저한 오만과 독선적 태도 때문이었다.

그는 기분이 좋을 때는 노상 생글거리며 이야기한다. 그러나 상대방의 눈을 뚫어져라고 들여다보는 그의 길게 찢어진 눈언저리에는 다른 사람은 안중에도 없다는 고고한 오만이 깃들어 있었다.

그는 칠전팔기(七顚八起)하는 강인성을 가지고 있었고 정치적 라이벌을 비정하리만큼 무자비하게 없애버리는 잔인함도 가지고 있었다. 그러나 그에게는 정치적 라이벌로 하여금 결전을 보류하거나 포기하게 하고 그들에게 평온함을 주어 그를 용서하게 하는 분위기를 만들지 못하는 숙명적인 약점을 지니고 있었다(김형욱·박사월, 1985a: 223).

김형욱과 함께 김대중도 김종필의 중앙정보부를 비난했다.

(1961년) 6월 10일 중앙정보부를 설치하는 법안이 공포되었다. 초대 정보부장은 김종필 씨였다. 모든 정치 공작과 사찰의 음모가 여기서 배양되었다. 공포의 정보 정치는 이때부터 시작되었다. 이후로 한국의 정치는 중앙정보부에서 조종하였다.

중앙정보부는 박정희 정권 18년 동안 정권 수호의 첨병이었다. 수많은 정치인과 민주 인사들이 정보정치에 희생됐다. 조직적 부정부패, 인권과 민주주의 말살의 총본산이었다. 역대 선거 부정도 여기서 지휘했다. 군사 정권을 지키는 무소불위의 권력기관이었다. 나아가 정보부는 전두환, 노태우 등으로 이어지는 군인 대통령의 칼이 되었고 반대편을 쓰러뜨리는 총구가 되었다. 그 총구는 나에게 정조준되어 있었으니 내 정치인생은 늘 바람 앞의 촛불이었다. 그들은 세상 끝까지 나를 따라다녔다. 중앙정보부를 만들었던 김종필 씨 역시 나중에는 정보정치

의 피해자가 되었다. 그는 정보부의 회유와 협박에 여러 차례 국외로 쫓겨나야

했다. 역사의 아이러니였다(김대중, 2010: 145).

제7장

김형욱과 김재춘의
암투

김형욱과 김재춘의 2대 정보부장 쟁탈전

김종필이 초대 중앙정보부장직을 사임한 직후 박정희가 후임을 임명할 때 그 경위를 가장 가까이서 지켜본 인물은 김형욱.

그의 회고록에 따르면 김종필이 정보부장직 사임의사를 박정희에게 밝힌 다음 날(1963.1.6.) 김형욱과 김종필은 박정희의 부름을 받았다.

그 자리에서 박정희는 김형욱에게 내일(1963.1.7.) 제2대 중앙정보부장으로 임명하겠다고 통고했다.

하지만 1월 6일 저녁 김재춘과 김용순 최고위원이 박정희를 찾아갔다. 두 사람은 중앙정보부장직을 최고위원 중에서 지명해 줄 것을 요구했다.

공화당 사전조직 문제로 극렬하게 반발하고 있던 최고회의 분위기를 박정희로서도 무시할 수 없는 상황이었다.

더구나 그해 1월 1일부로 구 정치인의 정치활동이 허용되면서 정치활동이 활발해졌다. 윤보선, 김병로 등 구 정치인들은 정치규제가 풀리자마자 1월 3일 가칭 민정당이란 이름으로 단일 야당을 만들기로 합의했다.

송요찬 전 내각수반은 박정희의 대통령 출마를 반대하는 성명을 1월 8일 발표했다.

당시 중앙정보부는 국가재건최고회의 산하기관이었다. 그런 만큼 최고위원들의 요구를 무시할 수도 없었다.

국가재건비상조치법(제2조)은 "국가재건최고회의는 5·16 군사혁명과업 완수 후에 실시될 총선거에 의하여 국회가 구성되고 정부가 수립될 때까지 대한민국의 최고통치기관으로서의 지위를 가진다."고 규정하고 있었다.

행정, 사법, 입법의 3권을 장악하고 있던 최고통치기관이었다. 국가재건최고회의는 최고위원 32인으로 구성되어 있었다.

그 최고위원들의 요구를 박정희는 배제하기 어려웠다. 결국 박정희는 최고회의의 압력에 밀려 김용순을 제2대 중앙정보부장에 임명했다.

1월 7일 아침 일찍 김형욱을 부른 박정희는 최고회의 내 장성들의 압력에 굴복해서 김용순을 지명했다고 알리며 구 정치인들이 들고 일어나고 있는 데다, 공화당 사전조직으로 여론이 들끓고 있어 최고회의 내부에서 마저 반발세력이 커지면 우리는 사면초가가 된다며 우선 시간을 버는 것이 필요하다고 김형욱을 달랬다.

그러면서 김재춘이가 하고 싶어 하는 것을 간신히 김용순으로 임명했다고 밝혔다. 김용순은 선량한 사람이고 김재춘은 보통내기가 아니라는 이유도 들었다(김형욱·박사월, 1985a: 227~228).

김용순은 박정희가 부산 군수기지사령관으로 있을 때 참모장을 지낸 인연이 있었다. 5·16 직후 경남지구 계엄사령관으로 지명되었으나 혁명을 자신하지 못해 계엄사무소 간판을 두 번이나 떼었다 걸었다 하는 등 우유부단한 모습을 보여 5기와 8기 모두로부터 비난을 받고 있었다(김충식, 1992: 68~70).

박정희는 김형욱에게 "자네가 실질상의 정보부장"이며 "자네의 창의력과 과감한 추진력을 기대한다."고 위로하기도 했다.

하지만 김형욱은 맥이 빠진 기분으로 자리를 물러나왔다는 심경을 그의 회고록에 적었다.

김용순을 중앙정보부장에 앉힌 박정희는 김재춘을 최고회의 문교사회위원장으로, 김형욱을 최고회의 내무위원장으로 임명했다.

당시 최고회의 내무위원회는 중앙정보부 관할 기관으로 국가치안업무와 정보를 총괄하고 중앙정보부 예산과 활동을 통제하는 중앙정보부 상급기관이었다.

김형욱이 내무위원장에 부임하기 이전까지는 유명무실한 한직에 불과했으나 김형욱이 그 자리를 차지하면서 영향력이 커졌다. 그 당시 중앙정보부와의 관계에 대해 김형욱은 이렇게 회고했다.

눈치로 밥 먹고 산다 해도 과언이 아닐 만큼 권력의 부침에 예리한 촉각을 지닌 중앙정보부의 요원 및 실력자들이 내 밑으로 제 발로 정치적 투항을 해 와서 충성을 서약하는 일이 속출되는 현상도 어쩌면 당연한 현상이 아닐 수 없었다. 더욱이 그들은 새 김용순 체제 아래서 목이 잘릴까 보아 전전긍긍하는 처지였고 게다가 그들 중에는 이미 나의 심복들이 김종필의 사람이라는 위장 아래 오래전부터 잠복해 오던 터였으니, 아무도 심지어 박정희와 김종필 자신들도 눈치채지 못할 만큼 은밀하게 나의 영향력은 급속히 팽창하고 곳곳에 정착하고 있었다(김형욱·박사월, 1985a: 235).

차지철 팀의 난동과 2대 부장의 조기 낙마

5·16 주체세력이 1964년 2월 15일 발간한 「5·16 군사혁명의 전모」란 책자를 보면 차지철은 5·16 당시 장면 총리가 근무하던 반도호텔을 점령하는 점령조였다.

총리를 체포하는 책임을 맡고 있던 박종규 소령은 공수단 중대장들을 조장으로 1개조에 30-50명의 병력을 배치해서 11개조를 점령조 및 요인 체포조로 편성했다.

엘리베이터조, 정문 계단조, 좌우측 계단조 등 6개조로 편성된 점령조의 엘리베이터조 조장이 차지철 대위였다. 다른 5개조에게는 외무부장관, 내무부장관 등의 체포임무가 주어졌다(한국군사혁명사편찬위원회, 1964: 106~107).

중앙정보부가 창설된 후 차지철을 비롯한 조장 11명이 주축이 된 점령조와 요인 체포조는 중앙정보부로 편입됐다.

기존의 정부기구와는 다른 새로운 기구가 생기면서 소속이 애매한 정변주체들이 중정에 적을 두게 되었다.

당시 행정차장 이영근이 볼 때 차지철의 공수단 출신 팀은 수준이 떨어지는 멤버들이었다. 수사기록 한 줄 쓸 줄 모르면서도, 정보부 직원이라고 행세하며 여기저기 행패를 부리고 다니는가 하면, 자기들끼리도 툭하면 권총을 빼들고 우격다짐을 벌이곤 했다.

차지철 팀은 이영근 차장의 운전수를 매수해서 이영근의 동향을 체크, 박정희 의장에게 보고하기도 했다.

혁명주체에 끼지 못한 이영근을 무시한 처사였다.

이를 알게 된 박종규는 이영근을 찾아가 일러주며 "차지철 때문에 혁명이고 뭐고 다 틀렸다."고 욕을 하기도 했다(김충식, 1992: 48). 이영근은 육본 정보국 행정과장으로 근무할 때 박종규를 인사계장으로 데리고 있었다.

제2대 중앙정보부장 김용순이 조기에 낙마한 것도 차지철 팀의 말썽 때문이었다.

박정희 의장이 진해 별장에 내려가 있던 어느 날 박종규 경호대장에게 긴급한 전화가 걸려왔다.

차지철 팀 내 신임 김용순 부장을 따르던 파와 김용순에 반대하는 파가 장충동 박정희 의장 공관에서 대판 싸우는 일이 벌어지자 김용순 부장이 감찰실의 병력을 보내 의장 공관을 포위해서 싸움을 말렸다는 것이다.

박종규가 판단하기에 최고통치권자가 집을 비운 사이 그 집에서 싸움을 벌이고, 집 주위를 포위한 것은 최고통치권자에 대한 예우에 크게 어긋나는 일이었다.

보고를 받고 다음 날 서울로 올라온 박정희에게 사과하러 김용순이 비행장까지 마중 나갔으나 박종규의 제지로 박정희를 만나지도 못했다.

이러한 일들이 겹쳐 김용순은 취임 45일 만인 1963년 2월 21일 해임되고 김재춘이 제3대 중앙정보부장으로 부임했다.

김재춘에 물먹은 김형욱의 계략

김형욱은 김종필이 물러난 중앙정보부장 자리를 차지하려고 했으나 김용순에게 밀렸다. 이어 제3대 부장 역시 김재춘에게 돌아갔다.

김종필에게 줄을 섰던 김형욱으로서는 낙심할 수밖에 없었다.

박정희는 김재춘의 민정불참 압력에 밀려 결국 그를 제3대 부장에 임명(1963.2.21.)했다.

김재춘이 5기파·이북파·장군파 세력을 끌어모아 박정희에게 민정 불참을 선언하도록 압력을 넣었고, 결국 박정희는 그에 굴복해서 김재춘을 중앙정보부장에 임명한 것이다.

김형욱의 회고록에 따르면 1963년 2월 17일 육군참모총장 공관에서 비밀회합이 있었다. 육군참모총장 김종오, 해군참모총장 이맹기, 공군참모총장 장성환, 해병대 사령관 김두찬, 그리고 최고회의 최고위원 박태준과 유양수가 이 모임에 참석했다.

모임을 주도한 김재춘은 "혁명을 하자고 모인 것이 아니라 박정희 의장이 민정참여의 잘못된 길을 가는 것을 막기 위해 자리를 주선했다."며 "끝까지 진지하게 설득하면 박정희가 거절을 하지 못할 것"이라고 주장했다. 참석자들도 모두 동의의 뜻을 보였다.

육군참모총장 김종오는 참석자들의 권유에 따라 박정희를 찾아가 뜻을 전했다. 그에 박정희는 그날 저녁 아홉시에 참석자들을 모두 데리고 오라고 전한 후 김종오를 돌려보냈다.

김종오를 돌려보낸 박정희는 김종필, 김형욱, 길재호, 홍종철 등과 대책회의를 가졌다.

김종필이 그들을 체포해 버리자고 했으나 논란 끝에 일단 군지휘부의 민정불참 건의를 받아들이기로 결정했다(김형욱·박사월, 1985a: 260~269). 이보 전진을 위한 일보 후퇴였다.

만남이 지연되어 그다음 날 새벽 2시 김재춘, 김종오, 박태준 등을 만난 박정희는 민정불참을 약속했다.

이어 그날 아침인 1963년 2월 18일 '5·16혁명의 정당성을 인정, 앞으로는 정치적 보복을 일제 아니할 것' 등의 9개 조건을 제시하고, 이 조건이 수락된다면 자신은 민정에 참여하지 않겠다고 언론에 천명했다.

2·18 민정불참 선언의 연속선상에서 김재춘에게 중앙정보부장 자리도 넘어간 것이다. 증권파동 등 4대 의혹사건으로 민정참여파인 김종필 세력이 코너에 몰리던 때였다.

김종필은 민정참여 반대파의 등쌀에 못 배기고 '자의 반 타의 반' 외유를 떠났다.

이 시기의 김재춘에 대해 김형욱은 이렇게 평했다.

김재춘은 머리가 조직적은 아니었으나 수단이 좋고 다혈질적이며 뱃심이 대단한 인물이었다. 뱃심이 대단하다는 점에 있어서 나와 비견할 만하였다. 김재춘은 두 사람을 존경하고 있었다. 박병권과 박정희…

(그때) 김재춘이 승세를 탄 대군의 지휘관이었다면 나는 이제 한번 일패도지(一

敗塗地) 당한 후 정신없이 쫓기다가 가까스로 진용을 정비한 패군의 선봉장인 격이었다. 무용을 뽐내던 첫 번째 선봉장 김종필이 상대편 장수 김재춘에 의해 댕강 목이 날아간 현장을 목격했던 군졸들이어서 나의 진영의 사기는 말이 아니었다. 나는 접전을 벌이다가 김재춘이 사납게 추격하면 패색을 과장하며 쫓겼고 추적이 뜸하면 다시 진용을 짰다. 그러나 새로 등장한 선봉장 나에게는 계교가 있었다. 나는 승승장구하는 김재춘의 자만심을 역이용하여 김재춘을 돌이킬 수 없을 만큼 깊은 계곡으로 유인하고 있었다.

전쟁이 인간의 역사에 등장한 이래 항상 지적되면서도 줄곧 반복되는 승자의 오만이 김재춘을 지배하고 있었고 항용 그렇듯이 김재춘은 쫓기는 패군의 새 선봉장인 나를 과소평가하고 있었다.

나는 김재춘이 나를 얕잡아 보는 것을 내심 참기 어려웠으나 바로 그 사실 때문에 자신이 언젠가는 김재춘을 물리칠 수 있으리라고 굳게 믿고 있었다. 때로는 김재춘이 나를 무시하도록 유도하였다(김형욱·박사월, 1985a: 253, 273).

김재춘 부장의 김종필 계열 청산작업

1963년 2월 18일 박정희의 민정불참 선언이 나오자마자 다음 날 박병권 국방장관이 3군 지휘관과 공개 회동한 다음, 이 선언을 지지하는 성명을 발표하고, 김종필이 공화당 창당준비위원장직을 사임(2.20)한 후 자의 반 타의 반 해외로 외유(2.25)를 떠나는 등 김종필 세력이 급격히 퇴조하는 기세를 보였다.

2월 27일에는 박병권 장관과 각군 책임자들이 다시 '박의장 등 혁명주체세력의 군 복귀를 환영한다.'는 성명을 발표했다.

여기에 덧붙여 김재춘은 중앙정보부 내 김종필 잔재세력을 청산한다며 차장은 물론 국장급 전원과 지부장 등 간부 31명을 전격적으로 경질하고 대규모의 기구개편을 단행했다. 신임 차장에는 박원석 공군참모차장, 정보차장보에는 김동배 해군준장, 보안차장보에는 여운상 서울지검 부장검사를 임명했다(조갑제, 2006d: 132).

김종필 계열을 숙청한 다음 김재춘은 전두환, 김복동 등 육사 11기를 정보부 실무부서의 요직에 앉혔다. 5·16 직후 방첩부대장으로 근무할 때 함께 일했던 노태우의 건의를 대폭 수렴한 인사였다.

노태우는 방첩대에 그대로 남겨 두었으나 전두환 대위를 중앙정보부 인사과장에, 권익현, 최찬욱, 박갑용, 주경헌 대위 등을 감찰실의 주요과장에, 김복동 대위를 서울지부 학원팀장에 보임했다(노태우, 2011: 122~123).

인사이동과 조직개편에 이어 3월 2일 4대 의혹사건을 수사하기 위한 특별조사위원회를 중앙정보부 안에 설치하여 조사한 후 증권파동 주동자인 김종필의 심복 강성원, 차장보 석정선, 재정 담당 전 최고위원 유원식 등 15명을 3월 6일 구속했다. 위궤양 수술 치료를 받던 이영근 차장은 불구속 입건됐다(김형욱·박사월, 1985a: 283~284).

이와 같은 일련의 김종필 세력 청산작업과 함께 김동하, 박창암, 박임항 등 11명을 쿠데타 음모 혐의로 3월 11일 구속했다. 대부분 김종필에 반대 입장을 보여 오던 반김종필 세력이었다.

중앙정보부내 김종필 세력을 청산하는 작업을 벌이면서 부외에 있던 반김종필 세력도 거세한 것이다.

이에 대해 김형욱은 "권력에 취한 김재춘이 한때 자신과 뜻을 같이하던 반김종필 파를 자기 손으로 잡아들여 자해행위를 저지른 것이고, 박정희로서는 반김종필계의 선봉장 김재춘을 회유해서 반김종필계의 아성을 무너뜨린, 흡사 적의 무기로 적을 친 격이 되었다."고 김재춘을 조롱했다(김형욱·박사월, 1985a: 285).

김재춘의 김종필 사형 시도와 불발

이승만 정부 말기 국방부 장관을 지냈으나 비교적 청렴한 생활과 미 CIA 한국 지부장 드 실바와의 친분관계 등으로 4·19와 5·16의 격변기를 무난하게 보낸 김정렬.

박정희의 일본 육사 선배였다.

그는 회고록에서 김재춘 중앙정보부장이 김종필을 사형시키려 했으나 자신이 말렸다는 증언을 남겼다.

그 경위를 보면 이렇다.

5·16 후 정치규제에 묶여있던 김정렬이 해금된 지 열흘 지난 1963년 1월 10일 김종필 전 중앙정보부장이 사람을 보내 자기를 데리러 왔다.

사전 협의도 없이 불쑥 사람을 보내온 행위가 몹시 불쾌했다. 그 사람을 따라 가보니 새롭게 창당하는 민주공화당의 발기인 모임이었다.

김정렬이 마음을 진정시킨 후 그 배경을 찬찬히 짚어보니 4·19 때 같이 내각에 있었던 홍진기 전 내무장관을 구명하는 과정에서 김종필 부장에게 신세를 진 것이 발단이었다.

혁명정부가 홍진기를 사형시키려 한다는 것을 안 김정렬이 생면부지였던 김종필 부장을 찾아가 홍진기를 살려주면 무슨 일이라도 하겠다고 부탁한 사실이 있었다. 그 결과 홍진기는 무기징역으로 감형됐다.

창당 발기인은 김정렬을 비롯 김종필, 김동환 등 12명이었다.

그런데 창당대회 예정일인 그해 2월 26일을 하루 앞두고 김종필이 2월 25일 외유를 떠났다. 그러자 박정희 의장이 김정렬을 불러 김종필이 맡기로 했던 당 의장을 맡으라고 강요해서 갑자기 당 의장이 됐다.

그 무렵 3월 6일 중앙정보부가 신임 김재춘 부장의 지휘 아래 4대 의혹사건 수사경위를 발표한 지 얼마 후 장택상 전 총리가 김정렬을 불렀다.

장택상은 이승만 정부 때 국무총리를 지낸 인물이다. 그러나 김정렬은 장택상을 잘 알지 못하는 사이였다.

김정렬을 부른 장택상은 김종필과 관련된 정보를 알려줬다.

자신의 비서가 육군 검찰부장하고 친한데 4대 의혹사건 기소장을 작성하면서 김종필을 사형시키는 내용으로 작성하고 있다는 정보였다.

그러면서 장택상은 "내가 야당 된 처지에 전혀 관여할 바가 아니고, 김종필이 죽든 살든 관계없는 일이나 김종필을 제거하기 위하여 허무맹랑하게 과장된 고소장이 공개되면 현재 나라를 책임지고 있는 박정희 의장에게도 파장이 미칠 것이고, 나라에 커다란 혼란이 올 것"이라고 걱정했다.

김정렬이 그런 중요한 정보를 왜 자신에게 말하느냐고 반문하자 장택상은 "당신이 전에 국방장관을 지냈고, 현재는 공화당 의장직을 맡고 있으니, 어떻게 좀 해볼 수 있지 않을까 해서 말하는 것이오! 당신도 알다시피 나는 박정희 의장을 전혀 알지 못하고 김종필 씨와는 더군다나 알지 못하오. 하지만 이렇게 중요한 시기에 나라가 어지러워져서는 안 된다는 우국충정에서 어떻게 좀 해볼 수 없을까 해서 이렇게 만나자고 한 것"이라고 부른 이유를 설명했다.

장택상으로부터 얘기를 듣고 박정희를 찾아간 김정렬은 김재춘 부장을 불러 설득하면 어떻겠느냐는 대안을 제시했다. 그러자 박정희는 며칠 전 공정하게 처리하라고 지시를 내렸는데 자신이 어떻게 설득하겠느냐며 김정렬에게 설득을 부탁했다.

김정렬이 김재춘 부장을 잘 알지도 못하는데 자신이 어떻게 설득하느냐며 고사했으나 박정희가 강권하는 바람에 결국 한번 해보겠다고 답변하고 말았다.

김정렬은 당시 육군참모총장이었던 김종오가 창군 때부터 같이 일해서 자신을 형님으로 대우하며 잘 따르는 사이이고 김재춘 부장과도 친한 점을 감안, 김종오를 찾아갔다.

처음 김종오는 "내버려 두십시오. 설마하니 죽이기야 하겠습니까?" 하고 대수롭지 않게 말했으나 김정렬이 정치적 파장을 우려하며 설득하자 김재춘 부장에게 전화를 걸어 신당동에 있는 자신의 집으로 오라고 했다.

약속시간보다 서너 시간 늦게 자정이 넘어서야 김종오 집에 나타난 김재춘 부장에게 김정렬이 김종필을 사형시킬 경우 예상되는 정치사회적 파장을 설명하며 재고를 요청했다.

하지만 김재춘은 "아닙니다. 김종필 그놈은 아주 괘씸한 놈입니다. 고소장 내용은 사실 그대로이고, 바꿀 수가 없습니다."며 단호한 태도를 보였다.

김정렬이 "필요 이상의 과격한 고소장이 나가게 되면 김종필뿐만 아니라 박의장까지 다치게 될 터인데, 도대체 당신은 박의장을 그렇게 곤경에 빠뜨릴 의도가 있는 것이오?"라며 거듭 설득했다.

김재춘은 "김종필 때문에 그러는 거지요. 김종필은 아무튼 가만히 놔두어서는 안 됩니다."라며 완강한 태도를 보이다가 결국 고소장을 변경하겠다고 약속했다(김정렬, 2010: 273~277).

당시 김재춘 부장이 차지하고 있던 위세와 김종필에 대한 적개심을 엿볼 수 있는 대목이다.

김재춘 신당의 박정희 옹립 실패

김종필과 김재춘은 박정희를 정점으로 충성경쟁을 벌였다. 김종필이 박정희의 조카 사위라는 인연과 함께 박정희가 불우했던 시절 육본정보국 전투정보과에서 함께 근무하며 청정회 멤버들과 박정희를 잇는 중심고리 역할을 하고 있었다면, 김재춘도 군복무 시절 박정희와 깊은 인연을 맺었다.

김재춘은 6·25전쟁 중 제9사단이 창설될 때 장도영 사단장, 박정희 참모장 밑에서 군수참모를 지냈다. 당시 군수참모는 미 군수지원물자를 다루던 요직이었다.

생활물자가 부족할 정도로 가난했던 그 시기 미국의 군수물자는 최첨단의 신식 물품이었고 국민들도 선호하는 물자였다. 군수품에 대한 상당한 재량권을 행사하던 사단의 군수참모는 사단장, 참모장의 가정 살림까지 도맡고 있었다.

5·16 당일 혁명군의 지휘부가 차려졌던 6관구의 참모장이었던 김재춘은 혁명에 기여한 공로로 군·검·경 합동수사본부와 육군방첩부대장을 겸임하는 요직을 맡았다.

수사권을 장악했다는 점에서 김종필과 자웅을 겨룰 만한 지위였다.

그러다가 민정참여와 원대복귀 문제를 둘러싸고 김종필과 노선다툼을 벌이다 한때 방첩부대장직에서 밀려났다.

하지만 제3대 중앙정보부장에 부임하면서 다시 군·검·경을 완전히 장악하는 권한을 쟁취했다.

게다가 경쟁자인 김종필을 외국으로 추방시킴으로써 자신에게 더 이상 도전할 인물이 없다는 자신감에 차 있었다.

김재춘이 새로운 정당의 창당을 추진할 선봉을 맡았던 것도 이러한 배경에서였다.

원대복귀의 압력에 밀려 민정불참을 선언했던 박정희는 그해 3월 16일 돌연 군정을 4년 연장한다고 선언하고, 이를 국민투표에 부치겠다고 발표하는가 하면, 불과 며칠 후인 4월 8일에는 다시 국민투표 보류를 선언했다.

그러면서 박정희는 10년 동안의 정국안정, 과거의 파벌을 초월한 범국민적 정당이 필요하다고 언급했다.

김종필이 조직한 민주공화당이 구 정치인의 배제를 원칙으로 삼고 있었던 데 비해 박정희가 새롭게 언급한 범국민 정당은 과거 정치인까지 포함하는 정당이라는 차이점이 있었다.

김재춘은 박정희의 뜻을 받들기 위해 범국민 정당을 만드는 데 전력을 기울였다. 중앙정보부의 자금도 대폭 창당자금에 투입했다(김형욱·박사월, 1985a: 315).

박정희도 한때 김정렬 공화당 의장에게 공화당을 해체하라는 지시까지 내렸다가 번복했다(김정렬, 2010: 278~283).

여기서 박정희가 김종필의 민주공화당을 놔두고 새롭게 신당 창당을 추진한 것에 의문이 남는다.

이에 대해 김형욱은 이렇게 풀이했다.

- 김종필 주도 신당 창당 작업에 배제되어 있던 혁명주체세력이 상당한 소외 감을 보이고 있었기 때문에 이들을 포함한 구 정치인까지 묶어 정치세력화함으로써, 소외된 혁명주체세력들에게 정치참여의 기회를 주고 이에 참여하는 세력과 반대하는 세력으로 구 정치인들을 분열시킬 수 있는 효과를 거두려는 계획 -

이러한 전략에서 박정희는 김재춘에게 범국민적 정당의 필요성을 역설, 그로 하여금 정신없이 범국민 정당 조직에 몰입하도록 유도했다고 김형욱은 봤다(김형욱·박사월, 1985a: 315~316).

공화당 해체까지 추진했던 박정희는 한 달여 후인 5월 15일 "범국민 정당의 출현은 나의 신념적이며 희망적인 주장이었다. 정당이 출현되기 전에는 자신의 참여여부를 말할 수 없다."며 범국민 정당에서 한발 물러서는 태도를 보였다.

그 열흘쯤 뒤인 5월 27일 민주공화당은 박정희를 대통령 후보로 지명했다.

박정희는 8월 30일 군복을 벗고 민주공화당에 입당한 데 이어 다음 날 당 총재와 대통령 후보 지명을 수락했다. 이로써 범국민 정당 창당을 추진해 오던 김재춘은 완전히 소외됐다.

그 시기 김재춘에 대해 김형욱은 이렇게 평했다.

"모든 종류의 정치인들을 그들의 정치적 배경과 이해관계에 구애됨이 없이 참으로 참신하고 알찬 범국민 정당으로 포용할 수 있다는 가설假說 그 자체가 철저한 부당전제不當前提였음을 김재춘은 깨닫지 못한 것이다(김형욱·박사월, 1985a: 318~319)."

김재춘이 주도한 범국민 정당은 그해 7월 1일 창당준비위원회를 구성하고 9월 3일 '자유민주당'이란 간판으로 창당됐다.

7월 13일 중앙정보부장직을 사임하고 자유민주당에 입당한 김재춘은 송요찬 전 내각수반과 함께 최고위원에 추대됐다.

노태우의 반란과 정승화의 수습

"1963년 7월 6일 02시 공화당 사전 조직을 주도한 40명을 체포하여 처단한다."

방첩대의 노태우, 중앙정보부의 전두환·김복동 등이 꾸민 친위 쿠데타 계획이었다.

김재춘이 김종필 세력을 제거하기 위해 역점적으로 추진한 4대 의혹사건 수사는 1963년 6월 27일 군사재판에서 증권파동 관련자 10명 전원에 대해 '애국적 충정의 결과'라고 판시, 무죄를 언도함으로써 김재춘의 완패로 결말지어졌다.

그 직후 방첩대의 노태우, 박정희 의장의 전속부관이었던 손영길 소령이 김재춘 정보부장을 찾아왔다. 당시 노태우는 육사 11기부터 시작된 4년제 육사제도 졸업생들의 모임인 북극성회의 회장을 맡고 있었다.

"몇몇 동지들과 함께 의분을 참을 수 없어 4대 의혹관련자와 부패분자들을 우리 손으로 제거해 버리자는 이야기를 했는데 어떻게 생각하십니까?"

김재춘 자신도 군재의 무죄판결에 강한 불만을 가지고 있었으나 청년 장교들에게 경솔하게 동조할 수는 없었다.

"귀관들의 울분에 대해서 나도 이해는 하지만 그렇게 하면 일종의 쿠데타가 되는 것이 아니겠나. 국민의 여론도 있고 하니 무슨 조치가 내려지기를 기다려 보기로 하지. 모든 결정권은 오직 박정희 의장만이 가지고 있다는 것을 명심해!" 하며 달래서 보냈다(김충식, 1992: 78).

그런데 노태우 등은 거기에 그치지 않고 모의를 계속했다.

동아일보 김충식 기자가 당시 수사기록을 바탕으로 구성한 기록에 따르면 이 사건이 처음 모의된 것은 1963년 7월 2일이었다.

150여 명이 참여한 북극성회 총회가 끝나고 그날 저녁 노태우 집에서 노태우, 정호용, 김식, 노정기 등 4명이 증권파동 재판결과 등에 대해 불만을 나누다 거사 계획이 논의됐다(김충식, 1992: 80~81).

그런데 정호용, 김식 두 사람이 평소 친분이 있던 김용건 대령에게 이 사실을 언급했다. 김용건은 농협 기획관으로 파견 나가 있던 군인이었다. 깜짝 놀란 김용건은 중앙정보부 전재덕 감찰실장을 찾아가 이 사실을 알렸다.

하지만 전재덕이 아무런 반응을 보이지 않자 농협 감독관으로 함께 파견되어 있던 김기봉 대령에게 이 문제를 상의했다.

두 사람은 고민 끝에 이 정보를 국가재건최고회의와 공화당 간부에게 알려주기로 했다.

7월 5일 김용건은 국가재건최고회의 소속 길재호, 김기봉은 공화당 조직부장 김우경에게 제보했다. 제보를 받은 김우경은 즉각 치안국 정보과장 구자춘, 서울시경 국장 정우식에게 통보했다.

김우경은 전날 김종필의 측근인 김용태로부터도 같은 내용을 전해 듣고 있었다. 김용태는 육사 12기 출신인 윤영엽 대위로부터 관련내용을 제보받았다.

훗날 김형욱은 회고록에서 윤영엽으로부터 이 사실을 제보받고 박정희에게 윤영엽을 면담시킨 것으로 기록해 놓았다(김형욱 · 박사월, 1985a: 321).

7월 5일 그날 김재춘 부장은 박정희 의장을 수행해서 진해 별장에 머무르고 있었다. 김재춘이 긴급전화를 받은 것은 그날 밤 12시 무렵이었다.

정보부 이상무 국장이 "육사 11기 출신 장교들이 중심이 되어 공화당 사전조직 요원과 4대 의혹사건 관련 요인, 최고회의 내 부정부패 관련자 등 40명을 일제히 색출하여 처단하려는 음모가 발각됐는데 정보부 장교들이 개입되어 있어 신병처리 문제를 놓고 치안국과 정보부가 대립하고 있다."는 내용을 전했다.

김재춘과 박정희는 이 보고를 받고 모든 일정을 취소한 채 바로 서울로 올라왔다.

김재춘은 즉시 중앙정보부 내 관계자들을 체포했으나 박정희가 관련자들이 군인의 신분이므로 방첩대로 넘기라는 지시를 내렸다.

당시 방첩대장은 정승화였다.

정승화가 조사해 보니 그 음모를 실천에 옮기려는 시도나 노력은 없었다. 젊은 군인들의 우국충정이 전파 과정에서 과장됐다고 판단했다.

정승화는 최고회의 내무분과위원장이었던 김형욱과 함께 박정희에게 수사결과를 보고했다. 박정희는 정승화의 수사결과 보고에 더 이상 문제를 삼지 않았다.

그런데 보고를 마치고 나오면서 김형욱이 시비를 걸었다.

"방첩부대장, 그 장교들이 말로만 그렇게 하고 실천할 생각이 없었다는 걸 어찌 그렇게 잘 아시오? 내가 알기로는 공화당 간부들을 체포하려고 했다는데…."

이에 대해 정승화는 "여보, 우리 부대의 정보 능력은 그다지 떨어지는 편이 아니오. 국가의 안위와 관련된 중요한 일인데 내가 편을 들면 누구 편을 들겠다고 그런 보고를 했겠소? 의장님 편을 들지 젊은 아이들 편을 들겠소?"라고 반박했다.

정승화는 당시 김형욱이 김재춘을 곤경에 빠뜨리기 위해 정보부 파견 11기생들이 연루된 사건을 부풀리려는 의도가 있는 것으로 봤다.

이런 과정을 거쳐 이 사건은 외부에 공개되지 않았다.

1979년 12·12사건으로 강제 예편된 정승화는 "이때의 젊은 장교들은 내 보고로 인해 무사할 수 있었는데, 이들 가운데는 전두환 등 소위 '하나회'의 핵심 인물들이 들어 있었다. 이때 내가 살려준 전두환이 나중에 나를 죽이다니 아이러니가 아닐 수 없다."고 회고했다(정승화, 2002: 314).

또한, 노태우는 회고록에 "이 사건 이후 나는 정승화 장군과 가까워졌다. 그는 매우 합리적이고 공정하고 성실한 분이어서 존경심을 갖게 되었다."고 기록하며 사건을 무마시켜준 정승화에 대한 고마움을 표시했다(노태우, 2011: 124).

박정희의 노태우 · 전두환 구속 지시

정승화 방첩대장의 수습 노력으로 노태우·전두환 등의 7·6 거사 사건은 일단락되는 것처럼 보였다.

그런데 며칠 후 박정희가 김재춘을 불렀다. 박정희는 방첩대의 「7·6 거사설에 대한 진상」이라는 제목의 조사서를 보고 있었다.

김재춘이 보는 앞에서 그 조사서의 노태우, 전두환 명단에 박정희가 붉은 색연필로 동그라미를 크게 그리며 '요 구속要 拘束'이라고 적었다. 두 사람을 구속시키라는 지시였다.

김재춘은 깜짝 놀라며 "그 사건은 이미 종결된 것으로 알고 있는데 왜 다시 구속하라고 하십니까? 저는 그 의견에 반대합니다."라며 이의를 제기했다.

순간 박정희는 벌컥 화를 내며 "반대라니? 이 사람 내가 하는 일은 왜 모두 반대야? 반대하는 이유가 도대체 무엇인가?"라고 큰소리를 냈다.

김재춘은 7·6 거사설이 행동에 옮겨지지 않았고, 관련자들을 구속시킬 경우 공판정에서 4대 의혹사건이 다시 사회쟁점으로 부각될 수 있는 점을 들었다.

잠시 화를 식힌 박정희는 "혁명주체세력 대부분이 그들을 처단해야 한다고 야단들이니 나로서도 어쩔 수가 없다."며 배경을 언급했다.

당시 김종필, 김형욱 등 8기생 그룹에서는 김재춘이 11기생들을 싸고돌며 독자적 파벌을 조성하는 것으로 보고 있었다.

5기 동기생인 김재춘과 정승화가 연합하여 11기 세력까지 끌어들여 세력을 확장하는 형국이 그들의 시각이었다.

박정희의 노태우·전두환 구속지시도 이러한 세력변화를 의식한 조치였던 것으로 보인다. 5기와 11기를 떼어놓을 필요가 있었다.

이 시기의 분위기에 대해 김형욱은 이렇게 묘사했다.

그가 심혈을 기울여 구속했던 증권파동 관계자 윤응상 등 10여 명 등에게 전원무죄의 판결이 떨어졌다. 김재춘은 아연 긴장하였다. 그는 거행 시 경호를 강화하였으며 심지어 앞뒤 경호차에 기관총까지 장치하고 다녔다. 그는 회심의 일전(一戰)을 준비하고 있으면서 겉으로는 이미 자유민주당이란 이름을 붙인 범국민당과 민주공화당의 합당을 추진하기 위해 민주공화당의 이중조직을 대폭 완화하라고 요구하고 나섰다. 중앙정보부와 방첩부대 안에 있던 김재춘의 심복들은 무엇인가 준비에 몰두하고 있었다. 그러나 이러한 김재춘의 동향은 시시각각 나에게 낱낱이 포착되고 있었다. 나는 홍종철, 길재호 등과 소위 최고회의내의 강경파 「김홍길」라인을 구축, 공화당 내의 김동환, 신윤창, 오학진을 중심으로 한 「김신오」라인과 밀접히 연결되어 박정희를 공화당 쪽으로 밀어붙이는 데 중추적 역할을 수행하면서, 자민당 파동의 주역 김재춘의 일거수 일투족을 놓치지 않고 주시하고 있었다. 물론 당시 해외에 있던 김종필과는 하루가 멀다 하고 전화가 오고 갔다…협곡에서 출구를 찾으려 암중모색하는 김재춘을 건너편 산 위에서 천연스럽게 내려다보며 나는 반격의 기회만을 노리고 있는 형국으로 사태는 발전되고 있었다(김형욱·박사월, 1985a: 319).

박정희의 노태우·전두환 구속 지시에 난감해진 김재춘은 그들의 구속을 면하는 조건으로 자신이 중앙정보부장직을 사임하겠다는 대안을 내놨다.

"젊은 혈기에 두려울 것이 없는 그들을 다시 잡아 공개재판에 회부하게 된다면 일이 복잡해집니다. 저들이 다시 한번 4대 의혹사건을 들먹이고 정부당국을 공격하고 나선다면 거기에서 오는 여파가 어떻게 미치리라는 것도 생각하셔야 될 줄 압니다." 그리고는 더 이상 거론하지 않는 것이 좋겠다는 의견을 말하고 중앙정보부장을 사임할 뜻을 밝혔다. 그래서 이른바 「7·6사건」은 세상에 발표되지 않은 채 베일 속에 가리워지게 되었고 그는 7월 13일로 정보부를 퇴임하였다 (《신동아》, 1983.10).

그날 아무 말이 없던 박정희는 다음 날 다시 김재춘을 불러 "김 부장 정말 그만둘 생각이오?" 하며 김재춘의 사임의사를 재확인했다.

김재춘이 부정하지 않자 박정희는 장경순(국회 부의장 역임)을 후임으로 거명했다. 그런데 그다음 날 다시 박정희는 김형욱을 후임으로 통보했다.

김재춘이 "김형욱이요? 그 사람 큰일 저지를 사람입니다. 같은 최고위원끼리 다툴 때보면 수류탄을 꺼내 안전핀을 뽑고 너 죽고 나 죽자면서 막 나오는 사람입니다. 다시 생각하시지요." 하며 만류했으나 박정희는 이미 본인에게 통고를 해서 어쩔 수 없다며 바꾸지 않았다.

그즈음 박정희는 김재춘 후임을 놓고 많은 고민을 했던 것으로 보인다. 국방대학원에서 교육받던 이근양 준장에게도 비서관을 보내 중앙정보부장직을 권유했으나 이근양이 고사했다(《월간조선》, 2019.2).

이근양은 1949년 육본 정보국 조사과장으로 근무할 때 박정희를 처음 만나 1952년 부산 정치파동 시 육본 작전교육국 편제과장으로 일하며 작전교육국 차장으로 일하던 직속상관 박정희와 다시 인연을 맺은 바 있다.

5·16 직전 박정희가 육본 작전참모부장으로 일할 때는 그 밑에서 정보처장 보직을 맡았다.

김재춘은 1963년 7월 13일자로 제3대 중앙정보부장에서 해임되고 김형욱이 제4대 중앙정보부장에 임명됐다. 김용순에 이어 5개월간의 짧은 재임이었다.

노태우는 훗날 "김재춘 부장이 우리의 의견을 지나치게 수용한 나머지 오히려 궁지에 몰려 중앙정보부장을 그만두게 되었다."며 미안해했다(노태우, 2011: 123).

그 무렵 박정희는 정승화 방첩대장의 교체도 검토하고 있었다.

그해 10월 15일로 다가온 대통령 선거를 앞두고 선거에 영향을 미칠 중요한 공직에 선거를 치를 인물을 찾는 데 고심했던 것으로 보인다.

중앙정보부장 교체에 앞서 그해 5월 23일에는 김종오 육군참모총장을 합동참모본부 의장으로 전보하고 1군 사령관 민기식 중장을 신임 육군참모총장에 임명했다.

민기식은 박정희가 민정불참을 선언한 직후 우울한 마음으로 원주 1군 사령부에 내려왔을 때 박정희를 위로하며 민정참여를 권유한 측근 군인이었다.

그즈음 민기식은 정승화 준장에게 "너 이번에 목 잘릴 뻔했어." 라며 박정희 지시에 따라 후임까지 추천했으나 다시 정승화 유임으로 번복된 사실을 알려줬다(정승화, 2002: 312~313).

박정희의 권력 도전자에 대한 가차 없는 응징

제3대 중앙정보부장에서 해임된 김재춘.

퇴임 후 중앙정보부장 재임 시 역점적으로 추진한 범국민정당을 키우는 데 애쓰고 있었다.

하지만 박정희가 1963년 8월 30일 육군대장으로 예편하고 민주 공화당(약칭 공화당)에 입당하여 다음 날 총재에 취임하면서 대통령 후보를 수락하자, 범국민정당은 박정희가 내버린 처지가 됐다.

김종필이 창당한 공화당과의 경쟁에서 완패한 것이다. 그 이전 인 7월 4일 박정희는 '범국민정당(자유민주당. 약칭 자민당)은 공화당과 합당하라'는 지시를 내려놓고 있었다.

이제 박정희가 몸담은 공화당을 따르지 않는 세력은 반박정희 세력이 됐다. 상황이 이러함에도 김재춘은 범국민정당에 집착했다.

1963년 9월 3일 열린 자민당 창당대회에서 김재춘은 송요찬 전 내각수반과 함께 자민당 최고위원으로 선출됐다. 거기다가 송요 찬을 자민당의 대통령 후보로 옹립하는 작업을 벌였다. 박정희의 대통령 당선에 치명적 영향을 줄 수 있는 행보였다.

이에 김형욱 부장과 이후락 공보실장은 김재춘을 해외로 추방 하기로 결심하고 9월 6일 저녁 이후락이 김재춘을 만나 외유를 강권했다.

압력에 못이긴 김재춘은 다음 날 아침 장충동의 '코리아 하우스' 에서 기자회견을 갖고 "자민당을 탈당하고 정치적 혼란과 혁명 동 지들 간의 비극과 알력을 막기 위하여 한국을 떠나며 박정희에 대 한 충성에는 추호의 변함도 없다."고 말했다.

그러면서 구속된 송요찬의 석방을 희망한다고 덧붙였다.

송요찬은 창당대회 다음 날인 9월 4일 살인 및 살인교사 혐의로 구속됐다. 6·25전쟁 때인 1950년 10월 5일 당시 수도사단장으로서 부하인 대대장 조영구 중령을 명령 불복종 이유로 총살하고 4·19 당시 육군참모총장으로서 발포지시를 내렸다는 혐의였다.

5·16 후 내각수반이라는 요직을 지냈던 송요찬은 자민당에 가담하기 직전인 8월 8일에는 박정희를 정면 비판하는 성명을 각 신문에 실었다. "박정희를 억지로 영웅으로 만들려는 모든 공작과 부자연한 존대尊大를 버리며, 박정희는 즉각 물러나는 것이 참된 애국의 길"이라고 주장했다.

기자회견을 마친 김재춘은 가족과 작별인사도 하지 못하고 김포비행장으로 떠났다. 그는 비행기 창가에 기대어 하염없이 눈물을 흘렸다고 한다.

김재춘을 해외로 강제 추방시킬 때의 심경을 김형욱은 이렇게 묘사했다.

나는 혁명 전야 영등포의 6관구 사령부에서 오른쪽으로 치고, 왼쪽으로 제치며 혁명군을 끌어내는 일방 달려온 육군본부 헌병차감에게 엄포를 놓던 김재춘의 그 화려한 절정기를 회상하였다. 나는 그와 아주 돈독한 교우를 가지지는 않았으나 김재춘의 외유라는 사건 때문에 혁명 후 2년여간의 파란만장한 역정의 현장으로 잠시나마 돌아갔다.

자, 이 얼마나 급작스런 변모요, 전환인가. 도대체 그 2년간의 일들이란 뒤죽박죽이고 혼돈 그것이었다. 오늘 올라서던 자가 내일은 외유라는 귀양살이를 떠나고 혁명 직후 체포됐던 자(이후락을 지칭)가 지금은 최고의 권력을 행사하고 있으니, 이 엄청난 불연속적 단절을 무엇으로 설명할 수 있는가.

시간? 그렇다. 이 시간이야말로 그 모든 것들을 질서정연하게 연속선상에 연결시켜 주고 스스럼없이 설명해 주고 있다. 만약 그것들에서 시간을 빼버린다면? 아, 그건 하나의 희화(戲畫)에 불과할 뿐이다. 다만 나는 시간이라는 편리한 개념 위에서 나의 적수였던 김재춘의 외유로 인해 승리의 서글픔을 맛보고 있다는 말인가. 김재춘은 나의 적수이자, 이후락의 적수였다. 언젠가 이후락이 나의 적수가 될 것이다. 그는 꾀돌이 모사다. 나는 그가 꾀돌이라는 걸 알고 있지만 아마 그는 내가 그것을 알고 있다는 것을 모르리라(김형욱·박사월, 1985b: 59).

한편, 5·16 기획자 이석제는 그 당시 박정희의 권력의지에 대해 이렇게 평했다.

박정희 의장은 자기 의견에 반대하거나 분에 넘치는 요구를 하면 그 사람을 상당히 싫어하는 성격이었다. 자신에 대한 도전은 절대로 용납하지 않았고, 한 번 수가 틀리면 감정이 상당히 오래 갔다. 김동하 씨, 송요찬 씨, 그 밖에 수많은 혁명동지들이 반혁명사건에 연루되어 혁명의 대열에서 떨어져 나간 것도 어쩌면 권력에 대한 도전을 용납하지 않는 박정희 의장의 성격 때문이기도 했을 것이다.

권력이란 원래 그런 것이다.

나눠 갖기의 낭만과 인정이 아닌, 전부를 얻지 못하면 모두를 잃는 약육강식의 살벌한 전쟁터였던 것이다. 권력의 속성을 누구보다 처절하게 이해한 당사자로서 박정희 의장은 자신에 대한 도전을 용납하지 않았다.

박정희.

그는 한없이 부드러운 사람이지만 권력의 현실 앞에선 무자비할 정도로 강인한 일면을 가진 분이었다. 자신이 나아갈 길을 명확히 설정해 놓고는 죽음을 각오하고 밀어붙이는 추진력, 자신의 행로를 방해하는 자는 미련 없이 제거해 버리는 과단성을 가진 인간이었다(이석제, 1995: 202).

박정희의 화해 친서를 박박 찢은 김재춘

김종필에 이어 외유를 떠나야 했던 제3대 중앙정보부장 김재춘.

김종필의 외유가 자의 반 타의 반이었던 데 비해 그의 외유는 완전한 타의에 의한 강제추방의 모양새였다.

민정참여를 추진하던 김종필-김형욱 중심의 육사 8기에 대응, 육사 5기 중심으로 5·16 주체세력의 민정참여를 반대하다 박정희와 금이 가기 시작했다.

박정희가 민정에 참여하기 위해 제5대 대통령 선거(1963.10.15.)에 공화당 후보로 선출되자 야당이었던 자유민주당(자민당)의 최고위원을 맡았다.

박정희와는 정반대의 노선을 걷기 시작한 것이다.

자민당 최고위원으로 선출된 직후 박정희 측의 견제가 있을 것으로 보고 피신해 있던 김재춘은 경향신문 김경래 기자에게 은신처가 노출됐다.

은신처가 알려지자마자 중앙정보부 전재구 국장이 달려와 확인하고 이어 이후락 최고회의 공보실장이 찾아왔다.

이후락에게 이끌려 박정희 앞에 나타난 김재춘에게 박정희는 섭섭한 마음을 비치며 자민당 사퇴를 권유했다.

하지만 김재춘은 이를 단호하게 거절했다.

그에 화가 난 박정희는 "앞으로 어떠한 사태가 발생하더라도 나는 책임지지 않겠다. 한시바삐 해외로 떠나도록 하시오."라고 통고했다.

김재춘은 이 말을 자신과의 결별을 선언하는 마지막 통첩으로 생각했다(《신동아》, 1983.10).

이후락 공보실장의 주선으로 가족과 연락할 틈도 없이 1963년 9월 7일 서울을 떠난 김재춘은 홍콩, 서독, 영국 등지를 전전하다 미국 워싱턴에 도착했다.

그즈음 대통령 선거운동이 한창이던 국내에서 박정희 후보 선거 사무장이던 윤치영이 "김재춘을 총살해야 마땅하다."고 언급해서 물의가 일었다.

이에 화가 난 김재춘은 워싱턴에서 한국 기자들을 불러 "윤치영이 발언을 취소하지 않으면 자신이 가지고 있는 모든 비밀자료를 공개해서 선거판을 발칵 뒤집어 놓겠다."고 박정희 후보를 위협했다.

사태가 심각하게 돌아가자 브라질에 머물던 김종필이 김재춘에게 전화를 걸었다.

브라질에서 한번 만나 얘기해 보자고 회유하는 전화였다. 처음 김재춘은 이를 거절했다. 그러나 결국 두 사람은 1963년 10월 12일 브라질 리우데자네이루에서 만나 서로 웃으면서 포옹하는 사진을 국내에 전송하게 된다. 대선을 3일 앞둔 시점이었다.

이때의 만남에 대해 김종필은 그의 회고록에서 김재춘을 우연히 만난 것으로 기록했다.

김재춘이 풀이 죽은 모습으로 나타났길래 "당신 혼자 잘하는 거 같더니 왜 여기 와 있느냐."고 물으니 김재춘이 "그 자리에 앉아보니 일이란 게 마음대로 되지 않고 세상을 시끄럽게만 했다."며 지난 일들을 자신에게 사과했다고 썼다(김종필, 2016a: 311).

김재춘의 기록과는 다른 뉘앙스의 증언이다.

대통령 선거가 끝나자 김재춘은 귀국길에 올랐다. 김재춘이 서울에 도착한 날은 1963년 12월 6일.

그 직전 일본에 머물던 김재춘에게 박정희는 강상욱을 보내 김재춘을 달래는 친서를 보냈다. 5·16 당시를 회고하며 "김 동지가 혁명의 1등 공신이라는 것을 부인하는 사람은 아무도 없으니 뒷일을 내게 맡기고 귀국하여 함께 일하자."고 회유하는 내용이었다.

하지만 김재춘은 친서를 가져온 강상욱이 보는 앞에서 박정희의 친서를 박박 찢어 버렸다.

그러면서 강상욱에게 아래와 같이 일갈했다.

"당신네들은 쓰면 뱉고 달면 삼키는 그런 얄팍한 심정을 가진 사람들인가요? 대통령 선거를 치르기 위해서 골치 아픈 존재인 나를 외국으로 밀어내고 온갖 추잡한 장난을 다 하다가 목적을 이룩하고 나니 옛 동지 생각이 난다 이거지요? 필요 없습니다. 나는 내 길을 갈 것이고 당신네들은 당신들의 길을 가시오. 다시는 나를 부르지 마시라고 전해 주시오.《신동아》, 1983.10)"

제8장

김형욱 중앙정보부장
시대의 개막

박정희의 가장 가까운 충신이 되는 것

김형욱은 1963년 7월 13일 제4대 중앙정보부장에 취임했다. 이 때부터 1969년 10월 20일 퇴임할 때까지 6년 3개월을 부장으로 재임했다.

중앙정보부는 물론 후신인 안기부, 국정원을 통틀어 최장수 국가정보기관장을 지냈다.

그는 부임 직전까지 전임 김재춘 부장으로부터 견제를 받았던 것으로 보인다. 취임 직전인 7월 10일 김재춘이 자기를 체포하려고 한다며 중정 경기지부장으로 일하던 백태하에게 피신처를 마련해 달라고 부탁했다(백태하, 1996: 133).

이와 같은 백태하의 증언은 김형욱 회고록과도 상응하는 내용이다.

김형욱은 심복인 윤영엽 대위로부터 7월 10일 저녁 김재춘이 자신을 체포하려 한다는 첩보를 입수하고 측근을 불러 대책을 논의했다.

그 자리에 참석한 사람들은 신변의 위협을 느껴 그날 밤 집에 들어가지 않았다. 하지만 김형욱은 집으로 들어가 기관단총을 옆에 두고 잠을 자며 당번과 비서에게는 누가 대문을 두드리더라도 열지 말라는 엄명을 내렸다(김형욱·박사월, 1985a: 321).

그날 저녁 김형욱은 백태하에게 준비시킨 인천의 피신처로 몸을 숨기느냐 아니면 집으로 들어가느냐는 문제를 놓고 무척 고심했던 것으로 보인다.

백태하는 자신의 처가가 김형욱의 고향인 황해도 신천이었고, 월남하기 전 신천의 고등학교에서 교사를 했던 인연으로 김형욱과 가까운 사이였다.

평남 강서군 출신의 백태하는 1948년 평양교원대학을 졸업하고 교사로 일하다가 월남하여 1949년 육사를 9기로 졸업, 6군단 포병대대장으로 근무할 때 5·16에 가담했다.

5·16 당일 장도영 육참총장이 육군본부를 이탈하려고 할 때 권총으로 공포를 쏘며 위협해서 장도영의 이탈을 저지한 공로를 세웠다.

1962년 9월 김종필 부장이 중정 제주지부장으로 임용하여 1963년 3월 경기지부장으로 옮겼다가 1967년 퇴임할 때까지 5년간 부장 자문위원, 서울지부장(2년), 총무국장 등을 역임했다. 김형욱 부장 시절 최측근에서 그를 지켜본 사람이다.

백태하는 김형욱이 부장에 취임한 지 이틀 지나 축하인사를 하러 부장실에 들렀다. 그런데 김형욱은 불과 며칠 전 불안한 모습으로 피신처를 알아봐 달라고 부탁하던 때와는 완전히 정반대로 자신에 넘쳐 있었다.

김형욱은 매주 한 번씩 들러서 조언을 해달라고 부탁했다. 그 후 백태하는 일주일에 한 번씩 김형욱과 독대를 했다고 한다.

취임 직후 김형욱은 백태하에게 '박정희를 제5대 대통령으로 당선시키는 것', '무조건 박정희의 가장 가까운 충신이 되는 것', '김종필·김재춘이 품었던 정치적 야망이 없다는 것', '박정희를 위해

박정희 대통령을 수행하는 김형욱 중앙정보부장(출처 네이버)

서 김종필 세력도 견제하고 약화시키는 일을 불사하겠다'는 의지
를 보이며 적극 협력을 요구했다(백태하, 1996: 133~134).

김형욱은 부임하자마자 정보부 내의 김종필 계열과 김재춘 계
열 숙청에 나섰다. 그러면서도 김종필이 제주지부장으로 데려온
백태하는 자르지 않았다.

백태하에 따르면 김형욱 부임 후 정보부 직원이 외부의 김종필
계열이나 김재춘에게 전화를 하거나 만나면 다음 날 틀림없이 면
직통고가 날라 왔다고 한다.

하지만 백태하는 김종필이 자의 반 타의 반 외유를 떠나던 2월
25일 김포공항까지 출영을 나가기도 했으나 김형욱에 의해 잘리
지 않았다. 고향 인연을 중시한 김형욱의 배려였다.

이러한 김형욱을 백태하는 한 시대를 멋있게 살다간 풍운아라
고 평했다.

황해도 신천군의 한 농촌에서 태어난 시골청년에 불과했던 김

형욱이 군사정변의 핵심으로 참가하여 치열한 권력다툼 끝에 중앙정보부장 자리까지 오르고 박정희를 세 번이나 대통령으로 당선시킨 걸물이라고 보았다.

정보부장을 그만두고 해외로 망명해서는 국가원수를 상대로 일전을 불사한 용기 있는 남자라고도 했다.

중앙정보부 창설 주도세력의 퇴장

중앙정보부 창설을 주도했던 청정회 멤버들.

육사 8기를 최고 성적으로 졸업한 엘리트라는 학연과 함께 육군본부 정보국이라는 직장에 오랫동안 함께 근무한 인연으로 끈끈한 유대를 맺고 있었던 그들.

하지만 같은 동기생이지만 정보계통에서 같이 근무한 인연이 없었던 김형욱이 부장으로 취임하면서 김종필 계열로 낙인찍혀 중앙정보부를 떠나게 된다.

중앙정보부 초대 행정차장이었던 이영근과 해외국장이었던 석정선, 일본 참사관이었던 최영택이 4대 의혹사건에 말려 김재춘 부장에 의해 이미 밀려난 상태였고, 초대 기획운영 차장이었던 서정순도 김형욱이 해임시켰다.

김재춘에 의해 쫓겨났던 이병희 서울분실장은 동기생 김형욱이 부장에 부임하자 김형욱을 찾아가 간절히 복직을 부탁했으나 냉정하게 거절당했다.

정실인사를 배제한다는 이유를 표면에 내세웠으나 김종필과 가까운 인물이라는 것이 실질적 배경이었다.

김형욱 자신도 이병희의 복직을 거절한 것이 김종필과 사이가 벌어진 이유 중 하나라고 밝혔다(김형욱·박사월, 1985b: 21).

김형욱은 서정순 차장의 후임에 신직수를 앉혔다. 박정희가 제5 사단장으로 근무할 때 법무참모로 일한 인연이 있었고, 중앙정보부가 창설될 때 중앙정보부법의 조문을 최종 심의한 인물이었다. 5·16 후에는 박정희 의장의 법률고문을 맡고 있었다.

김형욱은 박정희에게 어렵게 부탁하여 신직수를 차장으로 영입하였는데, 중앙정보부를 박정희의 뜻대로 운영해 나가겠다는 의지를 박정희에게 보여주는 상징적 의미가 담긴 인사였다고 설명했다.

제3인자였던 차장보에는 법무관 출신 이병두를 앉혔다. 5·16 직전 16인 하극상 사건 때 무료로 변호해준 데 대한 보답이었다.

해외국장(1국장)에는 이철희, 해외정보국장(2국장)에는 윤일균, 국내정보 담당국장(3국장)에는 김영민, 수사담당국장(5국장)에는 검사 출신 김세배, 총무담당국장(6국장)에는 민찬식, 감찰실장에는 박승권을 보임했다. '죽을 사死'자와 발음이 같은 '4'자는 불길하다고 하여 4국은 두지 않았다.

이철희는 5·16 직전 방첩부대장으로서 장도영과 같이 혁명군을 저지하는 데 전력을 기울였던 인물이다.

하지만 일제시대 정보장교를 양성하던 나카노中野 정보학교를 졸업한 유일한 자로서 군사정보 및 첩보전문가라는 점이 중시되어 능력본위로 이철희를 채용하였다고 김형욱은 인사배경을 밝혔다(김형욱·박사월, 1985b: 21~22).

이철희는 일본 육군 나카노 학교 출신인가?

김형욱이 취임 초 해외공작 담당국장(1국장)에 발탁한 이철희.

김형욱은 그가 5·16 당시 방첩부대장으로서 혁명을 저지하는 데 앞장섰으나 일본 육군 나카노中野 학교를 졸업한 유일한 한국인이기 때문에 그의 능력을 존중하여 발탁했다고 밝혔다.

하지만 그가 나카노 학교를 졸업한 사실이 맞는지는 여전히 미궁으로 남아있다. 특무대장을 역임한 김창룡도 나카노 학교 출신이라는 설이 있으나 확인되지 않고 있다.

나카노 학교는 일제강점기 일본군 참모본부 산하의 비밀 교육 기관이었다. 적후방에 침투하여 암살, 파괴, 저항세력 규합 등의 비밀공작을 전개하는 요원을 양성하는 기관이었다.

중일전쟁(1937) 직후인 1938년 4월 '방첩연구소'라는 이름으로 창설되었다가 1939년 5월 '후방 근무요원 양성소'로 이름이 바뀌고 1940년 8월 다시 '육군 나카노 학교'로 개칭됐다.

1938년에는 1개 과정 19명만 선발하여 1년간 교육했으나 1939년 3개 과정 156명, 1940년 4개 과정 220명으로 늘어났다. 전쟁 막

바지인 1944년에는 8개 과정 639명, 1945년에는 8개 과정 622명이 졸업했다.

교육내용도 설립 초기에는 첩보, 정보전 중심이었으나 패전이 임박한 시점에 이르러 게릴라전 중심으로 변질됐다. 1944년 9월에는 시즈오카 현에 후타마타 분교가 개설됐다. 미군이 본토에 상륙할 것에 대비하여 일본 본토에서 게릴라전을 전개하는 요원을 양성하는 것이 분교설립의 주 목적이었다.

일제는 1939년 11월 한국인의 창씨개명을 단행했다. 한국인의 이름을 모두 일본식으로 바꿨다. 그에 따라 나카노 학교에 입학한 교육생들도 모두 일본이름을 사용해야 했다. 이름만으로는 한국인과 일본인을 구별할 수 없게 됐다.

이철희가 나카노 학교 출신이라는 것을 확인하기 위해서는 일제강점기 일본식 이름이 먼저 확인되어야 하는데 그의 일본 이름은 현재까지 알려지지 않았다.

일본이 패망한 후 나카노 학교 출신자들로 조직된 나카노 교우회는 1978년 3월 10일 '육군 나카노 학교'라는 책자를 발행했다. 회원들만 소장하기 위해 만든 비매품 책자였다. 이 책의 부록에 졸업생 명단이 기수별로 정리되어 있다.

김창룡, 이철희의 일본식 이름을 알 수 있으면 이 명단을 통해 나카노 학교 출신여부 확인이 가능하다.

일본 이름으로 표기된 이 명단의 나카노 학교 졸업생 인원은 총 2,131명이다.

그런데 나카노 학교 출신 일본인 하라다 카즈오原田—雄(가명)는 나
카노 학교 출신자 가운데 김양찬이란 평양 출신의 한국인이 있었
다는 증언을 남겼다.

1944년 3월 나카노 학교를 졸업한 하라다는 자기 동기생 가운
데 가네야마 마사하루金山正治란 일본 이름을 쓴 한국인 김양찬金良
贊이라는 인물이 있었다고 밝혔다.

2014년 12월 10일 일본 논픽션 작가 사이토 미치노리齋藤充功 등
8명이 저술한『일본 스파이 양성소 육군 나카노 학교의 모든 것』이
란 책자에서 이 사실을 언급하고 있다.

일제 패망 후 1960년대 초 어느 날 하라다는 김양찬으로부터 평
양 소인이 찍힌 편지 2통을 받았는데 그 당시 김양찬이 "(북한의)정
부기관에서 일하고 있다."는 근황을 전했다고 한다.

민정이양 대비 중앙정보부법의 전면 개정

1962년 12월 17일 제3공화국 헌법이 국민투표에 부쳐져 78%
의 찬성으로 통과되고 이어 12월 26일 공포됐다.

새 헌법이 발효되어 제3공화국이 탄생하는 1963년 12월 17일
제3공화국이 출범하고 신임 대통령이 취임하는 정치일정이 시작
됐다.

1963년 7월 13일 김형욱 부장이 취임하고 14일이 지난 7월 27

일 박정희 의장은 민정이양을 위한 정치 스케줄을 발표했다. 대통령 선거일이 1963년 12월 15일, 국회의원 선거일이 그해 11월 26일로 잡혔다.

군정 기간 헌법기능을 대신했던 국가재건비상조치법(부칙 6항)은 1962년 12월 26일에 공포된 개정 헌법의 시행과 동시에 효력을 상실한다고 규정하고 있었다.

국가재건비상조치법에 따라 설치된 최고통치기관인 국가재건최고회의는 1963년 12월 16일까지만 존속할 수 있었다.

그에 따라 군정기간 국가재건최고회의 산하기관의 지위에 있었던 중앙정보부로서는 제3공화국 출범 이후에도 활동할 수 있는 근거법률이 필요했다.

이러한 환경변화에 부응하기 위해 창설 당시 제정된 중앙정보부법이 재정비됐다.

국가재건최고회의에서 1963년 12월 14일자로 개정 공포한 중앙정보부법의 특징은 민정시대에 걸맞는 중앙정보부 체제의 수립이었다.

5·16 군정이라는 '혁명적' 상황에 맞춰 제정된 창설 중앙정보부법이 민정시대에 부응하는 민주적 법률체계로 전환됐다.

개정 법률의 특징을 보여주는 대표적인 조항이 임무 및 기능 조항이다.

제정 중앙정보부법(1조)은 중앙정보부의 기능을 "국가안전보장에 관련되는 국내외 정보사항 및 범죄수사와 군을 포함한 정부 각부 정보수사활동을 조정감독하기 위하여 국가재건최고회의 직속 하에 중앙정보부를 둔다.”고 규정하고 있었다.

이에 반해 개정 중앙정보부법은 중앙정보부의 기능을 다섯 가지로 제한했다. 정치개입, 직권남용 시비를 억제하려는 조치였다.

개정 중앙정보부법의 다섯 가지 기능을 보면 다음과 같다.

① 국외정보 및 국내보안정보(대공 및 대정부전복)의 수집·작성 및 배포

② 국가기밀에 속하는 문서·자재 및 시설과 지역에 대한 보안업무

③ 형법 중 내란의 죄·외환의 죄·군형법 중 반란의 죄·이적의 죄·군사기밀 누설죄·암호부정사용죄·군사기밀보호법·국가보안법 및 반공법에 규정된 범죄의 수사

④ 정보부 직원의 범죄에 대한 수사

⑤ 정보 및 보안업무의 조정·감독 등

정치개입을 방지하기 위해 ‘부장·차장 및 기획조정관은 정당에 가입하거나 정치활동에 관여할 수 없다’는 조항(8조)을 신설했다.

직권남용을 방지하기 위해 제정 중앙정보부법에 담겨 있던 ‘수사에 있어서는 검사의 지휘를 받지 아니한다.’는 조항(6조 2항)과 ‘중앙정보부의 직원은 그 업무수행에 있어 필요한 협조와 지원을 전 국가기관으로부터 받을 수 있다.’는 조문(7조 1항)을 삭제했다.

민정이양을 앞두고 중앙정보부법이 전면 개정되면서 하위법령도 정비됐다.

새 정부가 출범한 직후인 1964년 3월 10일 정보 및 보안업무 조정감독규정과 정보위원회 규정, 보안업무규정이 새롭게 제정됐다.

정보 및 보안업무 조정감독규정은 그 후 중앙정보부 내외에서 광범위하게 쓰인 '국내보안정보'란 용어에 대해 정의를 내리고 있다.

"간첩 기타 반국가활동세력과 그 추종분자의 국가에 대한 위해 행위로부터 국가의 안전을 보장하기 위하여 취급되는 정보를 말한다."고 풀이하고 있다.

정보위원회 규정(3조)은 '국가정보판단의 토의 및 조정에 관한 사항', '국가정보정책 및 기획의 수립과 그 시행에 관한 사항', '기타 보정 및 보안업무 운영상 조정을 요하는 사항'을 정보위원회의 임무로 적시하고 있다.

이때 개정된 중앙정보부법은 신군부가 1980년 12월 31일 국가안전기획부법을 제정할 때까지 박정희 정부 내내 개정 없이 안정적으로 운영됐다.

이후락을
청와대 비서실장으로 추천한 이동원

1964년 7월 27일 38세의 어린 나이에 외무부장관으로 발탁되어 한일국교 정상화회담을 마무리 지었던 이동원.

공직으로 박정희와 인연을 맺은 것은 청와대 비서실장을 맡으면서부터였다.

1962년 3월 22일 윤보선 대통령이 사임했다. 그에 따라 박정희 국가재건최고회의 의장이 대통령 권한대행을 겸임하게 됐다.

당시 최고회의 비서실장을 맡고 있던 박태준 이외 청와대 비서실을 관장할 비서실장으로 일할 사람이 필요해졌다. 그때 박정희는 이동원을 청와대 비서실장으로 임명했다.

이동원이 10여 년의 미국과 영국 유학 끝에 옥스퍼드대 박사학위를 받고 귀국하여 강의를 시작하던 37세의 젊은 시절이었다.

함경남도 북청 출신으로 연세대 정외과 재학 시절 「연세대 반탁학생회」를 결성하여 서울대 박용만, 고려대 이철승 등과 반탁운동을 주도했던 인물이 이동원.

해외유학을 마치고 돌아와 국방연구원에서 강의할 때 수강생이었던 5·16 주체세력 김동하의 소개로 5·16 직전 박정희를 처음 만났다.

초면의 박정희가 쿠데타를 하겠다며 쿠데타가 일어나면 미국이 어떻게 나올 것 같으냐고 솔직하게 묻는 데 호감을 느껴 박정희맨이 됐다.

청와대 비서실장으로 근무하던 1963년 3월 16일 박정희 의장이 돌연 군정 4년 연장을 선언하자 박정희에게 미국의 반발을 우려하며 군정연장 철회를 설득하기도 했다.

박정희의 측근에서 근무하며 당시 국가재건최고회의 의장 비서실장이었던 박태준, 청와대 공보실장이었던 이후락과 가까이 지냈다.

이동원은 그때 지켜본 박태준을 몹시 겸손했던 인물로 기억했다. 당시 군인들은 어깨 힘주는 사람들이 많았는데 박태준은 항상 예의바르고 겸손했다고 한다(이동원, 1992: 50).

이동원은 이후락에 대해서도 호평했다. 영리하고 솔직하며 배짱 있고 다정했던 이후락의 인간적 매력에 빠져 이후락과 무척 가깝게 지냈다고 한다.

그는 훗날의 이후락을 평하면서도 김대중 납치사건으로 오점을 남겼으나 객관적으로 판단하건대 과보다는 공이 훨씬 많은 사람이라고 봤다(이동원, 1992: 68). 이동원이 자신의 후임으로 이후락을 추천한 것도 이러한 판단에서였다.

이동원은 박정희가 군정연장을 돌연 선언한 데 불만을 품고 비서실장직 사표를 냈다. 박정희가 "우린 지금 같은 배를 타고 있다."며 만류했으나 사임의사를 굽히지 않자 적당한 후임자를 물었다. 이동원은 즉각 이후락을 추천했다.

박정희는 잠시 생각을 가다듬은 다음 "이 실장의 결심이 그토록 굳다면 민정이양이 끝난 다음 다시 검토하자."며 확답을 피했다.

하지만 이동원은 외무부장관과 상의해서 공석으로 있던 태국대사로 전근하는 발령안을 기안해서 박정희를 만나 "태국대사로 나가되 대통령선거를 마치고 나가겠다."고 설득했다.

박정희는 인사 발령에 결재를 하며 "이 실장, 혹 몇 달 뒤 내가 선거에 패배해서 딴 정권이 들어선다고 해도 우리 사이의 인간적 의리는 오해 없도록 합시다."며 서운한 마음을 비쳤다.

개표 당일 초조하게 백태하를 찾은 김형욱

1963년 10월 15일 저녁, 대선 레이스가 끝나고 개표에 들어갔다.

선거 막바지 김형욱, 이동원 등 핵심참모들은 박정희의 승리를 낙관하고 있었다. 공화당과 경찰에서 올리는 보고서도 모두 박정희의 승리를 점치고 있었다.

다만, 중정의 김영민 국장은 승리를 확신하지 못하고 불안해했다.

박정희는 투표를 마치고 휴식도 취할 겸 이후락 공보실장을 데리고 가족과 함께 경주로 내려가 개표를 기다리고 있었다.

김형욱 부장실에서는 신직수 차장, 이병두 차장보, 김영민 제3국장, 김세배 제5국장, 전재구 서울분실장이 함께 모여 개표상황을 지켜보고 있었다.

개표가 진행되면서 중앙정보부 사무실에는 점차 침통한 분위기가 흘렀다. 모든 보고가 한결같이 박정희의 승산이 의문시된다는 내용이었다.

10월 16일 새벽 3시 기준으로 박정희가 윤보선에 2만여 표 뒤지고 있었다.

그즈음 인천, 경기를 관할하던 경기지부장을 맡고 있던 백태하에게 김형욱 부장이 전화를 걸어왔다. 당시 인천, 경기도는 야당세가 강한 지역이었다.

개표를 지켜보던 백태하는 전국적 개표에서도 박정희의 패색이 짙어지자 5·16 주체세력이 곧 반역세력으로 몰릴 것으로 보고 자포자기 상태에 빠져 있었다.

백태하에게 전화를 건 김형욱은 매우 당황스런 목소리로 "왜 경기도의 표가 안 나오지? 큰일 났는데! 여보시오 무슨 방법이 없을까?" 하며 초조해했다(백태하, 1996: 108).

백태하가 듣기에 무슨 방법이란 박정희가 패배하는 선거결과를 전복시키는 방법을 묻는 것이었다.

백태하는 선거에 지면 반란군으로 처형되는 수밖에 없다고 보고 담담한 심정으로 김형욱에게 아무런 대답도 하지 않았다.

개표를 지켜보던 이동원도 10월 16일 새벽까지 윤보선과 격차가 좁혀지지 않자 패배한 걸로 알고 있었다.

불국사 관광호텔 101호실에 머물고 있던 박정희는 윤보선과의 격차가 좁혀지지 않자 술을 잔뜩 마시고 곯아떨어졌다.

그즈음 중앙정보부장실에서는 일대 혼선이 벌어졌다. 개표를 지켜보다 부장실로 몰려온 장경순, 길재호, 신윤창 등 혁명주체세력들이 개표를 중단시키라고 압력을 넣었다.

전재구 서울분실장은 "부장님이 명령만 내린다면 선거를 전복시킬 준비가 돼있다."며 주체세력들에게 장단을 맞췄다.

국내정보 담당 김영민은 "선거담당국장이 엉성하게 일을 해서 이런 결과가 나왔다."는 주체세력들의 비난에 충격을 받고 쓰러져 병원으로 후송됐다.

하지만 김형욱은 주체세력의 압력을 물리치고 개표를 정상적으로 강행했다고 그의 회고록에 남겼다(김형욱·박사월, 1985b: 81~82).

패색이 짙어가던 개표상황은 16일 오전이 다가오면서 점차 박정희가 근소한 차로 앞서기 시작하여 결국 15만여 표차로 박정희가 승리했다.

박정희는 아침 늦게까지 자다가 이후락 실장으로부터 당선보고를 받았다. 이후락으로부터 보고를 받던 장면을 박정희는 이동원 비서실장에게 이렇게 설명했다.

내 그때 졌다고 생각했소. 그래 맛없는 술을 잔뜩 마시고 집사람한테 졌으니 잠이나 푹 자야겠다고 말하곤 곯아떨어졌지… 그런데 새벽에 이후락 실장이 들어와 날 깨우지 않겠소. 일어나 보니 그 친구 무릎을 꿇고 앉아서 눈물을 흘리고 있는 게 아니겠소. 그러면서 이럽디다. 참, 이 실장도 그 친구 말투 알지 않소. 더듬으면서 이렇게… 각…각…각하…선…선거에‥이…이겼습니다. 이렇게 말이오. 그제서야 나도 내가 이긴 줄 알았소. 하여튼 그땐 왜 그렇게 그 친구 말을 더듬는지…저런 친구가 어떻게 공보실장을 했는지 궁금합디다(이동원, 1992: 71).

박정희를 공산당으로 몬 것이 윤보선의 패인

냉전 시기 박정희는 치명적인 약점을 지니고 있었다.
남로당 가입 전력이다.
제5대 대통령 선거 때 윤보선은 이 점을 노렸다. 이른바 사상논쟁이다.

선거운동이 시작되자마자 박정희를 빨갱이로 몰아갔다.

여수순천 반란사건에 박정희가 연루되었다고 주장했다.

대선 때까지 비밀에 붙여져 있던 사실들이었다.

박정희 사후 밝혀진 바에 따르면 박정희는 여순사건(1948.10.19.) 직후인 1948년 11월 11일 남로당 가입혐의로 체포되어 1949년 2월 13일 반란기도죄(조선경비법 제16조 위반)로 무기징역에 형집행정지를 선고받고 파면된 후, 당시 육군본부 정보국 백선엽 국장의 배려로 문관 신분으로 육본정보국 산하 전투정보과에서 근무하다 6·25전쟁이 일어나자 소령으로 복직, 전투정보과장으로 근무한 사실이 있었다.

이러한 박정희의 전력이 5·16의 배경으로도 작용했다.

5·16 주체세력으로 5·16의 경과를 기록으로 남긴 이낙선 전 상공부장관은 박정희의 좌익 전력이 5·16의 동기가 되었다는 주장을 남겼다.

장면 정부 때인 1961년 1월 12일 육군본부에서 개인보안심사위원회가 열렸다. 이낙선은 "이 비밀회의에서 박정희 소장이 좌익 전력자로서 비밀취급인가를 받기에 부적절하다고 판단, 박정희를 예편시키기로 결의했으며, 이 사실이 혁명 주체세력들에게 알려져 혁명을 추진하는 자극제가 됐다."고 주장했다(《월간조선》, 2016.7).

김형욱 역시 이낙선과 같은 증언을 남겼다.

김형욱에 의하면 1961년 1월 12일 육군본부 2층에서 열린 개인보안심사위원회에 방첩대에서 과거 사상이 의심스럽거나 근무실적이 나빠 군인으로서 적합하지 않은 153명의 비밀명단을 제출하였는데, 박정희도 이 비밀명단에 포함되어 있었으며, 박정희는 그해 5월 하순경 예비역에 편입되도록 결정되었고, 그 당시 겉으로는 쉬쉬하였으나 알 만한 사람은 알고 '드디어 박정희가 물러나는구나' 하며 동정을 보내는 사람도 있었다고 한다(김형욱·박사월, 1985a: 55).

하지만 박정희 후보는 대통령 선거 때 이러한 전력을 철저히 감추었다.

공화당은 여순사건과 박정희를 연루시킨 윤보선 후보를 허위사실 유포죄로 고발하기까지 했다.

김형욱 중앙정보부장은 선거 직전인 1963년 9월 27일 기자회견을 열어 황태성 간첩사건의 전말을 설명한 데 이어 이튿날 다시 기자회견을 갖고 "여수순천 반란사건의 관련자가 정부에 있다는 것은 터무니없는 소리다. 간첩 황태성이 공화당의 조직과 관련이 있다는 것도 허무맹랑한 소리"라고 반박했다.

훗날 김대중은 이때 윤보선 후보의 선거전략을 비판했다.

박정희 후보를 공산당으로 몰아붙인 것이 결정적 실수였다는 것이다.

박정희가 군사재판을 받은 것이 사실이긴 했어도 공산당과의 전쟁을 선포하고, 반공을 국시로 내건 사람에게 그런 비난은 설득력이 없었다고 봤다.

김대중은 자서전에서 그 당시에 대해 이렇게 기술했다.

윤 후보 측이 박정희 후보를 공산당이라고 비난하는 방식은 과거 한민당 시대의 어두운 기억을 떠오르게 했다. 미군정 시대의 한민당은 김구 선생의 한독당을 비롯하여 반대 세력을 공산당으로 몰아서 무자비하게 숙청한 역사가 있었기 때문이다. 미국의 군정과 이승만 정권 때는 반대세력을 제거할라치면 곧잘 공산당이란 올가미를 씌웠다. 윤 후보의 발언은 유권자들에게 그런 공포정치를 연상하게 했다. 미세한 국면에서 윤 후보의 이 같은 실언은 치명적이었다…

박 후보는 서울, 경기도, 강원도, 충청도에서는 모두 졌다. 박 후보 연고지인 경상도와 아무 연고도 없는 전라도에서만 이겼다. 특히 전라도에서는 윤 후보를 35만 표 차로 크게 앞섰다. 박 후보는 전라도 표로 대통령이 된 셈이다. 윤 후보 측의 '용공 소동' 때문에 전라도가 그를 선택한 것이었다. 그러나 박정희는 집권하자마자 전라도를 소외시켰다. 그의 지역차별 정책에서 망국적인 지역감정이 비롯되었다. 박 정권 18년간 최대의 정치적·도덕적 과오는 지역차별이었다. 그는 역사에 죄를 지었다(김대중, 2010: 259~260).

박정희를 살린 김창룡의 파란만장한 생애

박정희는 여순사건 직후 남로당 가입 혐의로 체포됐으나 군 수뇌부의 구명운동으로 죽음 직전에서 목숨을 건졌다.

이때 박정희를 살리는 데 결정적 역할을 한 사람은 김창룡.

김창룡 그는 누구인가?

1948년 10월의 여순사건 직후 군내 좌익을 척결하기 위한 숙군

사업이 시작됐다. 이 숙군사업의 실무를 맡았던 인물이 김창룡.

1948년 11월 11일 김창룡이 박정희를 체포하기 위해 그가 기거하던 신당동 지하방을 덮쳤을 때 박정희는 45구경 권총의 총번을 줄톱으로 지우고 있었다.

박정희는 남로당으로부터 지령받은 암살임무에 사용하기 위해 권총번호를 지우고 있었다고 조사과정에서 진술했다(이대인, 2011: 105~106).

일제강점기 관동군 헌병 하사로 하이라루, 통화 등 소만 국경 도시에서 주로 소련간첩 잡는 일을 하던 김창룡은 해방 후 고향인 함경남도 영흥군 요덕면으로 돌아왔다.

고향 집에서 소일하며 진로를 고민하던 김창룡은 하이라루에서 근무할 때 협조자로 데리고 있던 김윤원을 만나러 1945년 11월 강원도 철원으로 갔다. 앞일을 상의하는 데 제일 믿을 만한 사람이라고 생각했기 때문이다.

하지만 김윤원은 자신을 찾아온 김창룡이 잠든 사이 소련군 경무사령부에 김창룡을 밀고했다.

북한은 이미 소련군이 북한전역을 장악하고 있었다. 김창룡이 소만국경에서 일본군 특무대원으로 일하며 소련 간첩을 잡는 일을 해왔다는 것이 밀고내용이었다.

가장 믿었던 사람의 집에서 잠들었다가 체포된 김창룡은 곧바로 사형을 선고받고 천여 명의 시민이 모여든 철원경찰서 앞 사형장으로 끌려 나갔다.

그런데 사형집행관이 김창룡은 최고전범이므로 함흥으로 이송시켜 재판을 받은 후 형을 집행한다고 언도했다.

함흥으로 호송되던 김창룡은 호시탐탐 탈출할 기회만 엿보다가 열차에서 뛰어내려 고향 집으로 잠복했다. 그러나 소련군 앞잡이가 된 외사촌의 밀고로 다시 소련군에 체포됐다.

수감 중 조사를 받으며 탈옥할 기회만 엿보던 김창룡은 어느 봄날 따뜻한 뙤약볕 아래서 통역이 오기를 기다리며 소련군 조사관이 꾸벅꾸벅 조는 틈을 타 앉아있던 의자로 소련군 조사관을 내리쳐 죽인 다음 죽기 살기로 도망쳤다.

탈옥하자마자 남으로 내려온 김창룡은 서울역 앞에서 거적 데기를 덮어쓰고 노숙자 생활을 하며 지내다 지인의 소개로 육군사관학교 3기생으로 입교해서 장교가 됐다.

졸업과 함께 육군 제1연대 정보장교로 임용된 김창룡은 곧 일제강점기 소련간첩을 잡던 경험을 살려 좌익을 검거하는 데 많은 성과를 올렸다.

당시 제주 4·3사건, 여수순천 반란사건, 대구 6연대 반란사건 등 갓 출범한 대한민국 체제를 전복시키려는 사건이 계속 일어나자, 이에 대응하는 좌익척결 수사가 국가적 현안으로 떠올랐고 김창룡이 그에 수완을 발휘, 군 정보수사기관의 실력자로 부상했다.

특히, 특무대장으로 장기간 재임(1951.5.15.−1956.1.30.)하던 김창룡은 이승만 대통령을 수시 독대하여 특명사항을 처리하면서 대통령의 최측근 인물이 됐다.

대통령과의 독대를 통해 특명을 받아서 일을 처리했기 때문에 그가 무슨 일을 하는지 주변에서 알 수가 없었다.

6·25전쟁을 겪으며 군부는 한국사회 최대의 영향력 집단으로 성장했다. 제2차 세계대전 후 생겨난 신생국가들에서 군부 쿠데타가 빈발하고 있었다.

전쟁을 겪으며 군부의 정치사회적 영향력이 확대된 한국으로서도 군부 쿠데타의 위협으로부터 자유로울 수 없었다. 이승만으로서는 이러한 군부의 위협으로부터 살아남는 것이 정치적 과제였다.

그 시기 이승만은 군부를 분할해서 통치하는 리더십을 구사했다. 6·25전쟁을 겪으며 군에는 정일권파(함경도), 백선엽파(평안도), 이남파(이형근) 등 3대 파벌이 형성되어 있었다.

군내 파벌을 조성해서 파벌 간 경쟁을 부추기며 대통령에 대한 충성심을 조성하려는 이승만의 군부 리더십이 작용한 결과였다.

이러한 군벌 간 경쟁과 견제를 조정해 나가기 위해서는 군내부

김창룡 특무대장과 이승만 대통령과의 관계를 적나라하게 보여주는 장면(출처 네이버)

의 동향을 상세히 파악할 필요가 있었다. 그 역할을 이승만은 김창
룡이 지휘하는 특무대에 맡겼다.

하지만 이승만의 이러한 통치술도 말기로 접어들면서 한계에
다다르고 있었다.

김창룡 특무대장의 영향력이 확산되어 육군 참모총장의 군 지
휘권이 혼선을 빚는 데 불만이 쌓여가던 정일권파가 특무대 내부
에서 김창룡과 대립각을 세우던 허태영을 사주해서 1956년 1월
30일 출근길에 김창룡을 사살했다.

김창룡의 죽음을 보고받은 이승만은 "이놈들이 기어이 내 오른
팔을 잘랐다."고 비통해했다.

1916년 7월 18일 태어나 일제 강압기, 해방, 건국, 6·25전쟁 등
의 격동기를 겪으며 40년간 험난하게 살다간 김창룡의 짧고 굵은
일생이었다.

「청사회」사건으로 궁지에 몰린 중앙정보부

박정희와 윤보선의 유세 대결이 한창이던 1963년 10월 11일.

윤보선 소속당인 민정당의 김영삼 대변인이 "YTPYoung Thought
Party, 靑思會라는 비밀결사가 각 대학에 조직되어 박정희의 당선을
위해 움직이고 있다."고 폭로했다(김형욱·박사월, 1985b: 74).

그 며칠 전인 10월 5일 윤보선 후보가 처음 거론하기 시작하더

니 마침내 당 대변인이 정식 문제를 제기하고 나선 것이다.

하지만 이 문제는 중앙정보부가 무대응으로 일관한 데다 박정희 사상시비에 묻혀 크게 부각되지 않았다.

그런데 박정희가 대통령에 취임하고 한일 국교 정상화 회담을 강력하게 추진하던 1964년 4월 23일 서울대 문리대생들이 'YTP 학원사찰 진상 성토대회'를 열었다.

박정희가 대통령에 취임하자마자 한일 국교 정상화 회담을 강력하게 밀어붙여 야당, 대학가와의 대립이 팽팽하게 맞서던 시점이었다.

그 시기 중앙정보부에 대한 비판여론도 높아지고 있었다. 대선 기간 중 윤보선은 중앙정보부가 공포정치의 본산이라며 중앙정보부 해체를 요구하고 나섰다. 대선이 끝났으나 중정 해체를 주장하는 야권의 여진이 계속되고 있었다.

그런 와중에 YTP문제가 다시 부각되기 시작한 것이다. 배후에 중앙정보부가 개입되어 있다는 의혹 때문에 야당으로서는 박정희 정부를 코너로 몰아붙일 수 있는 좋은 소재였다.

한일국교 정상화 회담에 반대하는 대학가 시위가 극렬한 양상을 보이고, 야당의 김준연 의원이 "박정희-김종필 라인이 선거자금으로 일본에서 약 2천만 불을 받았다."고 주장하는 성명을 발표, 공화당이 김준연을 명예훼손으로 고발하고 이에 맞대응 김준연이 박정희-김종필을 외환죄로 고발하는 등 여야 간 긴장이 더욱 높아가던 4월이었다.

이처럼 조그만 불씨만 댕기면 폭발할 것 같은 시국에 YTP 내막을 폭로한 서울대 정치학과 4학년생 송철원이 심야에 누군가에 끌려가 린치를 당하는 사건이 일어났다. 1964년 5월 21일 저녁이었다.

그 직전 날인 5월 20일 서울시내 9개 대학생 2천 명이 서울대 문리대 강당에서 '민족적 민주주의 장례식 및 성토대회'를 열고 검은 관을 맨 채 시가행진을 감행, 경찰과 충돌하여 학생 21명, 민간인 28명이 중상을 입는 마찰이 일어났다.

훗날 밝혀진 바에 의하면 중정요원들은 이 데모에 가담한 송철원을 데리고 와 구타했다. 그리고 김형욱은 송철원 구타 사실을 까마득히 모르고 있었다고 주장했다.

사고가 일어나자 대통령 선거 후 새롭게 국내정보 담당 제3국장에 임명된 전재구는 "송철원이 옛날에는 YTP다 해서 저희들 말도 고분고분 듣고 정보도 물어다 주고 하더니 요사이는 민비연(민족주의 비교연구회) 녀석들과 어울려 데모에 앞장을 서 얄미워서 잡아다 때렸다."고 부장에게 보고했다.

이 사고 직후의 심경을 김형욱은 이렇게 묘사했다.

잠자리마저 편하질 않았다. 민족적 민주주의 장례식 데모를 계기로 중앙정보부가 YTP관계 학생에게 린치를 가했다는 사실이 드러남에 따라 나는 하루아침에 학생과 언론이 합세하는 비난의 과녁이 되고 말았다. 맹세컨대 내가 직접 지령한 바는 없었으나 부하들의 잘못에 나로서는 책임을 느끼지 않을 수가 없었다.

심지어 민주공화당 내의 민관식 같은 사람도 부화뇌동하여 자신의 정치생명을 연장하기 위해서인지 나를 노골적으로 비판하고 나섰다. 사태는 이미 돌이킬 수 없을 만큼 악화되고 있었다(김형욱·박사월, 1985b: 119).

마침내 김형욱은 외부압력을 견디지 못하고 그해 5월 29일 YTP사건에 책임을 지고 대통령에게 사표를 제출했다. 이어 5월 30일 검찰은 송철원 린치사건 범인으로 중앙정보부 직원 3명을 구속했다.

하지만 김형욱의 사표는 6월 3일 서울 일원에 비상계엄령이 선포된 다음 날인 6월 4일 반려됐다.

이 사건이 일어나자 당시 언론은 YTP가 4·19 직후 조직된 대학생 비밀결사인 KKP(구국당)의 후신으로 이범석이 주도하던 족청계 인물들 중심으로 결성되었는데, 5·16이 일어나자 문맹퇴치운동을 전개하는 등 군정에 협조하면서 중앙정보부와 연결된 것으로 보도했다(한국편집기자회, 1982: 413~414).

김종필의 김형욱론

중앙정보부를 창설한 김종필, 중앙정보부의 기반을 다진 김형욱.
5·16 전후 친밀했던 육사 8기 동기생이었다.
5·16의 시발이 된 정군운동부터 5·16, 김종필의 1차 외유에 이

어 김종필이 중앙정보부장에서 물러나던 1963년 1월까지 김형욱은 깍듯하게 김종필을 대우했다.

충성으로 보일 만큼 저자세를 보였다. "내가 권총 차고 네 호위병이 되겠다. 어떤 위협이 오고 어떤 희생을 당하더라도 너를 돕겠다."고 다짐하곤 했다(김종필, 2016a: 341~342).

그러던 김형욱이 1963년 7월 13일 중앙정보부장에 오르면서 돌변했다. 김종필을 공격하기 시작했다.

그의 인물 됨됨이에 대해 김종필은 이렇게 평했다.

정보부장 김형욱은 저돌적이고 예리했다. 박 대통령은 그의 저돌성을 높이 사 중용했다. 중앙정보부를 이끄는 데 이것저것 계산하지 않고 밀어붙이는 성격이 필요한 건 사실이다. 그렇다고 김형욱을 둔하다고 보면 큰일 난다. 그는 아주 예리한 측면이 있었다. 자기 이해관계가 걸린 일엔 몇 사람이 달라붙어 꾀를 내도 그를 이기기 힘들 정도다…

김형욱은 상대방의 약점을 순발력 있게 파고드는 힘이 있다. 그의 별명처럼 멧돼지 같은 저돌성 뒤엔 예리한 호랑이 발톱이 숨겨져 있다. 미국으로 도망가기 전 김형욱은 내게 이런 소리를 자주 했다.

"나를 미련한 놈으로 여기는 놈들이 있는데 천만의 말씀… 그 두 배 세 배로 내가 재간을 부린다고."

일본 속담에 '한 줄 새끼 갖고 아무것도 할 수 없다'라는 말이 있지만 김형욱의 성향은 이렇게 여러 새끼줄이 꼬여 만들어졌다…

김형욱은 1973년부터 박 대통령과 조국을 배신하고 미국 망명객 행세를 하면서 죽을 때까지 대결 자세를 취했다…

김형욱은 왜 박 대통령에게 끝까지 대들었을까. 나는 그의 인간적인 문제에 한 원인이 있다고 생각한다. 김형욱은 자기가 힘이 있고 치밀하다는 터무니없는 자부심에 사로잡혔다. 권력으로 긁어모은 돈을 해외에 빼돌리거나 미국 CIA가 알고 싶어 하는 모든 것을 제공해 줄 수 있다는 자만이 있었다.

육영수 여사도 그의 월권과 인간성에 위험을 느꼈다. 박 대통령에게 여러 차례 김형욱 중앙정보부장의 경질을 건의했다.

결국 박 대통령은 3선 개헌 직후 김형욱을 그만두게 했다. 이것저것 종합해 보면 '언제 김형욱이 내게도 덤빌지 모른다'는 게 대통령의 생각이었다(김종필, 2016a: 338~339).

1977년 미 하원 국제관계소위원회에 출석하여 박정희 대통령을 비난하는 김형욱(출처 네이버)

제9장

북한 대남공작노선의
변화

박헌영을 미제간첩으로 몰아 죽인 김일성

중앙정보부 시대 북한의 대남공작을 이해하기 위해서는 김일성이 박헌영을 미제 간첩으로 몰아 죽이는 과정에 대한 예비지식이 필요하다.

박헌영과 남로당 세력을 대대적으로 숙청함으로써 1950년대 후반부터 김일성이 대남공작을 직접 관장하는 시대가 열렸기 때문이다.

박헌영이 사형선고를 받은 날은 1955년 12월 15일이었다. 휴전회담 타결이 임박한 1953년 3월 11일 구속됐으나 조사가 길어져 2년 10개월이라는 시간이 걸렸다.

박헌영보다 일주일 먼저 체포된 이승엽, 이강국 등 10명은 체포된 지 5개월 만인 1953년 8월 6일 사형선고를 받고 처형됐다.

박헌영과 이승엽, 이강국 등에게 적용된 죄목은 간첩죄, 남한체제 전복역량 파괴죄, 북한정권 전복 쿠데타 음모죄 등 세 가지였다.

주한미군사령관 하지John R. Hodge, 하지 사령관의 정치고문이었던 노블Harold J. Noble, 내무부 치안국 사찰과 고문이었던 니콜스Donald Nichols 등의 지령을 받고 미군정에 협력하는 간첩행위를 하였다는 것이 이들의 간첩죄 내용이다.

김일성이 박헌영 일파를 제거하는 방식은 소련 공산당의 베리아L. P. Beriya 숙청 방식과 유사한 측면이 있다.

베리야는 스탈린의 최측근으로서 1930년대 후반 대숙청을 주도한 인물 중의 한명이다.

1953년 3월 5일 스탈린이 사망한 뒤에는 말렌코프G. Malenkov, 흐루시초프M. S. Khruschev 등과 권력투쟁을 벌이다 흐루시초프에 의해 제거됐다.

1953년 6월 총살될 때 베리야에게 적용된 죄목은 영국 정보기관의 스파이였으며, 소련에서 권력을 장악한 후 자본주의를 회복시키는 '반당·반국가적 종파·간첩행위'를 음모했다는 죄였다.

베리야 처형 직후인 1953년 7월 18일 북한에서는 노동당 중앙위 정치위원회가 열렸다. 베리야의 반당·반국가적 행위를 비판한 소련 공산당 중앙위 전원회의(1953.7)의 결정을 지지하기 위해서 개최된 회의였다.

이 회의에서 김일성은 "소련 공산당 내에 있는 반역자 베리야의 사건에 앞서 우리 당 내에서는 박헌영의 비호하에 반국가적·반당적 간첩·암해·파괴·해독 활동들을 감행한 이승엽 도당들을 폭로했으며, 이로써 우리 당의 통일과 단결은 더욱 강화됐고 전투력은 일층 제고됐다."고 평가했다(백학순, 2010: 134~135). 김일성이 베리야의 숙청방식을 모방했음을 알 수 있는 대목이다.

박헌영이 처형되는 장면에 대해서는 동독 주재 북한대사와 북한 외무성 부상을 지낸 박길룡이 박헌영 아들 원경 승려에게 남긴 말이 제일 신빙성이 있다.

박길룡의 증언에 의하면 김일성이 동유럽과 소련을 방문하고

박헌영을 미제 스파이로 몰아 죽인 김일성. 김일성 바로 뒤가 박헌영, 그 뒤는 1948년 월북해서 국가검열상 등 요직을 지냈으나 사망경위가 여전히 미궁으로 남아있는 김원봉. 김원봉은 장개석의 스파이로 몰려 죽었다는 설도 있다.

귀국한 1956년 7월 19일 바로 그날 사회안전부장 방학세에게 "그 이론가 어떻게 됐어?" 하고 물은 뒤 증거가 있건 없건 그날 안으로 죽이라는 명령을 내렸다고 한다.

김일성의 명령에 따라 박헌영을 처형 장소로 끌고 갈 때는 박길룡의 운전수가 운전을 했는데, 밤중에 허리까지 오는 잡풀 속을 헤치고 가서 방학세가 권총을 머리에 대고 두 발을 쏴서 죽이고 그 자리에 묻었다고 한다(이정 박헌영기념사업회, 2004: 532).

김일성은 중국과 소련의 반대를 무릅쓰고 박헌영을 처형했다.

그 내막을 보면 다음과 같다. 박헌영이 처형된 직후인 1956년 9월 18일 중국 마오쩌둥은 베이징에서 소련 공산당 간부 미코얀 Anastas I. Mikoyan에게 김일성과 나누었던 대화를 소개했다.

마오쩌둥에 의하면 박헌영이 체포되어 8개월여 지난 1953년 11월 김일성을 자신의 방에서 만났다.

그때 김일성은 마오쩌둥에게 '박헌영의 반역죄 증거가 충분하지 않은데 어떻게 하는 것이 좋은지' 물었다고 한다.

그에 대해 마오쩌둥은 박헌영을 죽이는 데 반대하면서 "박헌영은 베리야가 아니다. 베리야는 많은 사람들을 죽였지만 박헌영은 일개 문인"이라고 강조하며 박헌영이 남로당의 영수임을 고려해야 한다고 강조했다(백학순, 2010: 135, 137).

한편 박헌영에게 사형선고를 내리는 재판이 열리기 전 북한 주재 소련대사는 김일성에게 박헌영을 소련으로 데려가고 싶다는 의사를 전달했다.

그러나 김일성은 박헌영 재판이 예정되어 있기 때문에 그 재판 결과에 따라 처리되어야 한다며 이를 거부했다.

또한, 김일성은 소련대사가 박헌영과 접촉하는 것을 차단했다. 소련대사는 김일성의 허락을 받아야만 박헌영을 만날 수 있었다(정창현, 2002: 247~251).

재판이 끝난 뒤에도 그의 목숨을 건지려는 소련 측의 노력이 계속됐다. 1956년 4월 19일 북한주재 소련 대사 이바노프는 김일성을 만나 사형집행을 만류했다. 그러나 김일성은 "박헌영이 간첩이며 조선인민은 한결같이 형 집행을 찬성하고 있다."고 반박했다(정창현, 2002: 220~221).

일주일 평균 2-3백 개 발송되던
대북 비밀 무전

1901년 12월 12일 이탈리아의 과학자 마르코니Guglielmo Marconi (1874-1937)가 대서양을 횡단하는 무선통신 실험에 성공했다.

서구는 새로운 문명의 이기에 환호했다. 뉴욕 타임즈는 "20세기가 무선전신으로 시작됐다."며 세기사적 사건으로 평가했다.

뉴욕 타임즈의 예언처럼 무선통신은 20세기 문명발전에 큰 영향을 미쳤다. 라디오가 보급되면서 대통령선거에 라디오 연설이 도입되고, 타이타닉 침몰사건(1912) 때는 근방을 지나던 선박들이 무전으로 긴급신호를 받아 많은 사람을 구출하기도 했다.

특히, 세계 각국의 스파이 활동에 많은 변화가 일어났다. 무전기가 없을 때는 적진 깊숙이 침투한 스파이가 수집첩보를 종이에 써 사람을 통해 자기 진영에 보내거나 비둘기 발목에 묶어 날려 보내는 등 자연을 이용해서 전달하는 방식으로 스파이 활동이 전개됐다.

하지만 무전기가 발명된 이후 스파이 운영방법이 과학화·조직화됐다. 스파이에게 무전을 치는 방법과 무전을 받는 방법을 교육한 후, 스파이를 적진에 침투시켜 수집첩보를 무전으로 보고받는 방식으로 첩보활동이 과학화됐다. 스파이가 치는 무전을 중간에서 가로채는 도청과 암호해독 기술도 발달했다.

이 같은 첩보전이 발달함에 따라 1-2차 세계대전부터 대량의 스파이를 체계적으로 양성하는 스파이 조직이 발전하기 시작했다. 영국의 특수공작국SOE, 미국의 전략정보국OSS같은 스파이 전문기구들이 조직되어 나갔다.

무전기와 권총이 곧 스파이를 입증하는 시기였다. 냉전시대 북한이 내려보내는 간첩의 필수품이기도 했다.

그 당시 북한간첩을 추적하기 위해서는 전파를 탐지하는 방법
이 주효했다. 당시 주파수는 정부당국에 모두 신고되어 있었다. 그
상황에서 당국에 신고되지 않은 주파수로 무전을 치는 사람이 곧
간첩이었다.

1960년대 중앙정보부는 이 불법 무전을 감청하는 방법으로 간
첩을 체포했다.

김형욱에 따르면 1960년대 중반, 당국에 등록되지 않은 주파수
로서 서울에서 발신되는 전파는 일주일에 평균 2-3백 개였다.

간첩 1명이 일주일에 평균 한 번 무전을 친다고 전제할 때 서울
에만 2-3백 명의 간첩이 암약하고 있었던 것이다.

하지만 이러한 전파를 탐지하기가 기술적으로 무척 어려웠다.
당시 중앙정보부가 가진 전파탐지기의 성능으로는 그 발신처를
정확히 잡아낼 수가 없었다.

간첩들이 중앙정보부의 탐지를 회피할 목적으로 여기저기 옮겨
다니며 무전을 치는 데다 무전을 치는 주기도 일정하지 않았다.

어느 전파를 수사대상으로 잡으면 중정 요원들이 그 근처에 잠
복해서 며칠씩 기다리다가 추가 발신을 포착하면 전파탐지기를
앞세우고 발신지점을 추적하는 방식으로 전파를 탐지했다.

전파가 끊기기 전 추적하기 위해 남의 집 담을 뛰어넘거나 흙탕
개울물을 건너야 할 경우도 있었다. 그러다가 도둑놈으로 오인받
기도 하고 사나운 개에 물려 중상을 입기도 했다. 그 결과 간첩을
체포할 성공률이 높지도 않았다.

당시의 수사여건에 대해 김형욱은 이렇게 회고했다.

세상에 간첩만큼 수사관의 냄새를 잘 맡는 족속들도 없다. 이런 고충을 국민에게 공표하면 국민들이 실감을 하고 중앙정보부가 하는 일에 더 큰 이해를 가져주리라는 것쯤 모르는 바가 아니었다. 그러나 사실을 다 얘기한다면 서울시민은 걷잡을 수 없는 불안에 빠져버릴까 저어되어 그런 것들을 말하지 못하는 애로를 우리는 가지고 있었다(김형욱·박사월, 1985b: 197).

대남공작 총본산 '대남사업총국' 창설

한국에서 중앙정보부장 자리를 놓고 김재춘과 김형욱이 치열하게 경합하다 김형욱이 중앙정보부장 자리를 차지, 김형욱 중심으로 대공체계가 안정되어 나가던 1963년, 북한에서도 대남연락부에 공화당 공작과를 신설하는 등 대남공작체계를 재정비했다.

그 과정에 대해서는 체포된 전향간첩 박병엽이 자세한 증언을 남겨놓았다.

박병엽은 북한 대남공작기관 출신으로서 1990년대 초기 중앙일보에 북한 내부의 비밀을 폭로하는 인터뷰를 연재했고, 중앙일보에서 이를 『비록 조선민주주의인민공화국』이라는 단행본으로 출간하여 북한현대사를 연구하는 논문이나 책자에서 많이 인용되어 왔다.

당시 중앙일보는 박병엽의 신변을 보호해 주기 위해 신경완, 서용규, 황일호, 신평길, 최종민, Q씨, S씨 등 가명으로 그를 소개했으나 그의 사후 국정원 기조실장을 역임한 서동만 전 상지대 교수가 그의 저서(북조선 사회주의체제성립사 1945-1961)에서 박병엽의 실명을 처음 공개했다.

그럼에도 박병엽이 남한으로 넘어오게 된 경위와 배경에 관해서는 언론계·학계에 알려지지 않았는데, 「국정원 과거사건 진실규명을 통한 발전위원회」가 발행한 책자에 진실이 담겨 있다. 해당 책자에 따르면 「비록 조선민주주의인민공화국」의 증언자는 '도원1호'라고 기록되어 있다.

그와 함께 '도원1호는 놀라운 기억력의 소유자로서 북의 대남사업과 관련하여 아주 고급의 정보를 엄청난 양으로 제공했다.'고 전제하며 '도원1호는 우리의 우방국 대상으로 나가있던 사람을 포섭하기 위해 해외에 나왔다가 국정원에 체포된 뒤 전향했는데, 그의 체포는 남한의 대공활동에서 가장 성공적인 공작으로 평가된다.'고 밝히고 있다(국정원과거사건진실규명을통한발전위원회, 2007: 276~277).

즉, '도원 1호'가 박병엽인 것이다.

박병엽의 증언에 따르면 1963년경 북한은 먼저 조직 측면에서 남한의 공화당에 대한 공작을 강화하기 위해 노동당 대남연락부에 '공화당 공작과'를 신편했다.

공화당 상층부에 대해서는 친북 분위기를 조성하는 '영향력 공작'이 추진되고 중·하층에 대해서는 직접 포섭하는 두 가지 방향으로 공작이 진행됐다.

이어 노동당 중앙에 대남사업을 총괄하는 대남사업총국이 신설됐다. 4·19 후에 대남연락부와 문화부를 총괄하는 중간적 지도기구로 설치됐던 '남조선국'이 5·16 직후인 1961년 11월 해체됐다가 다시 부활된 것이다.

대남사업을 강화하기 위해 조사부도 창설됐다. 대남사업총국 지휘 아래 대남연락부, 문화부, 조사부가 병립하는 시대가 열렸다.

인력 측면에서 신설 대남사업총국장에는 남조선국이 해체되면서 직맹위원장으로 자리를 옮겼던 이효순이 복귀했다. 대남연락부장은 어윤갑을 4·19 및 5·16 예측실패의 책임을 물어 1961년 11월 해임시킨 뒤 서철이 잠시 자리를 맡았다가 1962년 8월 유장식에게 넘어갔다.

문화부장 김중린은 유임됐다.

신설 조사부의 초대 부장에는 방학세가 임명됐다. 방학세는 해방 뒤 소련에서 들어와 정보공작이나 보안관계 책임자로 일해오던 사람이었다. 조사부장에 임명되기 직전에는 사회안전부장을 역임했다.

공작목표의 측면에서 해외를 통한 우회공작을 대대적으로 추진하기 시작했다. 대남연락부나 문화부 내에 해외공작기구를 만들어 나갔다.

해외공관에 근무하는 기존 외교관과는 다른 외교관 신분의 대남공작원들이 대거 해외에 파견됐다.

세계 곳곳에 해외공작 거점을 만들어 활동하기 시작했다. 거점 책임자는 3호 청사의 과장급이었고 그 밑에 지도원급 몇 명이 파견되어 독자적인 한 팀을 만들었다. 해외거점의 중점 사업은 대남사업에 필요한 해외교포와 남한의 여행자들을 포섭하는 일이었다.

50년대까지는 북한을 해외에 홍보하는 선전공작 중심이었으나 60년대 들어 공작대상을 포섭하는 방향으로 전환됐다. 동백림 사건은 이러한 포섭공작의 결과였다.

남한내부에는 마르크스-레닌주의적 전위정당을 건설하는 것이 공작목표로 설정됐다. 북한 노동당과는 별개로 남한 내부의 독자적인 지하당을 만드는 것이 목표였다. 그 결과 남한 지하에 통일혁명당이 창당됐다(유영구, 1993: 243~250).

김일성의 '맑스-레닌주의적 혁명당' 결성 촉구

중앙정보부는 6·3사태를 지켜보며 새로운 특이점을 발견했다.

학생 데모대의 선전문에서 그 이전에는 볼 수 없었던 '매판 자본가', '피어린 항쟁' 같은 북한 선전물에 등장하는 용어들이 나타나고 있었다.

이것은 데모를 배후 조종하는 인물 가운데 북한과 연결된 세력이 있다는 것을 의미했다.

이러한 특이점을 추적하던 중앙정보부 제5국(국장: 홍필용)은 1962년 1월 북한 노동당 지령에 의해 남한에 인민혁명당이라는 비밀 지하조직이 결성됐고, 이들은 혁신계 정치인, 현직 언론인 및 대학교수, 학생들로 구성되었으며 이 조직이 6·3사태에 개입했다는 정보를 입수했다(김형욱·박사월, 1985b: 131).

이 사건의 실무담당 과장은 제5국 대공과장 이용택이었다.

김형욱 부장은 1964년 8월 14일 기자회견을 갖고 사건 전모를 이렇게 발표했다.

1962년 1월 서울 남대문구 부암동의 우동읍 집에서 북괴로부터 특수사명을 띠고 남하한 간첩 김영춘 사회로 통일민주청년동맹 중앙위원장이던 우동읍과 민주민족청년동맹 경북도 간사장이던 도예종 등이 발기인회를 갖고 외국군 철수와 남북서신, 문화·경제교류를 통한 평화통일을 골자로 한 북괴노동당 강령·규약을 토대로 발족한 「인민혁명당」은 북괴지령에 따라 한일회담 반대 학생데모를 조직적으로 일으키는 방향으로 개편, 강화하여 3·24 학생데모가 일어나자 「불꽃회」 간부 등을 포섭, 학생 데모를 배후 조종함으로써 현 정권을 타도, 국가 변란을 음모했다(《서울신문》, 1964.8.14).

이 사건은 사법처리 과정에서 일부 검사들이 증거부족을 이유로 기소를 거부하는 등 조작논란이 일었다.

김형욱 역시 그의 회고록에서 중앙정보부장으로 재직했던 7년 동안 가장 곤란하고 다루기 어려운 사건이었다고 고백했다. 심증은 뚜렷하나 물증이 없었기 때문이다.

그러면서 김형욱은 수사 도중 월북한 인민혁명당 총책 김배영 (발표당시에는 '김영춘'이란 가명 사용)이 간첩교육을 받고 1967년 다시 남파되었다가 체포된 사실을 들어 사건의 진실을 강조했다.

1967년 체포되었을 당시 김배영은 비밀연락을 위한 무전기와 난수표, 그리고 권총과 공작금을 소지하고 있어 간첩혐의를 벗어나기 어려웠다.

당시 수사 실무자였던 이용택은 2004년 월간조선과의 인터뷰에서 "김배영이 권총 여섯 자루에 실탄 300여 발을 소지한 채 부산 다대포로 침투했다가 검거됐는데, 진해 별장에 내려오는 박정희 대통령을 살해하라는 지령을 받고 내려왔었다."고 설명했다(《월간조선》, 2004. 4).

또한, 김형욱 부장은 발표문에서 '남조선을 혁명시킬 당이 필요하다'는 김일성의 지령에 따라 인민혁명당이 결성되었다고 밝혔다.

발표문을 보면 당시 중앙정보부는 1961년 9월 있었던 김일성의 연설문을 입수하여 그 추이를 지켜보고 있었던 것으로 보인다.

훗날 발굴된 자료에 따르면 1961년 9월 11일 평양에서 개최된 북한 노동당 제4차 대회에서 김일성은 이렇게 연설했다. 관련 부분을 원문 그대로 옮겨본다.

… 남조선 인민들이 반제 반봉건 투쟁을 성과적으로 진행하며 이 투쟁에서 승리를 쟁취하기 위하여는 맑스-레닌주의를 지침으로 하며 로동자, 농민을 비롯한

광범한 인민대중의 리익을 대표하는 혁명적 당을 가져야 합니다. 이러한 정당이 없이는 인민대중에게 명확한 투쟁 강령을 줄 수 없으며, 혁명군중을 굳게 결속할 수 없으며, 군중투쟁을 조직적으로 전개할 수 없습니다. 혁명적 당이 없었고 명확한 투쟁 강령이 없었으며 따라서 기본 군중인 로동자, 농민이 항쟁에 광범히 참가하지 못하였기 때문에 4월 봉기는 철저히 조직적으로 전개되지 못하였으며 남조선 인민들은 그들이 흘린 피의 대가를 미제의 다른 주구들의 손에 빼앗기지 않을 수 없었습니다. 역시 혁명적 당의 령도가 없었으며 로동자, 농민, 병사 대중의 각성이 부족하였기 때문에 남조선 인민들은 군부 상층의 파쑈 분자들에 의한 권력 탈취를 막지 못하였으며 민주주의적 권리에 대한 적들의 공격을 반대하여 효과적인 반격을 조직하지 못하였습니다. 남조선 인민들은 이 쓰라린 경험에서 반드시 교훈을 찾아야 합니다. 남조선 인민들은 광범한 군중 속에 깊이 뿌리박은 로동자, 농민의 독자적인 당을 가져야 하며, 그 합법적 지위를 쟁취하여야 합니다(돌베개, 1988: 225~226).

김일성 연설장면

일지(日誌)

1948.10	대한관찰부 창설요원(300명) 교육 완료
1948.10.19.	여순사건 발생
1948.11.11.	박정희, 남로당 가입혐의로 입건
1948.12.	박정희, 육군본부정보국 전투정보과장 부임
1949.2.13.	육군고등군법회의, 박정희에 무기징역·파면 선고
1949.3	대한관찰부 해산
1949.5.23.	육사 8기 졸업생 30명, 육본정보국 발령
	* 3주간 청량리 정보학교 직무교육
1949.6.20.	육본 정보국 발령 육사 8기 30명, 실무 배치
	* 청정회(淸情會) 결성
1949.11.	장도영, 육본 정보국장 부임
1949.12.28.	육본 정보국 전투정보과, '연말 종합 적정판단서' 작성
1956.1.30.	김창룡 특무대장 피살
1958	미 CIA 한국지부 개설
1958	국방부 직속 중앙정보부(부장: 이후락) 창설
	* 대외명칭 '79호실'
1959.1.1.	육본정보국, 육본 정보참모부로 개편
1959.9.	피어 드 실바, 미 CIA 한국지부장 부임
1960.3.	김형욱, 육본 작전참모부 전입
1960.5.2.	박정희, 송요찬 육참총장에 3·15부정선거 개입관련 사퇴요구 서한 발송
1960.5.8.	김종필·김형욱 등 8명, 송요찬 육참총장 퇴진요구
1960.5.29.	이승만, 하와이 망명
1960.7.28.	박정희, 광주 제1관구 사령관 전보
1960.9.10.	김종필·김형욱·석정선등 11명, 장면 정부 전복결의

* 이른바 '충무장 결의'

* 박정희, 육본 작전참모부장 전입

1960.11.16. 중앙정보연구위원회규정 제정

1961.1. 이후락, 중앙정보연구위원회 연구실장 부임

1961.2.15. 김종필·석정선, 최영희 연참총장 퇴진 요구하다 강제 예편

1961.2.20. 장도영, 육참총장 취임

1961.3. 장면 정부, 시국정화운동본부 창설

1961.4.7. 박정희와 5·16 주체세력 첫 회동

1961.5.17. 김종필, 최영택 등 청정회 멤버들에 중앙정보부 창설 지시

1961.5.19. 김종필, 최영택에 장면 정부 '중앙정보연구위원회' 접수 지시

1961.5.20. 이후락, 최영택에 중앙정보연구위원회 인계 약속

1961.5.21. 문재준, 헌병감 부임

1961.5.23. 중앙정보부 창설팀 사무실 개소(태평로 국회별관)

1961.6.3. 국가재건최고회의, 국가재건비상조치법 제정

1961.6.6. 국가재건비상조치법 공포

1961.6.10. 중앙정보부법 및 국가재건최고회의법 공포

1961.6. 김재춘 방첩대장 부임

1961.6.26. 김종필, 이병철 삼성사장 면담

1961.6.27. 박정희, 이병철에 한국경제인협회 창설 권유

1961.7.2. 중앙정보부, 장도영 일파 반혁명혐의 체포

1961.7.3. 반공법 제정

1961.8.31. 황태성, 서울 잠입

1961.10.20. 중앙정보부, 황태성 체포

1961.11. 북한, 남조선국 해체·어윤갑 연락부장 해임

1961.11.12. 박정희-이케다 정상회담

1961.12.8. 이후락, 국가재건최고회의 공보실장 부임

1961.12.23. 김종필 중앙정보부장, 최고위원에 신당창당 계획 브리핑

1962.1. 중앙정보부, 신당 창당사무실(동양화학주식회사) 개설

1962.3.16. 정치활동정화법 공포

1962.6.8.   중앙정보부, 장면 비서 위태커 추방

1962.7   피어 드 실바, 홍콩으로 전출

1962.7.12.   김재춘 방첩대장 퇴임, 후임에 정승화 취임

1962.10.20. 김종필-오히라 1차 회담

1962.11.12. 김종필-오히라 2차 회담

1963   북한, 대남사업총국 및 조사부 신설

1963.1.7.   김종필 중앙정보부장 사임, 2대 부장 김용순 취임

1963.2.18.   박정희, 민정 불참선언

1963.2.20.   김종필, 공화당 창당준비위원장직 사임

1963.2.21.   김용순 중앙정보부장 퇴임, 3대 부장 김재춘 취임

1963.2.25.   김종필, 자의반 타의반 외유

1963.3.16.   박정희, 군정 4년연장 선언

1963.3.28.   최영택 주일대표부 참사관 귀국

1963.5.27.   공화당, 박정희를 대통령 후보로 지명

1963.7.6.   노태우·전두환 등, 공화당 사전창당 인물 체포기도

1963.7.13.   김재춘 중앙정보부장 사임, 4대 부장 김형욱 취임

1963.8.30.   박정희, 공화당 총재 및 대통령후보 지명 수락

1963.9.3.   김재춘, 자유민주당(자민당) 최고위원 선출

1963.9.7.   김재춘, 자민당 탈당, 외유

1963.9.25.   윤보선 대선 후보, 황태성 사건 폭로

1963.9.27.   김형욱 중앙정보부장, 황태성 사건 전말 발표

1963.10.10. 박정희 대선 후보, 황태성 사건 해명

1963.10.12. 김종필·김재춘, 브라질에서 회동

1963.10.15. 제5대 대통령 선거

1963.12.6.   김재춘 귀국

1963.12.14. 민정이양 대비 중앙정보부법 전면 개정

           * 황태성 총살

1963.12.17. 박정희, 제5대 대통령 취임

1965.6.22.   한일 국교정상화 조인식

참고 자료

서적

- 강창성. 1991. 『일본/한국 군벌정치』. 해동문화사.
- 계인주. 1999. 『맥아더 장군과 계인주 대령』. 다인 미디어.
- 국가재건최고회의. 1963. 『한국군사혁명사 제1집』. 한국군사혁명사편찬위원회.
- 국정원과거사건진실규명을통한발전위원회. 2007. 『과거와 대화, 미래의 성찰-학원·간첩편(Ⅳ)-』. 국가정보원.
- 김계동·김근식 등. 2009. 『북한체제의 이해 - 제도와 정책의 지속과 변화』. 명인문화사.
- 김대중. 2010. 『김대중 자서전 1』. 삼인.
- 김운태. 1986. 『한국현대정치사』. 성문각.
- 김윤근. 1987. 『해병대와 5 · 16』. 범조사.
- 김정렬. 2010. 『항공의 경종』. 대희.
- 김종필. 1971. 『J. P. 칼럼』. 서문당.
          2016a. 『김종필 증언록 1』. 미래엔.
          2016b. 『김종필 증언록 2』. 미래엔.
- 김충식. 1992. 『남산의 부장들 ①』. 동아일보사.
- 김학민 · 이창훈. 2015. 『박정희 장군, 나를 꼭 죽여야겠소 한국 현대사의 미스터리 황태성사건의 전모』. 푸른역사.
- 김형욱 · 박사월. 1985a. 『김형욱회고록 제Ⅰ부』. 아침.
                  1985b. 『김형욱회고록 제Ⅱ부』. 아침.
- 노태우. 2011. 『노태우 회고록 상권 - 국가, 민주화 나의 운명』. 조선뉴스프레스.
- 돌베개 편집부. 1988. 『북한연구기초자료집 1 북한 '조선로동당대회' 주요 문헌집』. 돌베개.
- 동아일보사. 1989. 『신동아 1989년 1월호 별책 부록 · 원자료로 본 북한

1945-1988』. 동아일보사.

- 민주사회를 위한 변호사 모임 국가보안법 연구모임 편저. 2011. 『2008~ 2010 국가보안법 보고서』. 민주사회를 위한 변호사 모임.

- 박범래. 1988. 『한국경찰사』. 경찰대학.

- 방원철. 1995. 『김종필 정체』. 단군.

- 백선엽. 1990. 『군과 나』. 대륙연구소.

- 백태하. 1996. 『반역자의 고백』. 제일미디어.

- 백학순. 2010. 『북한권력의 역사』. 한울.

- 법무부 법무실 통일법무과. 2018. 『통일법무 기본자료(북한법제)』. 법무부.

- 송원영. 1990. 『제2공화국』. 샘터사.

- 실바, 피어 드. 1983. 『서브로자-미국 CIA 비밀공작부-』.이기홍 옮김. 인문당.

- 오효진. 1986년 11월호. "비화 5·16, 김종필 인터뷰" 월간조선.

- 유영구. 1993. 『남북을 오고간 사람들』. 글.

- 유재흥. 1994. 『격동의 세월』. 을유문화사.

- 육군본부 군사감실. 1961. 『육군사 제3집』. 육군본부.

- 이대인. 2011. 『대한민국 특무부대장 김창룡』. 기파랑.

- 이도성 편저. 1995. 『실록 박정희와 한일회담(5·16에서 조인까지)』. 한송.

- 이동원. 1992. 『대통령을 그리며』. 고려원.

- 이병철. 1986. 『호암자전』. 중앙일보사.

- 이석제. 1995. 『각하, 우리 혁명합시다』. 서적포.

- 이한. 1989. 『북한의 통일정책변천사-1948년~1985년 주요문건(상)』. 온누리.

- 이영근. 2003. 『오봉산을 향한 여로』. 경화출판사.

- 이영신. 1993. 『이영신의 현대사 발굴 비밀결사 白衣社(中)』. 알림문.

- 이정 박헌영 기념사업회 편. 2004. 『이정 박헌영 일대기』. 역사비평사.

- 이정식. 1986. 『한국현대정치사 제3권 제2공화국』. 성문각.

- 이한림. 1995. 『이한림 회상록 세기의 격랑』. 팔복원.

- 장도영. 2001. 『망향』. 숲속의 꿈.

- 전인권. 2006. 『박정희 평전』. 이학사.

- 정대철. 2001. 『장면은 왜 수녀원에 숨어 있었나?』. 지식공작소.

- 정승화. 2002. 『대한민국 군인 정승화』. Human & Books.
- 정창현. 2002. 『인물로 본 북한현대사』. 민연.
- 조갑제. 1988. 『조갑제의 대사건 추적 3 : 국가안전기획부 』. 조선일보사.
  2006a. 『박정희 3 - 혁명 전야』. 조갑제 닷컴.
  2006b. 『박정희 4 - 5·16의 24시』. 조갑제 닷컴.
  2006c. 『박정희 5 - "문제는 경제야"』. 조갑제 닷컴.
  2006d. 『박정희 6 - 대통령선거』. 조갑제 닷컴.
  2015. 『CIA요원 마이클 리』. 조갑제닷컴.
- 중앙일보 특별취재반. 1992. 『비록 조선민주주의 인민공화국(상)』. 중앙일보사.
- 중앙정보부. 1972. 『북한대남공작사(제1권)』. 광명인쇄공사.
- 짐·하우스만/정일화. 1995. 『하우스만 증언 한국대통령을 움직인 미군대위』. 한국문원.
- 한국군사혁명사편찬위원회. 1963. 『한국군사혁명사 제1집(상)』.
  1964. 『5·16군사혁명의 전모』. 문광사.
- 한국편집기자회 편. 1982. 『역사의 현장-기자가 본 '광복에서 제5공화국까지』. 나라기획.
- 한창우 편저. 1967. 『한알의 밀이 죽지 않고는 - 장면박사 회고록 -』. 가톨릭출판사.
- 현석호. 1986. 『한 삶의 고백』. 탐구당.

잡지 및 신문

- 김형욱. 1964.8.14. 《서울신문》.
- "'군인 박정희'를 두 번 살린 이근양 장군". 2019.2. 《월간조선》.
- 김재춘. 1983.10. "「5·16革命史」는 다시 쓰여져야 한다". 《신동아》.
- 김정렬. 1966.5.13. "나의 증언". 《중앙일보》.
- 배진영. 2016.7. "배진영의 기무사(機務司) 비록〈3〉 5·16과 방첩부대". 《월간조선》.
- 예춘호. 2015.4. "털어놓고 하는 이야기 - 공화당에서 민추협까지 예춘호 전 국회의원(상)". 《월간조선》.

- 오효진. 1986.11. "비화 5·16, 김종필 인터뷰".《월간조선》.
- 장도영. 1984.8. "나의 쿠데타 가담설은 조작이다 - 장도영 회고록2".《신동아》.
- 이용택. 2004.4. "정보부 전성시대 남산에서 내려다본 현대사 내막, 이용택 전 중앙정보부 수사국장 증언".《월간조선》.
- 조성관. 1993.7. 김홍수 인터뷰, "장도영은 5·16 4일 전에 쿠데타 모의의 전모를 알고 있었다.".『월간조선』.
- 황일호. 1991.9. "노동당 3호청사 놀라게 한 4·19와 5·16".《월간중앙》.

기타

- 대법원 2008.4.17. 선고 2003도 758 전원합의체 판결.
- US Army Intelligence Center. 1959.3. History of the Counter Intelligence Corps Volume XXX - CIC During the Occupation of Korea.

'행복에너지'의 해피 대한민국 프로젝트!
〈모교 책 보내기 운동〉

대한민국의 뿌리, 대한민국의 미래 **청소년·청년**들에게 **책**을 보내주세요.

　많은 학교의 도서관이 가난해지고 있습니다. 그만큼 많은 학생들의 마음 또한 가난해지고 있습니다. 학교 도서관에는 색이 바래고 찢어진 책들이 나뒹굽니다. 더럽고 먼지만 앉은 책을 과연 누가 읽고 싶어 할까요?
　게임과 스마트폰에 중독된 초·중고생들. 입시의 문턱 앞에서 문제집에만 매달리는 고등학생들. 험난한 취업 준비에 책 읽을 시간조차 없는 대학생들. 아무런 꿈도 없이 정해진 길을 따라서만 가는 젊은이들이 과연 대한민국을 이끌 수 있을까요?

　한 권의 책은 한 사람의 인생을 바꾸는 힘을 가지고 있습니다. 한 사람의 인생이 바뀌면 한 나라의 국운이 바뀝니다. **저희 행복에너지에서는 베스트셀러와 각종 기관에서 우수도서로 선정된 도서를 중심으로 〈모교 책 보내기 운동〉을 펼치고 있습니다.** 대한민국의 미래, 젊은이들에게 좋은 책을 보내주십시오. 독자 여러분의 자랑스러운 모교에 보내진 한 권의 책은 더 크게 성장할 대한민국의 발판이 될 것입니다.

　도서출판 행복에너지를 성원해주시는 독자 여러분의 많은 관심과 참여 부탁드리겠습니다.

도서출판 **행복에너지** 임직원 일동

문의전화　0505-613-6133

- 권 선 복(도서출판 행복에너지 대표)

"아는 것이 힘이다." 모두가 알고 있는 이 속담처럼 국가정보원의 가치를 대변하는 말은 없을 것입니다. 음지에서 일하며 양지를 지향하는 것이 국정원의 모토라는 것도 잘 알려진 사실입니다. 그런데 음지에서 일하기 때문인지 국정원에 대해서 자세히 알고 있는 사람은 적습니다. 그늘에 가려진 그들의 이야기가 어떠한지 궁금합니다.

본 서는 국가정보원의 전신인 중앙정보부의 역사에 대해서 파헤치며 상세하게 그 흐름을 설명하고 있습니다. 2021년 6월에 창설 60년을 맞이하게 되는 국정원인 만큼 시의적절하게 출판된 책입니다.

평생을 국정원에서 근무한 정주진 저자가 퇴직 후 7년여에 걸쳐 사방에 흩어져 있는 역사적 기록과 자료를 참조하여 원고를 세심하게 작성, 시대별로 기록하여 국정원의 변천사를 한눈에 볼 수 있도록 중앙정보부의 역사와 함께 현대사의 역사도 기록한 것을 볼 수 있습니다.

간결하고 핵심을 집어 설명하는 문체에 어느새 그 시대 속으로 빨려들어갑니다. 숨 막히는 역사적 상황 속, 얽히고설킨 인물들의 암투와 급박하게 흘러가는 정치대결이 책 곳곳에 녹아 있습니다.

'역사는 승자의 기록'이라는 말이 있다는 걸 아실 겁니다. 편파적인 방향으로 기록될 수 있다는 얘기겠지요. 하지만 본 서는 최대한 중립적인 입장에서 사건을 이야기합니다. 작가는 관찰자로서 수집한 정보들을 바탕으로 당시 상황을 기술합니다. 판단은 독자의 몫입니다. 이러한 중립성이 가져다주는 재미가 있습니다. 독자가 직접 상상의 나래를 펼치며 사건을 가늠하는 기분이 들기 때문입니다.

한 편의 드라마와도 같은 당시 역사의 한 페이지에서 살아 숨 쉬는 인물들의 이야기는 이 책을 몇 번이고 다시 보게 만드는 요소 중 하나입니다. 중앙정보부라는 기틀을 둘러싸고 펼쳐지는 파노라마에 책장을 넘기기 아쉽습니다. 작가의 단단하고도 힘 있는 필력에 감탄합니다.

작가는 단순히 역사를 '나열'한 것이 아니라 그 당시 상황 속으로 독자를 안내합니다. 독자는 그 안에서 그 시대가 나타내는 전반적인 가치와 사상을 읽고 진정으로 '이해'할 수 있습니다. 이렇듯 쉽게 읽히며 자유롭게 상상할 수 있는 마법 같은 글은 탄탄한 정신력에서 탄생하였습니다.

이 책을 읽으며 모든 사건은 유기적으로 연결되어 있고 하나의 결정을 통해 다른 결론이 맺어지는 파급효과를 볼 수 있었습니다. 치열한 시대의 한 장면 장면들을 오늘날 전체적으로 조망해 보니 참으로 다사다난했던 시기였음을 알 수 있습니다.

한 시대를 풍미하였고 이제 새로운 시대를 맞아 끊임없이 변화하는 중앙정보부-국가정보원!
앞으로도 국가정보원은 우리 국민들 곁에서 국리민복을 위해 수많은 일을 해결할 것입니다. 지금 당장은 보이지 않아도 먼 훗날 우리의 후손이 또 본 서와 같은 기록을 통해 회상해 볼 것을 기대합니다.

신축년 새해 뜨거웠던 역사의 한 페이지를 출판하며 독자 여러분의 마음에도 지식의 불꽃이 활활 타오르기를 기대하며 선한영향력과 함께 힘찬 행복에너지가 대한민국 방방곡곡에 전파되기를 기원합니다.

도서출판 행복에너지의 책을 읽고 후기글을 네이버 및 다음 블로그, 전국 유명 도서 서평란(교보문고, yes24, 인터파크, 알라딘 등)에 게재 후 내용을 도서출판 행복에너지 홈페이지 자유게 시판에 올려 주시면 게재해 주신 분들께 행복에너지 신간 도 서를 보내드립니다.

www.happybook.or.kr

(도서출판 행복에너지 홈페이지 게시판 공지 참조)

나는 매일 새 차를 탄다

김세진 지음 | 값 16000원

이 책 『나는 매일 새 차를 탄다』는 현대자동차의 카마스터(자동차 판매 영업 사원) 에서 시작하여 지점장에 이르기까지 36여 년간을 한 직장에서 근무하며 첫 직장 에서 정년을 맞은 김세진 저자의 에세이임과 동시에 '고객의 마음을 사로잡는 방 법'이라는 쉽지 않은 주제에 대해 던지는 하나의 답이다. 36여 년간 다양한 카마 스터와 고객을 보아 온 저자의 경험에서 우러나온 통찰은 사회생활을 준비하는 이들에게 큰 귀감이 되어 줄 수 있을 것이다.

곡예사의 첫사랑

유차영 지음 | 값 25,000원

이 책 『곡예사의 첫사랑 – 미스·미스터트롯 팬덤히트 100곡』은 유차영 작가의 전작 『트로트 열풍 – 남인수에서 임영웅까지』의 후속작 성격을 가진 책이다. 남 성 가객들을 다뤘던 전작에 이어 여성 가객들의 유행가를 모았다. 100여 년간 대 한민국을 뒤흔든 100곡에 얽힌 흥미진진한 에피소드와 함께 작곡자, 작사가, 가 수의 삶을 담은 이야기들은 책장을 넘기는 동안 추억과 공감을 불러일으키고 눈 을 떼지 못하게 만들어 줄 것이다.

유병장수의 시대, 무병장수를 위한 건강인문학

곽동우 지음 | 값 16000원

'건강인문학'을 표방하고 있는 이 책은 어려운 의학용어나 전문가만 알아들을 수 있는 설명을 떠나 우리가 일상생활 속에서 한 번쯤은 궁금증을 가져보았을 법한 건강에 대한 질문들을 풀어나가는 방법으로 우리 자신의 몸과 건강을 스스로 이해할 수 있도록 돕는다. 간단하지만 간과하기 쉬운 우리 몸 지식과 함께 실천하기 손쉬운 건강관리법은 독자들이 스스로 몸을 챙기도록 도울 것이다.

어쩌다 늘공이 된 김주사

황인동 지음 | 값 16000원

이 책은 총 37년을 서울시에서 공직에 복무하면서 공무원 포털 사이트 '김주사닷컴'으로 큰 인기를 끈 '영원한 김주사' 황인동 저자 본인의 공직 생활을 솔직하게 담아낸 에세이다. 공직 사회에서의 즐거웠던 에피소드와 괴로웠던 부조리 경험, 공무원으로서 자랑스러웠던 기억, 후배들을 위한 조언 등 다양한 이야기들은 담백하면서도 누구에게나 거리감 없이 다가오며 인간적 공감대를 형성할 것이다.

잼있는 냉장고

황인동 지음 | 값 13000원

이 책은 총 37년을 서울시에서 공직에 복무하면서 공무원 포털 사이트 '김주사닷컴'으로 큰 인기를 끈 바 있는 황인동 저자의 '특급 아재유머' 모음집이다. 언뜻 들으면 당황스러운 듯하면서도 자신도 모르게 깔깔댈 수밖에 없는 것이 '아재유머'의 매력이다. 사회생활은 물론 사람이 살아가는 데에는 유머가 빠질 수 없다고 생각하는 저자의 이번 유머집에는 털털하고 순수하면서도 무릎을 탁 치게 만드는 촌철살인의 유머들이 살아 숨 쉬고 있다.

아내의 손님

이재욱 지음 | 값 15000원

본 도서는 한국에 와서 일하는 불법체류자들의 이야기를 바탕으로 만들어진 연작소설이다. 2016년 『연탄 두 장의 행복』을 통해 사회의 사각지대에서 소외된 사람들의 삶을 리얼리티에 입각해 강렬한 필력으로 그려낸 바 있는 저자는 이번 연작소설을 통해 불법체류자들 역시 저마다 다양한 사정과 우리와 똑같은 고민, 그리고 인간으로서의 희노애락이 있다는 것을 보여주며 독자들의 사회적 시선을 확대하는 데에 도움을 준다.

하루 5분나를 바꾸는 긍정훈련
행복에너지

'긍정훈련'당신의 삶을
행복으로 인도할
최고의, 최후의'멘토'

'행복에너지
권선복 대표이사'가 전하는
행복과 긍정의 에너지,
그 삶의 이야기!

권선복

도서출판 행복에너지 대표
지에스데이타(주) 대표이사
대통령직속 지역발전위원회
문화복지 전문위원
새마을문고 서울시 강서구 회장
전) 팔팔컴퓨터 전산학원장
전) 강서구의회(도시건설위원장)
아주대학교 공공정책대학원 졸업
충남 논산 출생

인터파크
자기계발 분야 주간
베스트 1위

권선복 지음 | 15,000원

책 『하루 5분, 나를 바꾸는 긍정훈련 - 행복에너지』는 '긍정훈련' 과정을 통해 삶을
업그레이드하고 행복을 찾아 나설 것을 독자에게 독려한다.
긍정훈련 과정은 [예행연습] [워밍업] [실전] [강화] [숨고르기] [마무리] 등 총
6단계로 나뉘어 각 단계별 사례를 바탕으로 독자 스스로가 느끼고 배운 것을 직접
실천할 수 있게 하는 데 그 목적을 두고 있다.
그동안 우리가 숱하게 '긍정하는 방법' 에 대해 배워왔으면서도 정작 삶에 적용시키
지 못했던 것은, 머리로만 이해하고 실천으로는 옮기지 않았기 때문이다. 이제
삶을 행복하고 아름답게 가꿀 긍정과의 여정, 그 시작을 책과 함께해 보자.

『하루 5분, 나를 바꾸는 긍정훈련 - 행복에너지』